复杂环境条件下山地城市交通隧道绿色施工技术

陈永平　王元清等　著

科 学 出 版 社

北 京

内 容 简 介

本书针对城市交通隧道的施工难点,重点阐述下穿建(构)筑物密集区市政隧道施工技术、繁华商业区地下环形交通隧道施工技术、城市富水岩溶地层大断面公路隧道施工技术、穿越矿区复杂地层城市公路隧道施工技术、城市交通隧道邻近既有隧道施工技术、山地城市轨道交通暗挖区间隧道施工技术、山地城市轨道交通隧道大断面暗挖车站施工技术,以及复杂多变地质条件下轨道交通隧道掘进机施工技术等。

本书可供隧道工程、地下空间工程等领域的相关科研人员、工程技术人员及高校师生参考使用。

图书在版编目(CIP)数据

复杂环境条件下山地城市交通隧道绿色施工技术 / 陈永平等著. -- 北京:科学出版社,2025.3. -- ISBN 978-7-03-081691-7

Ⅰ. U459.4

中国国家版本馆 CIP 数据核字第 2025AG5795 号

责任编辑:周 炜 罗 娟 / 责任校对:王萌萌
责任印制:肖 兴 / 封面设计:陈 敬

科 学 出 版 社 出版

北京东黄城根北街 16 号
邮政编码:100717
http://www.sciencep.com

北京华宇信诺印刷有限公司印刷
科学出版社发行 各地新华书店经销
*

2025 年 3 月第 一 版　　开本:787×1092 1/16
2025 年 3 月第一次印刷　　印张:18 1/4
字数:430 000

定价:180.00 元
(如有印装质量问题,我社负责调换)

编　委　会

前　言

基于国家《交通强国建设纲要》重大战略决策和社会经济发展需要,我国现代化综合交通体系得到全面推进。在山地大城市或特大城市修建交通基础设施时,涉及的隧道工程经常穿越建(构)筑物密集区、繁华商业区、地下既有交通隧道、城市富水岩溶地层以及煤矿等复杂地层。隧道地表建(构)筑物密度和高度逐渐增加,隧道跨度也从单车道向三车道、四车道方向发展,穿越地下既有结构物数量由单个隧道向隧道群、单层向多层升级,新建隧道与既有隧道净距也从影响极小突破到净距只有几十厘米,地下水的排放理念也从"以排为主,防排结合"转变为"以堵为主,防排结合"。随着城市隧道的施工难度逐渐升级,施工工艺及安全控制技术要求也逐步提高。而目前针对特大山地城市典型复杂环境下隧道工程的绿色低碳施工技术体系尚不健全。

作为主编单位的中铁十一局集团第五工程有限公司,是"国家高新技术企业"、"国家知识产权优势企业",设有重庆市企业技术中心、重庆市复杂地质隧道和 TBM 工程技术研究中心、博士后科研工作站,在各类隧道工程施工领域积累了丰富的建设经验。本书正是基于公司众多成功案例,对复杂城市环境下隧道工程的施工技术、工法以及施工经验的系统总结与升华,具有重要的行业价值。

本书共 9 章,第 1 章绪论,主要介绍山地城市隧道的特征及隧道施工技术发展趋势;第 2 章主要介绍下穿建(构)筑物密集区市政隧道施工技术;第 3 章主要介绍繁华商业区地下环形交通隧道施工技术;第 4 章主要介绍城市富水岩溶地层大断面公路隧道施工技术;第 5 章主要介绍穿越矿区复杂地层城市公路隧道施工技术;第 6 章主要介绍城市交通隧道邻近既有隧道施工技术;第 7 章主要介绍山地城市轨道交通暗挖区间隧道施工技术;第 8 章主要介绍山地城市轨道交通隧道大断面暗挖车站施工技术;第 9 章主要介绍复杂多变地质条件下轨道交通隧道掘进机施工技术。

限于作者水平,书中难免存在疏漏和不足之处,敬请广大读者批评指正。

目　　录

第1章 绪 论

1.1 概 述

随着城市经济的发展,用于人们出行和货物运输的汽车数量呈现指数级增长,交通拥堵成为当今大城市发展所面临的普遍难题。为了缓解地面道路交通压力,提高交通输送能力和出行效率,城市交通工程(市政道路、轨道交通、高速公路)建设快速发展。建设城市地下道路,构建立体化交通体系,是缓解交通拥堵和提高出行效率的重要手段之一,因此地下道路越来越受到各大城市欢迎。而城市隧道是地下道路的主要表现形式,其建设规模迎来了前所未有的发展阶段。由于城市隧道所处的地理位置、周边复杂环境和施工影响要求等具有特殊性[1],故与常规山岭隧道相比,对城市隧道选址、设计、施工及运营管理等方面均有更高的要求,尤其在山地城市进行城市隧道工程施工,其施工复杂程度更加突出。

重庆作为典型的特大山地城市,位于中国西南部、长江上游,地跨东经 105°11′~110°11′,北纬 28°10′~32°13′,东西长为 470km,南北宽为 450km,总面积为 8.24 万 km²。重庆东临湖北、湖南,南接贵州,西靠四川,北连陕西。重庆地域辽阔,域内江河纵横,峰峦叠翠,属于典型的大型山地城市,地处四川盆地东南部的丘陵和山地地带,域内存在各个构造体系:新华夏构造体系的渝东南川鄂湘黔隆褶带,渝西川中褶带、渝中川东褶带,径向构造的渝南川黔南北构造带和渝东北大巴山弧形褶皱断裂带等。各构造体系由不同的岩层组成,差异性很大的构造特征和发生、发育规律,塑造了复杂多样的地貌形态。其特征为:一是地势起伏大,层次地貌不明。东部、东南部和南部地势高,最高的大巴山的川鄂岭海拔 2796.8m,其余大多在 1500m 以下;西部地势低,大多为 300~400m 的丘陵。二是地貌造型各异,以山地、丘陵为主。全市地貌类型分中山、低山、高丘陵、中丘陵、低丘陵、缓丘陵、台地、平坝等八大类,其中以山地面积最大,占全市面积的 72.85%。三是地貌形态组合的地区分异明显。华蓥山—巴岳山以西为丘陵地貌;华蓥山至方斗山之间为平行岭谷区;北部为大巴山中山山地;东部、东南部和南部属巫山大娄山山区。四是喀斯特地貌分布广泛。在东部和东南部地区,喀斯特地貌大量集中分布,地下和地表喀斯特形态发育均佳。在背斜条形山地中发育了渝东地区特有的喀斯特槽谷奇观。在东部和东南部的喀斯特山区分布着典型的石林、峰林、洼地、浅丘、落水洞、溶洞、暗河、峡谷等喀斯特景观。

在过去的隧道工程建设过程中,重庆主城区以公路隧道为主,隧道作为穿山越岭的重要通道得到广泛应用。随着城市化进程的加速和经济实力的提升,人们对便捷出行、舒适交通的要求不断提高,隧道工程成为城市交通基础设施建设的理想选择。城市隧道的发展不仅节约了宝贵的土地资源,也提供了更加便捷顺畅、高效的交通通道,尤其在山地城市,隧道建设的需求日益迫切,城市隧道在国家交通系统以及城市的发展中发挥着越来越重要的作用。

由于重庆市区被"四山两江"所分割,地表土地资源紧缺。随着城镇化进程的快速发展,山地城市人口数量急剧膨胀,城市土地资源更加紧缺。与其他大城市一样,重庆存在严重的"城市病",突出表现为各大主城区人口密集、高层建筑林立、地面道路网相互交错、空间拥挤、交通拥堵等。为了解决城市交通拥堵问题,优化交通干线,提高结构的抗震能力和国防防御能力,大量的隧道工程建设势在必行。

1.2　山地城市隧道的特征

山地城市隧道所处的特殊地理位置、地层介质和环境因素决定了隧道的修建,具有比山岭隧道及平原城市隧道更大的风险并且更加复杂。山地城市隧道工程具有以下典型特征:

(1) 山地城市隧道隧址区地形地貌复杂、地质条件多变。隧道洞口坡度较陡,沿隧道走向埋深变化大,穿越地层复杂多变。地表大部分被第四纪的沉积层或堆积层所覆盖,下部基岩以沉积岩为主,围岩的工程地质和水文地质条件较差,围岩性质软弱,自稳能力较差。

(2) 山地城市隧道周边环境复杂。山地城市隧道或地下工程大都位于主城区,隧道周边建(构)筑物密度大、地下管线布设复杂、人口众多、交通繁忙、施工场地有限,不可避免地要邻近或穿越地表既有建(构)筑物、地上或地下市政道路、地下防空洞室或地下轨道交通、桥梁桩基等。隧道的设计及施工受周边环境的影响较大,尤其是穿越重要建(构)筑物或人员密集区时,必须设置较为严格的设计和施工控制措施。

(3) 山地城市隧道埋深较浅,地表变形控制严格。山地城市隧道全长基本在浅埋范围内,隧道施工引起的地表沉降和变形对周边建(构)筑物或地下管线的影响较大,因此,在隧道施工前就必须对邻近建(构)筑物或地下管线的布设情况及相关特性进行详细的调查研究,且需要针对围岩性质进行施工方案比选,尽量选择那些对地层扰动较小的施工方案,并根据工程进度及实际的围岩情况及时进行调整。隧道设计与施工不仅要确保隧道工程本身结构的稳定性和强度要求,还要确保周围的既有建(构)筑物、地下管线或其他市政设施不会因为隧道施工产生的过大变形而发生破坏。

(4) 山地城市隧道施工风险高。由于隧址区地质条件和周边环境均比山岭隧道复杂,隐藏工程风险高,施工灾害会造成经济损失大且社会影响显著。因此,在隧道施工全过程中都需要做好风险的跟踪及安全控制。

1.3　山地城市隧道施工技术发展趋势

随着新材料、新工艺、新设备等的研发及推广,以及对环境保护意识的增强,山地城市隧道施工呈现出如下发展趋势:

(1) 隧道断面逐渐扩大,由双车道向三车道、四车道迈进,以缓解日益增加的交通压力。城市隧道的施工复杂程度及技术要求越来越高。

(2) 随着隧道机械开挖设备的不断研发,以及掘进效率的不断提高,山地城市隧道开挖逐渐从传统的矿山法开挖过渡到机械法开挖,实现对隧道围岩承载性能的保护,以及对地表的沉降变形与洞周收敛变形的控制,降低爆破振动对周边环境的影响。

(3) 在城市地区浅埋段进行隧道施工时,地表沉降控制及对周围建(构)筑物的振动、噪声等环境影响要求更加严格。隧道施工方法将由传统粗放的矿山法转为精细化控制爆破施工方法(光面爆破法、静态爆破施工法)。

(4) 随着对隧址区人文环境保护意识的提高,隧道施工理念逐渐从原先的地下水粗放排放转变为控制排放,并加强了对地下水环境的保护,以实现地表生态的可持续发展。

第2章 下穿建(构)筑物密集区市政隧道施工技术

2.1 概 述

随着城市化进程加速和城市人口数量的剧增,城市交通基础设施容量逐渐趋于满负荷或超负荷运转,城市道路交通拥堵。为了缓解道路交通压力,需在城市人口密集区对道路系统进行升级改造。但由于历史原因,道路无法向两侧扩宽,只能通过地下交通方式解决交通拥堵问题,这必然会导致城市交通隧道下穿大量的建(构)筑物密集区。本章以渝碚路至汉渝路下穿道工程为例(图 2.1),对其施工技术进行分析。

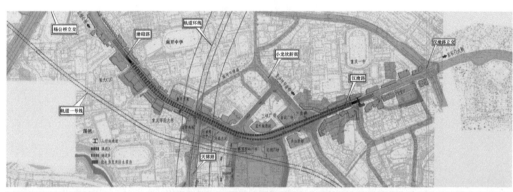

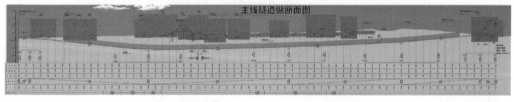

1—1典型断面图　　2—2典型断面图　　3—3典型断面图　　4—4典型断面图

图 2.1　渝碚路至汉渝路下穿道工程平面图和纵断面图

渝碚路至汉渝路下穿道工程是疏导三峡广场东西向车辆、缓解商圈交通压力的重点工程。项目起于渝碚路重庆大学 C 区东门路口,自西向东采用隧道形式上跨轨道环线、下穿整个三峡广场地下商场,止于汉渝路重庆一中大门路口,全长 2km。项目总投资 5.7 亿元,其中建安费用 2.73 亿元,工期 30 个月。

渝碚路至汉渝路下穿道工程为集合道路、结构、交通、建筑、给排水、电气、暖通等众多专业为一体的综合性工程,且位于城市核心区,地上地下建(构)筑物均比较密集。为了保证工程的可实施性,在设计过程中,设计单位及业主单位做了众多专项论证以保证工程在各个方面的可行性,最后通过各个专项的可行性来保证整个工程的可行性。

渝碚路至汉渝路下穿道为城市次干道,设计车速为 40km/h,西起渝碚路东至汉渝路,全长约 2km,路幅按双向二车道设置,隧道内单洞宽 7.25m,近期采用划线为双向二车道,远期可直接调整标线为双向四车道。根据道路总体设计及隧道自身功能需要,本工程沿线隧道布置见表 2.1。

表 2.1　渝碚路至汉渝路下穿道工程沿线隧道主要结构一览表

主要结构	隧道长度/m	隧道道路标准净宽/m
左线隧道	1089.530	7.25
右线隧道	1102.068	7.25

隧道衬砌结构按新奥法原理设计,采用复合式衬砌结构,主要工程内容为隧道平面设计、隧道纵断面设计、隧道剖面设计、进出口(含基坑开挖及支护)设计、洞身结构等主体结构设计、隧道交叉口设计、防水与排水设计、路面设计等[2]。

2.2　隧道施工对密集区建(构)筑物的影响

2.2.1　隧址区既有建(构)筑物的调查

(1) 调查的范围与重点:对施工影响范围内的所有地面建(构)筑物进行调查,并对已有资料进一步核实,没有资料的要做全面调查。

(2) 调查内容:调查建(构)筑物的名称、位置、所属业主,建(构)筑物的用途,建(构)筑物的层数(高度),有无地下室,建造时间,结构类型,内外构件有无损伤,建(构)筑物的基础类型、基础深度、尺寸及其与本工程的相对位置关系,建(构)筑物的垂直度等,其中基础调查是重点。

(3) 调查方法:在施工前,成立专门的建(构)筑物调查组,配备专业摄影师、工程师、土地测量员、建筑工程师、结构工程师等,配备照相机、摄影机、全站仪、光学裂缝测量仪等。在调查前制定详细的调查计划和调查图表,通过走访建(构)筑物业主等有关单位,收集受调查建(构)筑物(特别是深基础)的有关设计和交工资料,以实地观测、测绘等方法来完成调查工作,最后进行资料整理分析。

2.2.2　施工对既有建(构)筑物的变形影响

在隧道施工过程中,由于开挖破坏了地层的原始应力状态,故地层单元产生了应力增量,特别是剪应力增量,这将引起地层移动,而地层移动又必将导致不同程度的地面沉降。当建(构)筑物和设施的基础底部(天然地基、桩基等)地基土扩散附加应力的有效范围处于施工区域周围和上方土体受扰动后的塑性区时,塑性区地层的施工沉降和后期固结沉降将引起建(构)筑物的差异沉降。若差异沉降过大,建(构)筑物就会受到损坏。对于地下建(构)筑物,其受施工影响的程度主要取决于地表沉陷槽的特征,特别是沉陷曲线斜率较大时沉陷引起的建(构)筑物的差异沉降就较大,建(构)筑物破坏的可能性就增大。因此,在施工前详细查清施工影响范围内的建(构)筑物及其基础状况,在施工中加强监测,对其安全性作出判断,有针对性地采取主动措施加以必要的保护,以确保工程安全顺利施工[3]。

2.2.3 隧道周边既有建(构)筑物保护措施

渝碚路至汉渝路下穿道工程沿线及周边为繁华商业区时,应根据建(构)筑物的特点制定相应的保护措施。

(1) 制定既有地表建(构)筑物的沉降控制值,以保证房屋结构安全。

(2) 减少隧道施工对居民生活的影响,采用控制爆破施工,设计采用超前管棚作为超前预支护。为控制沉降,施工应采用侧导坑小断面开挖,初期支护必须采用强支护、快封闭,二次衬砌应立即施作。

(3) 强施工监测。设定变形及沉降预警,若施工过程中发现支护变形或地面沉降超过预警值,应立即停止施工,及时上报各相关单位,调整隧道支护形式,达到动态设计、信息化施工的目的。

2.3　下穿建(构)筑物密集区市政隧道结构设计

2.3.1 隧道结构总体设计

本着经济合理的原则,进行隧道净空断面的设计。在隧道的断面设计中考虑洞内路面、排水、检修道、通风、消防、内装、监控等建筑设计设施所需的空间,同时考虑结构受力、断面利用率、施工方法、施工误差、测量误差、结构变形及后期沉降的影响,以确定断面尺寸和形式。根据本工程总体设计要求,主要设计参数取值如下:

(1) 最小检修宽度(设置在隧道右侧)依据规范 CJJ 221—2015《城市地下道路工程设计规范》[4]中表 3.5.1 取值,为 0.75m。

(2) 车行道宽度根据道路设计宽度取值,为 7.25m。

(3) 建筑净高依据规范 CJJ 221—2015《城市地下道路工程设计规范》中[4]表 3.5.2 取值,为 4.5m,考虑到后期消防车进入等综合因素,未按最小值 3.5m 取值。

(4) 车行横通道、人行横通道依据 GB 50016—2014《建筑设计防火规范》[5]中 12.1.6 节第 4 条"车行横通道净宽不小于 4.0m,净高不小于 4.5m",12.1.7 节第 4 条"人行横通道净宽不小于 1.2m,净高不小于 2.1m",并参考 JTG 3370.1—2018《公路隧道设计规范第一册　土建工程》[2]及施工等因素,本工程车行横通道净宽 5.0m,净高 4.5m;人行横通道净宽 2.0m,净高 2.5m。

根据上述参数规定,主要建筑限界及内轮廓设计如图 2.2~图 2.5 所示。

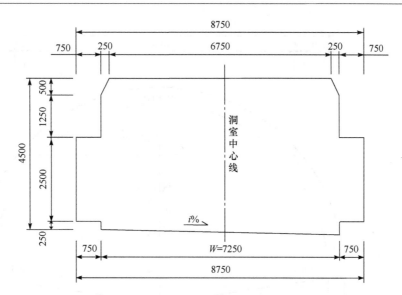

图 2.2　隧道标准段横断面建筑限界(暗挖段,支道宽度 $W=7.25$m)(单位:mm)

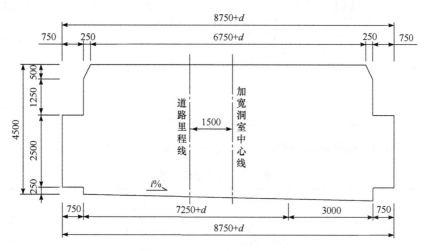

图 2.3　隧道标准段横断面建筑限界(加宽段,d 为加宽量)(单位:mm)

隧道衬砌结构采用复合式衬砌,衬砌设计综合考虑围岩等级、隧道埋深、洞室宽度以及隧道穿越周边的建筑环境等因素,分别进行设计,沿线衬砌编排如下:

(1) G(Li)型衬砌断面——连拱隧道衬砌,L 表示连拱、i 为序号。

(2) G(Xi)型衬砌断面——小净距隧道衬砌,X 表示小净距、i 为序号。

(3) J(i)型衬砌断面——明洞衬砌,i 为序号。

(4) U(i)型衬砌断面——槽口段衬砌,i 为序号。

隧道沿线衬砌具体布置见表 2.2。

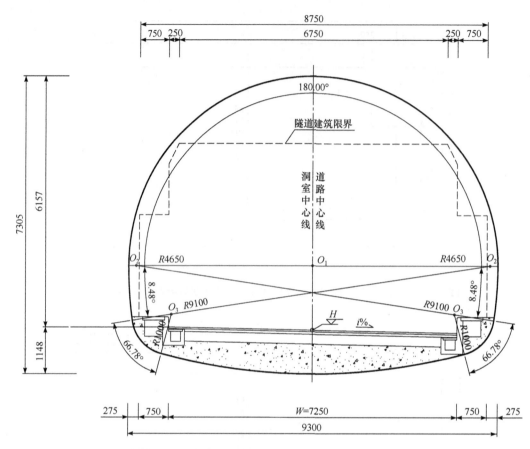

图 2.4　隧道标准段内轮廓设计(暗挖段,车道宽度 $W=7.25\mathrm{m}$)(单位:mm)

表 2.2　隧道结构布置

桩号范围	隧道结构设计	道路净宽/m	备注
K0+220~K0+345	U(i)型断面	2~4	明挖槽口段
K0+345~K0+445	J(i)型断面	2~7.25	明洞段
K0+445~K0+920	G(Li)型隧道	2~7.25	暗挖连拱隧道
K0+920~K1+280	G(Xi)型隧道	2~7.25	暗挖小净距隧道
K1+280~K1+400	G(Li)型隧道	2~7.25	暗挖连拱隧道
K1+400~K1+440	J(i)型断面	2~7.25	明洞段
K1+440~K1+540	U(i)型断面	2~4	明挖槽口段

衬砌支护参数根据围岩等级、工程地质和水文地质条件、地形及埋置深度、地表和地下建筑、结构跨度等因素按工程类比法拟定。此外,隧道结构设计还应综合考虑以下几个方面:

(1) 考虑到周边环境复杂,衬砌支护参数取值按围岩等级提高一级进行考虑。

(2) 若第三方评估报告结果表明本设计选定的线路及支护参数能够保证各相关建

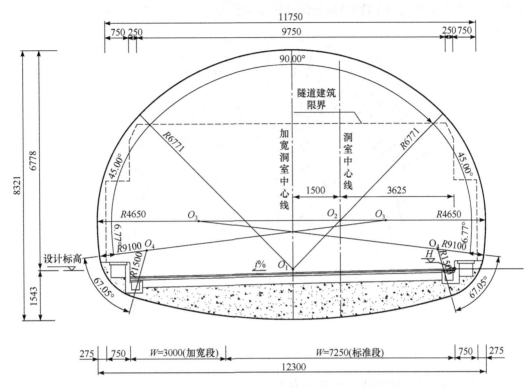

图 2.5　隧道标准段内轮廓设计(暗挖段、紧急停车带)(单位:mm)

(构)筑物结构的安全,本施工图方可用于施工;否则,本设计施工图将根据评估结果进行修改完善。

(3) 考虑到整个隧道工程位于沙坪坝中心区下,结构安全影响重大,二次衬砌结构采用荷载结构法进行计算,并按钢筋混凝土结构设计。

(4) 隧道(连拱段、小净距段)二次衬砌结构采用荷载结构法计算时,顶部荷载按实际埋深取值。

(5) 隧道浅埋段和明洞段的二次衬砌结构需做抗震设计。

2.3.2　下穿步行街天桥段设计

隧道主线(K0+660~K0+680、K0+720~K0+740)左洞下穿既有天桥桥墩,为保证隧道施工期间人行天桥的安全,对穿越段工程采取如下加强措施:

(1) 左洞、右洞均采用单侧壁开挖法,约束拱顶变形,尽可能早地使支护结构参与受力。

(2) 距天桥桥墩前后各 10m 范围内,采用超前大管棚进行超前支护。超前管棚采用外径 ϕ108mm、壁厚 6mm 热轧无缝钢管,钢管前端呈尖锥状,尾部焊接 ϕ10mm 加劲箍,管壁上钻 2 排 ϕ20mm 注浆孔。施工时中心线左侧管棚沿隧道周边以 5.5°~6.5°外插角打入围岩,中心线右侧管棚沿隧道周边以 0°外插角打入围岩,再灌注 M30 号水泥浆。

(3) 隧道结构外边缘距离桥墩底边缘净距不足 2.5m,为避免拱部锚杆破坏现状桥墩基础,该区域左洞拱部(90°范围)系统锚杆长度调整为 $L/2$,如图 2.6 所示。

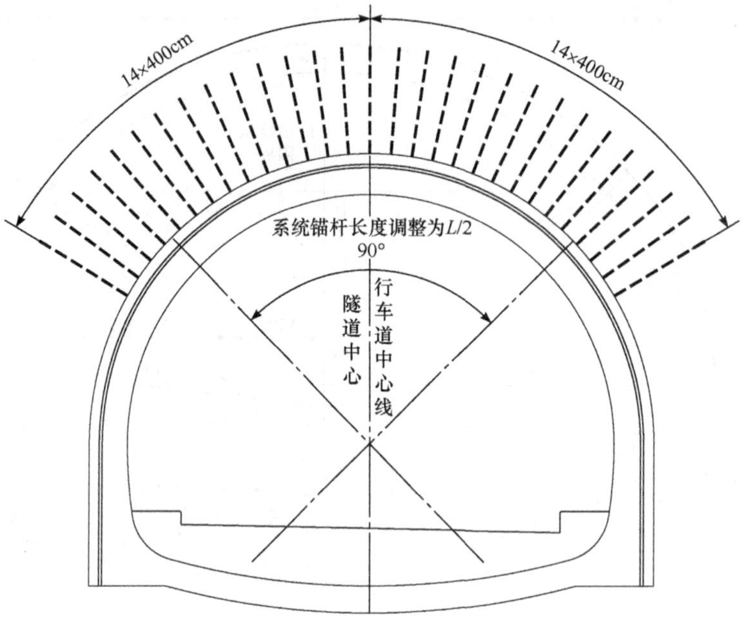

图 2.6　锚杆分布

(4) 侧导洞工字钢间距由 2m 加强为 1m。

(5) 隧道开挖进尺控制为不大于 0.5m。

(6) 初期支护完成后应立即施作二次衬砌。

2.3.3　下穿轨道环线段设计

下穿轨道环线段主要采用以下措施。

(1) 隧道衬砌设计:初期支护采用大管棚+型钢进行强支护,并增加仰拱工字钢,与中墙一起封闭成环,确保隧道开挖时隧道顶部的轨道交通隧道结构的安全,二次衬砌采用闭合的 C30、P8 钢筋混凝土断面,并加强仰拱纵向配筋,由 $\phi14mm@150mm$ 调整为 $\phi20mm@150mm$。

(2) 左洞、右洞均采用单侧壁开挖法,约束拱顶变形,尽可能早地使支护结构参与受力。

(3) 隧道超前支护采用超前小导管。

(4) 侧导洞工字钢间距由 2m 加强为 1m。

(5) 隧道开挖进尺控制为不大于 0.5m。

(6) 初期支护完成后应立即施作二次衬砌。

(7) 运营中对轨道环线采取如下保护措施:

① 加强隧道防排水措施及后期管理,避免隧道出现积水。

② 运营中加强对轨道交叉段的主线隧道周边围岩及主线隧道衬砌结构运营期的检测。

③ 加强交通工程措施,严禁化学品、易燃易爆等危险化学品车辆进入隧道。

(8) 施工前应对隧道两侧 50m 范围内轨道环线区间进行现状检测(包括裂缝、渗水、变形等情况)。

(9) 施工过程中应加强对轨道交通环线的监控量测,并对施工方案进行安全专项专家审查。

(10) 控制保护区范围内隧道不得采取爆破施工,严格控制进尺长度(进尺长度不大于0.5m),土石方开挖后及时运走,不得随意堆放;控制保护区范围外的土石方确需爆破的,应严格控制爆破振速,传递至环线区间隧道结构的爆破振速不得大于 1.5cm/s。

(11) 施工过程中应解决好排水问题,施工期间场地内严禁积水,避免水渗入岩体中,造成岩体强度降低。隧道开挖后封闭仰拱底面,防止地表降水沿裂隙下渗至隧道底部。防排水措施如下:

① 在施工过程中,在各个开挖洞口处都设置两道横向拦水沟以拦截路面及敞开段的雨水、废水,再排入临时集水坑,通过潜水泵提升至市政雨水检查井内排出,确保施工过程中的两座隧道外水不会再影响隧道内施工和运行。

② 主线隧道内最低点位于主线道路里程 K0＋640 处,距离轨道环线左线平面77.6m。

③ 排水管网采取如下安全措施。

A. 在最低点位置设置雨水泵站,雨水泵站主要收集暗挖隧道内的结构渗水和施工过程中产生的污废水。1号雨水泵房设计均采用集水池配潜污泵的简易泵站形式。泵池内配 3 台同型号潜污泵。水泵运行采用液位控制,3 台水泵互为备用。

B. 对穿越轨道环线的该段排水管沟上下游30m,均要求按GB/T 20801.5—2020《压力管道规范　工业管道　第 5 部分:检验与试验》做闭水试验,最大限度地保证排水管沟防渗防漏。

C. 排水沟和泵站采用(钢筋)混凝土现浇,水泥砂浆等材料及强度符合设计要求,管道与检查井的接口处采用遇水膨胀橡胶圈密封,防止检查井渗水、漏水对轨道及附属构筑物产生影响。

D. 管道接口处理应按照规范设计方法进行处理,防止接口发生渗漏。

(12) 业主应严格执行《重庆市轨道交通控制保护区管理办法(修订)》第二十三、二十四条规定,在该项目实施之前,会同轨道交通建设及运营单位制定对环线区间隧道及周边围岩的安全保护方案;应与轨道交通建设及运营单位签订安全责任书,完善相关管理手续,同时接受轨道交通建设及运营单位的巡查。安全保护方案主要包括爆破和岩体完整性控制、地下水监测、基坑或边坡支挡方案、该项目实施时对环线区间隧道(含区间隧道围岩等)影响的第三方监测方案及所采取的措施、该项目实施对环线区间隧道的保护措施及应急预案等。

(13) 业主应按照《重庆市轨道交通第三方监测管理暂行办法》有关规定委托具有相应资质的第三方监测单位编制第三方监测方案,明确量测方法、精度、布点,并满足轨道检测相关要求;在该项目施工期间及投入使用两年内,业主应组织第三方监测单位对该项目(区间隧道、周边围岩、支护结构等)和环线受影响区段(区间隧道、周边围岩等)进行全过程系统监测,并定期将监测数据反馈给轨道交通建设及运营单位备案。

(14) 业主须会同本工程各参建单位精心组织、科学施工,并须满足轨道交通结构及运营安全要求,做好影响范围内环线周边区域地质环境保护相关工作,保证环线的建设条件、结构和运营安全,杜绝因本工程建设或投入使用而影响环线的建设条件或导致环线区间隧道等发生(发育)病害(裂缝、倾斜、不均匀沉降等)。

(15) 施工期间,应根据监测数据建立施工风险管控预警和应急处理机制,确保轨道交通结构及运营安全。

2.3.4 下穿人防段设计

下穿人防段主要采取如下措施:

(1) 左洞、右洞均采用单侧壁开挖法,约束拱顶变形,尽可能早地使支护结构参与受力。

(2) 隧道超前支护采用超前小导管或锚杆。

(3) 隧道下穿人防段严格控制开挖进尺,进尺不大于 0.5m。

(4) 初期支护完成后应立即进行二次衬砌。

(5) 左线隧道(K0+100~K0+130)、右线隧道(K0+105~K0+170)段隧道结构外边缘与人防结构桩基础底边缘净距不足 2.5m,为避免拱部锚杆伤害既有人防结构桩基础,该区域左洞拱部(90°范围)系统锚杆长度调整为 L/2,侧导洞工字钢间距由 2m 加强为 1m。

(6) 加强洞内监控量测及顶部人防量测,并根据量测资料确定是否实施二次衬砌。

(7) 施工前应做好顶部人防保护以及应急预案。

2.3.5 下穿渝碚路 32 号危改工程段设计

左线隧道(K0+98.920~K0+148.920)段部分下穿渝碚路 32 号危改工程,主要措施如下:

(1) 左线隧道衬砌按围岩等级提高一级进行考虑。

(2) 左洞、右洞均采用单侧壁开挖法,约束拱顶变形,尽可能早地使支护结构参与受力。

(3) 左洞超前支护采用超前小导管。

(4) 隧道开挖控制进尺(不大于 0.5m)。

(5) 加强洞内监控量测及顶部建筑量测,并根据量测资料确定是否实施二次衬砌。

(6) 左线隧道侧导洞工字钢间距由 2m 加强为 1m。

2.3.6 隧道进出口设计

根据道路总体设计,隧道进出口均从现状道路开槽后下穿现状道路。隧道进出口洞采用大管棚超前支护,边仰坡采用排桩＋钢横撑支护,主要进洞顺序横断面图和纵断面图分别如图 2.7 和图 2.8 所示。

(1) 按基坑施工顺序下挖到 $H=234.220m$ 标高,隧道仰坡 15m 范围内基坑按预留

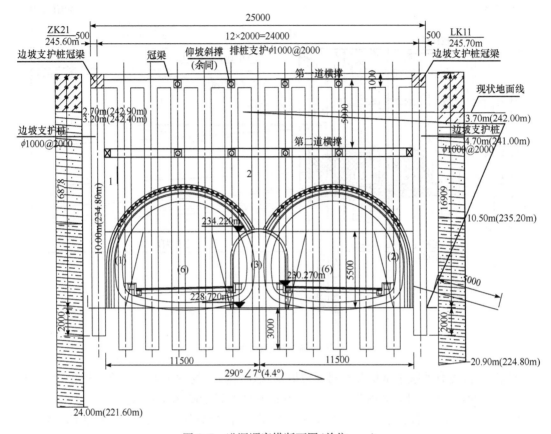

图 2.7 进洞顺序横断面图（单位：mm）

核心土进行开挖。

（2）预留核心土开挖，顺序如下：

① 左边墙扣槽（纵向宽度 3m）开挖并施工锁脚锚杆。

② 右边墙扣槽（纵向宽度 3m）开挖并施工锁脚锚杆。

③ 中导洞扣槽（纵向宽度 3m）开挖并架设工字钢及挂网喷射混凝土。

④ 架设左（右）洞工字钢并浇筑 35cm 厚套拱。

⑤ 施工超前大管棚。

⑥ 基坑剩余部分按要求开挖到位并实施第三道钢管横撑。

⑦ 中导洞进洞掘进直至本段连拱隧道终点。

⑧ 中墙浇筑完成。

⑨ 浇筑明洞并回填到设计标高。

⑩ 左右洞按设计要求进洞开挖。

（3）仰坡桩基与基坑侧向桩基间应设置斜撑，以保证仰坡稳定。

2.3.7 基坑支护设计

根据现场踏勘，场地无放坡条件，基坑（边坡、仰坡）开挖采用排桩＋钢管横撑垂直切

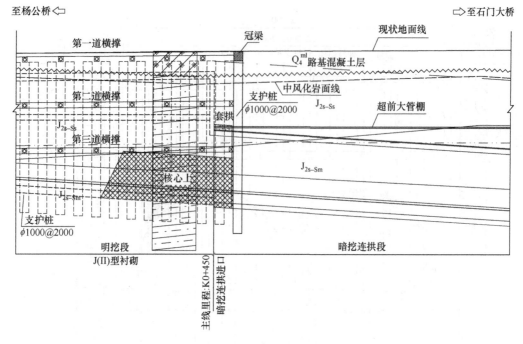

图 2.8　进洞顺序纵断面图(单位:mm)

坡方案进行,可有效减小基坑开挖对周边地块及建(构)筑物的影响。基坑支护采用支护桩($\phi1.0m@2.0m$),冠梁断面为 $1.0m×1.0m$,具体布置如图 2.9 所示。

桩间采用喷射混凝土挂网支护,逆作法施工,支护参数如下:采用 10cm 厚 C30 喷射混凝土,挂 $\phi8mm$(间距 15cm×15cm)钢筋网。整个基坑开挖采用信息法施工。

基坑开挖时注意事项如下:

(1)支护结构及开挖工序根据业主已委托第三方专业单位就基坑开挖对现状建筑结构安全影响进行专项评估分析,进行优化。

(2)基坑顶设截水沟和排水沟,及时排出地表水,排水沟的设置应根据现场实际情况来确定。

(3)基坑位置和高度参数与现场不一致的,以现场为准,差异较大时,应通知地勘及设计人员进行现场处理。

(4)本基坑支护遵循动态设计、逆作法、信息法施工的原则校核结构面情况,在施工过程中若发现设计与实际情况存在差异,应及时反馈信息,以便尽快修改设计,从而保证安全和工期。

(5)建议甲方委托具有相关资质和有丰富深基坑施工经验的单位施工。

(6)施工过程中和施工结束后,加强对基坑的监测,做好对基坑和邻近建(构)筑物的变形和位移监测,一旦发现异常情况,应采取有效工程措施,并及时通知设计人员,避免工程事故的发生。

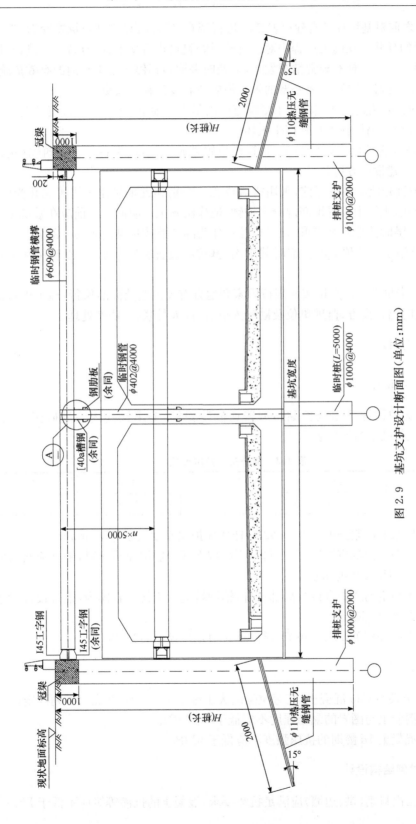

图 2.9　基坑支护设计断面图(单位:mm)

（7）施工之前对基坑顶已有建（构）筑物进行调查，确定已有建（构）筑物变形、裂纹和其他损坏情况的现状。在施工过程中对已有建（构）筑物进行变形、已有裂缝监测，并形成监测记录资料。一旦发现有异常情况发生，应及时采取包括停止施工在内的有效措施，并通知监理、业主和设计单位，形成必要的施工措施或者设计补充或更改。

（8）施工前，应调查清楚基坑施工影响范围内是否有地下工程、地下管道及地下管线等，防止土方开挖及锚杆施工对其产生破坏。

（9）基坑施工前应将各建（构）筑物、管线位置精确定位，确保各建（构）筑物（包括道路）、管线能正常建设后方可开工。

（10）支护桩开挖应跳桩开挖，采用机械成孔。个别邻近现状建筑机械成孔受限的，拟采用人工挖孔，土层中设置钢筋混凝土护臂，逆作法施工。明洞开挖前应在基坑顶部布置变形观测点，随时监控基坑变形，该项监控可作为隧道监控量测内容的一部分。

（11）基坑施工中坡顶应设置临时截水沟，基坑应设置临时集水井，以确保基坑底部不积水。

（12）其他未尽事宜应严格按照现行国家和地方有关规范及标准执行，施工中若出现有关问题应及时与建设方、监理单位及勘察人员、设计人员联系，协商处理。

2.3.8 锚喷支护设计

1. 锚杆支护设计[6]

（1）系统支护锚杆采用全长黏结型普通砂浆锚杆，要求锚孔内注满砂浆，直径为25mm。锚杆抗拉技术参数见表2.3。

表 2.3　锚杆抗拉技术参数

锚杆长度/m	2.0	2.5	3.0	3.5
抗拉力/kN	≥36	≥46	≥54	≥63

（2）锚杆用水泥砂浆强度等级为 M25，杆体保护层厚度大于等于 8mm。

（3）锚杆一般应沿隧道周边径向布置，当结构面或岩层层面明显时，锚杆应与岩体主结构面或岩层层面呈大角度布置。

（4）局部不稳定的岩块宜设置局部锚杆，锚固端应置于稳定岩体内，锚杆设计参数应根据现场地质参数计算确定。

（5）预应力锚杆相关要求按规范执行，预应力张拉控制力为 90kN。

2. 喷射混凝土设计

喷射混凝土采用 C30 混凝土，其弯拉强度大于等于 1.5MPa，并满足下列规定：
（1）喷射混凝土与围岩的黏结强度不应低于 0.5MPa。
（2）喷射混凝土 1d 龄期的抗压强度不应低于 5MPa。

2.3.9 二次衬砌结构设计

（1）隧道二次衬砌（拱、边墙）应满足抗渗要求，混凝土的抗渗等级应不低于 P8。

(2) 二次衬砌设计应按永久性结构设计,满足施工、运营、城市规划、防火、防水的要求,具有规定的强度、稳定性和耐久性。隧道设计要采取以下措施以确保主体结构具有足够的耐久性:钢筋混凝土衬砌净保护层厚度满足规范要求,混凝土必须达到规定的密实度;加强使用阶段的观测、保护,定期对建(构)筑物进行保养、维修。

(3) 为减少隧道衬砌的收缩,更好地保证初期支护与二次衬砌共同受力,同时为提高混凝土的耐久性能,确保结构设计使用年限,防止混凝土开裂,应通过配合比试验掺入适量的优质高效防裂抗渗膨胀剂,调整水泥强度等级为 42.5。宜使用同一厂家同一品牌的水泥,并应尽可能采用同一料场的石料、砂料,以保证结构外观色泽一致。高标号混凝土采用中粗砂配制。衬砌混凝土收缩率应控制在 2.5×10^{-4}。

(4) 钢筋保护层厚度应满足 JTG 3370.1—2018《公路隧道设计规范　第一册　土建工程》第 9.5.3 条的规定。

(5) 除设计图中另有规定外,明洞衬砌与洞内衬砌交界处或洞口段衬砌,每 10～15m 的位置应设沉降缝,洞身段、软硬围岩明显分界处宜设沉降缝,沉降缝应垂直于隧道轴线。沉降缝可兼作施工缝,施工缝应尽可能与沉降缝处于同一位置。

(6) 隧道主体结构应按永久性结构设计,满足施工、运营、城市规划、防火、防水的要求,具有规定的强度、稳定性和耐久性,隧道设计要采取以下措施以确保主体结构具有足够的耐久性:钢筋混凝土衬砌净保护层厚度满足规范要求,混凝土必须达到规定的密实度;在有腐蚀性介质地段,应选用耐腐蚀的低水化热水泥,选用高标号混凝土,氯离子质量分数小于 6%,宜使用非碱性骨料。当使用碱性骨料时,混凝土中碱用量小于 3.0kg/m³;加强使用阶段的观测、保护,定期对建(构)筑物进行保养、维修。

2.3.10　弃渣与环保设计

(1) 隧道弃渣及建筑垃圾应弃于专设的弃渣场内,弃渣严禁弃于河流及随意丢弃,应选用专用渣场堆砌。

(2) 施工中产生的有害废水、废气,必须经过处理后方可排放。

(3) 施工作业和爆破将产生噪声污染,因此施工应严格按照规定时间进行,避免深夜施工,并采用符合环保要求的施工机械。

2.3.11　机械开挖技术

隧道需机械开挖地段采用以铣挖机(图 2.10)、劈裂机(图 2.11)为主的机械开挖方案。

1. 铣挖机的特点

(1) 铣挖范围广。在中低硬度的岩石(如风化岩、凝灰岩)中铣挖量最大可达到 25～40m³/h(随岩石的密度、破碎度不同而不同),也可铣挖无钢筋或有少量钢筋的混凝土,使用装在 300t 挖掘机上的 ER5000 系列铣挖机,可以轻松地铣挖配有 30mm 以下直径钢筋的混凝土。

(2) 低振动、低噪声。可在有振动或噪声限制的地域(如古建筑、医院周围)有效地替

图 2.10　铣挖机

图 2.11　劈裂机

代爆破施工,并能很好地保护环境。

（3）精确控制施工。可以快速准确地修整构造物轮廓,应用在隧道开挖中,不但可以解决欠挖问题,还可以减少施工单位"宁超勿欠"所引起的成本增加问题。

（4）铣挖下来的物质粒径小且均匀,可直接用作回填料。

（5）安全性好。使用铣挖机取代人工进行软岩或破碎岩层的隧道掘进,可排除掌子面前方工人开挖的危险,从而大大提高隧道施工的安全性。

（6）结构简单,使用方便。可安装在任何一台既有的液压挖掘机上,利用液压破碎锤或液压钳的液压回路进行安装,使用方无须额外购买挖掘机;具有超强壳体及变速箱设计,使用寿命长。

（7）全方位工作角度,可以实现自身 360°旋转。所有型号的铣挖机都可以在水下 30m 处使用;维修保养方便,不需要打黄油和充氮气,对挖掘机的维修保养也无特殊的要求。

2. 劈裂机的特点

(1) 安全性。劈裂机在静态液压环境下开展可控制性的工作,不会像爆破机和其他冲击性拆除、凿岩设备那样,产生一些危险隐患;无须采取复杂的安全措施。

(2) 环保性。劈裂机工作时,不会产生振动、冲击、噪声、粉尘、飞屑等;不会影响周围环境,即使在人口稠密地区或室内,以及精密设备旁,也可以无干扰地工作。

(3) 经济性。劈裂机数秒即可完成劈裂过程,并且可连续无间断地工作,效率高,运行及保养成本很低,无须像爆破作业那样采取隔离或其他耗时且昂贵的安全措施。

(4) 精确性。与大多数传统的拆除方法和设备不同,劈裂机可以预先精确地确定劈裂方向、劈裂形状以及需要拆除部分的尺寸,劈裂精度高。

(5) 适用性。劈裂机人性化的外形设计和耐用性结构设计,确保了其使用方法简单易学,仅需单人操作,维护保养便捷,使用寿命长;劈裂机和液压泵站搬运十分方便。

2.4　下穿建(构)筑物密集区市政隧道施工方案

2.4.1　施工准备和施工测量

(1) 施工前应仔细阅读设计图说明及有关设计文件,领会设计意图,发现问题及时与设计单位联系解决。

(2) 施工前要对设计图进行现场核对,并进行补充调查,核对隧道所在位置的地形、地貌、工程和水文地质及隧道进出口位置与其他相关工程的情况。

(3) 在每道工序的施工准备过程中,必须对有关桩号、坐标和高程等进行严格校核,并经实地测量确认无误后方可进行施工。隧道结构应严格按照隧道和道路设计图的平面图、立面图、横断面尺寸放样,校核相互关系,以免出错。

(4) 坐标系统采用重庆独立坐标系,高程为黄海高程系统。

2.4.2　施工配合

在施工过程中,应配合隧道电气、通风、交通工程、监控等专业附属设施的安装施工,注意附属设施预埋管件在衬砌中的预留、预埋。同时,在施工过程中还应与电缆沟、管等进一步配合,切实做好各专业的协调。

施工过程中应对围岩进行监控量测,并根据量测结果及反馈信息,合理修正支护参数和开挖方法,指导施工和确保安全。承包人应根据图纸要求和 JTG/T 3660—2020《公路隧道施工技术规范》的规定进行地质和支护状态观察,必要时可做超前地质预报。另外,根据设计要求和围岩具体情况进行围岩体内位移量测、围岩压力量测等,所有量测结果应报送设计单位备查,并完善施工方案。量测资料作为支护隐蔽工程的重要技术内容,应纳入竣工文件,作为隧道验收内容之一。在施工过程中,若遇围岩情况与设计不符,应及时调整支护参数,避免发生工程事故。

施工中除应符合设计图的要求,还应符合国家和交通运输部现行有关标准、规范规定。

2.4.3　施工方法

隧道工程位于城市繁华地段,地表建(构)筑物众多,附近有重要建(构)筑物,因此隧道(含明洞、槽口段)均采用人工机械开挖,严禁爆破[7]。

2.4.4　洞口与明洞工程

设计图纸提出的开挖进洞位置可根据实际情况经业主、设计单位、监理共同确认后进行调整。

(1)洞口边、仰坡的开挖应自上而下,严禁爆破,减少对原地层的扰动。

(2)坡面上浮石、危石应清除,坡面应修整平顺。

(3)随时监测,确保边仰坡稳定。

(4)明洞衬砌达到设计强度,完成防水和排水盲沟后,方可回填土方。回填应分层、对称,每层厚度不大于 0.3m,两侧回填土高差不大于 0.5m,压实度应达 90%,在拱顶中心回填高度达到 1.0m 以上后方可拆除拱架。

(5)施工前应仔细排查开挖范围内管线资料,并做好管线临时改建、保护及施工完后的恢复工作。

2.4.5　洞身开挖

(1)为最大限度地利用围岩自承能力,应采用减少围岩扰动的方法进行洞身开挖。

(2)应严格控制欠挖,并尽量减少超挖。

(3)洞口浅埋段应严格控制地表沉陷,采取短进尺、强支护、弱爆破、勤观测的原则施工。

(4)开挖进尺控制:进尺长度小于等于 0.5m,每次开挖断面小于等于 6m²。

(5)连拱、小净距段隧道开挖应注意以下几点:

① 采用非爆破的方式开挖。

② 仰拱开挖必须采用人工机械切割,避免振动。

③ 仰拱开挖完后,应立即做仰拱以便封闭成环,提高承载能力,提早硬化路面。

④ 小净距隧道先行洞二次衬砌施工完成后(达到设计强度 100%)方可进行另一侧隧洞开挖。

⑤ 小净距隧道邻近中央岩柱侧边墙锚杆调整为预应力锚杆,中央岩柱厚小于 6m 段调整为预应力对拉锚杆。

(6)人行横通道、车行横通道结构开挖施工应在接口前后 5m 范围内的主洞隧道二次衬砌浇筑完成并达到设计强度 100%后方可进行开挖,人行横通道、车行横通道开挖应注意对主洞隧道二次衬砌保护。

(7)隧道施工过程中必须注意洞内排水,洞内的渗水、施工用水必须沿临时边沟或永久边沟及时排出洞外,不得散排。

2.4.6　初期支护施工

(1)喷射作业紧跟开挖面时,混凝土终凝到下一循环放炮的时间间隔不应小于 3h;喷射混凝土宜采用湿喷工艺。

(2)喷射混凝土应采用硅酸盐水泥或普通硅酸盐水泥,水泥抗压强度不低于 42.5MPa。

(3)粗集料应采用坚硬耐久的碎石,不得使用碱活性集料;喷射混凝土中的石子粒径不宜大于 10mm,集料级配采用连续级配,细集料应采用坚硬的中砂或粗砂,细度模数宜大于 2.5;砂的含水率控制在 5%~7%。

(4)应先喷后锚,首次喷射混凝土厚度不应小于 50mm,喷射作业中应随时观察围岩变化情况;锚杆施工宜在喷射混凝土终凝 3h 后进行。

(5)钢筋网应随受喷面的起伏铺设,钢筋网混凝土保护层厚 20mm,且应与锚杆连接牢固。

(6)锚杆的抗拔力不得低于图纸规定,每 300 根锚杆必须抽样一组,进行抗拔力试验;每组不少于 3 根,并应符合 GB 50086—2015《岩土锚杆与喷射混凝土支护工程技术规范》的规定。

(7)钢架的制造应符合 GB 50205—2020《钢结构工程施工质量验收标准》的要求;钢架安装的允许偏差,横向和高程均为±50mm,垂直度为±2°;钢架立柱埋入底板深度应满足设计要求,并置于基岩上;钢架与岩壁之间必须楔紧,相邻钢架连接牢固,钢架与围岩之间的混凝土保护层厚40mm,临空一侧的混凝土保护层厚为 20mm。

2.4.7　混凝土施工

(1)施工前必须做好配合比试验,综合考虑施工程序、工期安排、环境影响等各种因素,通过试验,保证混凝土强度,减小混凝土收缩徐变的不良影响。

(2)混凝土的内在质量和外观均应严格控制。混凝土浇筑时应保证浇筑进度和振捣密实,所有工作缝应认真凿毛清洁,确保新老混凝土的结合强度,并应注意混凝土的养护。所有混凝土外表面均应达到平整、光洁。

(3)隧道主体结构混凝土试件应在同等条件下进行养护。

(4)二次衬砌采用防水混凝土,砂石集料应符合级配要求,水泥强度等级为 42.5,水灰比小于 0.50,最小水泥用量 300kg/m³,氯离子质量分数小于等于 0.15%,碱用量小于等于 3kg/m³(或使用非碱活性集料)。

(5)二次衬砌混凝土浇筑时的入模温度小于 28℃,结构混凝土内外温差小于 25℃。

(6)混凝土抗裂要求:不允许出现贯穿性裂缝,尽量避免表面裂缝,其宽度小于 0.2mm。

2.4.8 防水板隧道防水施工技术

(1) 采用厚度为 1.5mm 的防水板,防水板的宽幅不得小于 2m。

(2) 缓冲层:无纺布 300g/m²。

(3) 分区:分区面积为 200~400m²。每一衬砌施工段为一分区,采用背贴式聚氯乙烯(polyvinylchloride,PVC)止水带;与 PVC 防水板热风焊接,焊缝宽度为 30mm。

(4) 注浆(发生渗漏时,注浆修补):采用注浆嘴和注浆管,根据水压大小每分区安装 6~12 套,注浆材料为水泥或化学浆液(注浆压力一般为 0.2~0.4MPa)。

(5) 采用垫片固定法施工工艺,防水板之间焊缝采用热风焊接(双焊缝自动焊接),焊接完毕后采用充气法对每条焊缝进行检测,充气压力为 0.25MPa,10~15min 内压力下降小于 10%;双焊缝部位的技术指标不得小于母材的技术指标(焊缝外断裂),手工焊缝的强度应不小于 15MPa。焊缝为对接或 T 型节点,错开至少 300mm。

(6) 防水板施工应在供应厂家技术指导下进行,且应适用专业厂家生产的隧道防水板。

2.4.9 二次衬砌施工

(1) 主体结构应衬砌施工,其中线标高、断面尺寸、净空及衬砌材料的标准规格均应符合图纸要求。

(2) 二次衬砌应采用全断面衬砌模板台车,采用泵送混凝土作业。超挖部分采用同级混凝土回填。在即将浇筑混凝土之前,应将浇筑处基面的积水、泥浆、油污、有害的附着物和松散物、半松散物或风化的岩块等清除干净。

(3) 与轨道交叉段、衬砌段,二次衬砌应紧跟;其余段二次衬砌的施工,应在同时满足下列三项标准时进行:隧洞周边位移速率小于 0.2mm/d;拱顶下沉速率小于 0.1mm/d。隧洞周边位移速率以及拱顶或底板垂直位移速率明显下降。隧洞位移相对值已达到总相对位移量的 90%。整体式衬砌内不允许存在水平缝和倾斜的接缝。隧道拱墙背后不得有空隙,采用同级混凝土回填。

若围岩自稳能力一般,可能长时间达不到基本稳定条件,当初期支护的混凝土发生大量明显裂缝,而支护能力又难以加强,出现变形收敛趋势,需提前施工仰拱及二次衬砌时,应通知设计单位对二次衬砌的构造进行修正。二次衬砌施作前应铺设防水层,防水板应与喷层面平顺密实,喷层面应无钢筋或锚杆外露,凹凸较大的应先补平。二次衬砌施作前,应将喷层或防水板表面的粉尘清除干净,并洒水湿润。混凝土应振捣密实,防止收缩开裂,并不得损坏防水层。若衬砌背后需压浆应预留压浆孔,二次衬砌是否实施还应根据顶部建(构)筑物量测情况进行综合判定。

(4) 对于采用大管棚预支护的加强段和断层破碎带区段,在初期支护完成后,为控制变形,应及时施作二次衬砌。

(5) 尽早施作仰拱以便封闭成环,提高承载能力,提早硬化路面,在隧道掘进过程中可以半幅交叉进行。

(6) 施工采用的防水剂、防水板等特殊材料,须经业主、设计单位、监理单位共同确认后方可使用。

2.4.10　洞内附属工程

(1) 人行横通道、车行横通道接口段,机电设备房应根据图纸的布置与洞身同时开挖支护,衬砌混凝土、交叉段衬砌混凝土应连续浇筑,不应中断交叉段钢筋,并应相互连接良好,绑扎牢固成为整体。

(2) 洞内装饰采用的涂料、饰材等的样口及特性数据应送设计单位会审,正式施工前应做试验段,合格后方可正式施工。

2.4.11　隧道施工组织设计

1) 主体结构施工顺序

(1) 施工单位进场准备。

(2) 进出口、明洞段基坑支护施工。

(3) 进出口辅道形成,局部基坑加盖转化为交通道路。

(4) 槽口及明洞基坑开挖。

(5) 隧道进洞管棚施工,中导洞施工。

(6) 明洞及槽口段施工,并回填。

(7) 左(右)洞先行施工掘进,并施工二次衬砌。

(8) 后行施工掘进,并施工二次衬砌。

2) 1 号地通道施工

1 号地通道主体与明洞结构相连,与明洞一起施工,两侧进出口的基坑及其支护结构受管线迁改的空间限制,应在明洞回填到位后方可进行施工。

3) 2 号地通道施工

(1) 主体结构基坑以及 2 号地通道的基坑支护结构一起施工。

(2) 先进行 2 号地通道的基坑开挖并施工基坑内部分 2 号地通道结构。

(3) 辅道形成,局部基坑加盖转化为交通道路。

(4) 明洞、槽口基坑开挖。

(5) 施工明洞、槽口段结构。

(6) 对剩余部分 2 号地通道结构采用洞内明挖方式进行施工(利用现状地通道结构)。

施工期间,交通组织专项设计应结合本隧道施工组织设计相关要求进行综合考虑。

2.4.12　隧道监控量测

1. 地表监测

渝碚路至汉渝路下穿道工程位于周边建(构)筑物密集的城区,为避免施工开挖对周边建(构)筑物的影响,必须严格实施对周边建(构)筑物基础及附近地表的监控量测[8],见表 2.4。

表 2.4 重点监控对象

序号	监控对象
1	三峡广场及地下人防结构
2	轨道交通环线
3	渝碚路 32 号危改工程
4	华宇广场(时代星空)
5	金诚广场西区
6	华宇广场(世纪银河)
7	金诚广场东区
8	正升自由康都(王府井)
9	三角碑转盘
10	南开步行街口天桥

地表监控项目包括建(构)筑物顶部位移观测,基础位移观测,拱顶、地表沉降观测等。具体参数要求应结合业主委托第三方编写的《渝碚路至汉渝路下穿道工程对周边建筑物影响的安全评估报告》相关要求确定;其余建筑是否量测应由监控量测单位根据现场实际情况结合建筑自身现状及相关规范、规程确定。

2. 轨道结构量测

(1)量测单位应根据重庆市建筑科学研究院 2017 年 4 月发布的《渝碚路至汉渝路下穿道工程对轨道交通环线结构安全影响评估报告》和行业标准 CJJ/T 202—2013《城市轨道交通结构安全保护技术规范》来确定轨道交通环线变形控制值及预警值,并根据确定的变形控制值及预警值对轨道交通环线的结构强度及裂缝进行复核。

(2)轨道结构量测范围及控制指标、布点数量及密度等应由量测单位进行专项设计,专家评审通过,并报轨道交通主管部门批准后方可实施。

3. 隧道洞身监控量测

(1)量测目的。

隧道施工监测是新奥法的重要组成部分,是信息化设计的重要一环,其目的可概括为预报、控制、检验、改进四个方面。

① 预报:通过量测发现异常现象,及时预测未来形态和发展趋势,防止灾害的发生。

② 控制:根据量测进行控制运行,适时调整支护参数以控制结构内力、位移、沉降,使支护结构发挥最佳工程效益。

③ 检验:根据量测资料可反馈和验证设计的正确性,求得合理的隧道支护结构。

④ 改进:通过量测结果可评价采用的施工技术的适用性、优越性和改进的途径。

在隧道施工中,通过对隧道围岩动态的监控量测,掌握围岩动态和支护结构的工作状态,利用量测结果调整设计支护参数,指导施工;通过量测预见事故和险情,及时采取措施防止事故发生,积累资料为以后的设计提供类比依据,以确保隧道的安全,达到保证隧道施工安全、节约工程投资的目的。

(2) 量测项目。

根据隧道的地质条件、围岩特点,设计中考虑进行如下项目的量测:采用精密水准仪进行拱顶下沉观测;采用周边收敛计进行围岩周边收敛量测;采用锚杆抗拔计进行锚杆抗拔试验;采用精密水准仪进行洞口浅埋段地表沉降观测;由有经验的地质工程师及时进行掌子面地质观测。

(3) 整个量测应委托专业单位进行,由于渝碚路至汉渝路下穿道工程的重要性,监控前应对整个工程的监控量测进行专项量测设计。

2.5　下穿建(构)筑物密集区市政隧道辅助施工措施

辅助施工是为保证施工安全而采用的临时支护或临时加固措施,可不考虑其支护能力对结构永久安全的影响。当需要考虑其永久作用时,应进行专门分析研究后确定。

隧道常用的辅助施工措施按其功能和功效,可以分为地层稳定措施与涌水处理措施,地层稳定措施又可分为地层支护措施与地层加固措施,涌水处理措施又可分为排水措施与注浆止水措施。

2.5.1　超前支护

超前支护可按照以下规定进行:

(1) 当围岩自稳时间大于 24h 时,若为Ⅰ~Ⅲ级围岩地段,可不必采用超前支护等辅助施工措施。

(2) 当围岩自稳时间在 12~24h 时,若为Ⅳ级围岩地段,宜采用超前锚杆辅助施工措施;若为Ⅴ级围岩地段,宜采用超前钢管等辅助施工措施,防止局部稳定块体坍塌。

(3) 当围岩自稳时间在 3~12h 时,若为Ⅴ~Ⅵ级围岩地段,宜考虑采用超前小导管辅助施工措施。

(4) 当围岩自稳时间小于 3h 时,若为地下水较丰富的Ⅵ级围岩地段,宜采用超前预注浆等辅助施工措施。

对施工中不稳定的作业面,应采用掌子面封闭、设置临时仰拱封闭等临时或局部的辅助措施。在完成开挖或主体结构支护封闭后,临时封闭措施应予以拆除。

在地层极其松散、软弱的地段,为预防洞室周边岩体坍塌、减少洞室周边地层的变形,宜采用地层加固措施;在地质条件较差且地下水较为丰富的地段,宜采用注浆止水措施。

辅助施工措施应与隧道主体支护结构的设计、施工开挖方法的选择密切配合。在施工过程中,应加强监控量测与信息反馈,以便及时调整辅助施工方法或设计参数,使设计更加符合施工现场条件。

2.5.2　临时封闭或支撑措施设计

(1) 隧道常用的临时封闭措施可分为掌子面临时封闭、初期支护临时仰拱封闭、临时构建支撑、拱部扇形支撑以及双侧壁开挖法导坑支护等。在以下地段宜采用掌子面临时封闭措施：

　　① 地质条件较差，掌子面难以自稳的地段。

　　② 地应力较高，掌子面可能发生岩爆或大变形的地段。

　　③ 发生全断面塌方，需对前方坍塌土体注浆的地段。

　　④ 需要采用全断面注浆加固或止水的地段。

　　⑤ 需要严格控制开挖面前方地层变形的地段。

　　⑥ 其他需要进行掌子面封闭的地段。

　　（2）掌子面临时封闭可采用喷锚支护封闭、袋装土挡土墙或现浇混凝土挡土墙封闭等措施，遵循以下原则：

　　① 当掌子面具备一定自稳能力时，可采用喷锚支护封闭。封闭锚杆宜采用塑料锚杆，以便拆除。

　　② 当掌子面发生坍塌或涌水突泥时，可采用袋装土挡土墙封闭。

　　③ 当需要对前方进行高压注浆时，宜采用现浇混凝土挡土墙封闭。

　　④ 采用喷锚封闭时，喷射混凝土厚度不宜超过 10cm，锚杆长度不宜超过 250cm。当需要加长锚杆时，应适当调整掌子面开挖形状或采用纤维喷射混凝土，以提高封闭结构的抵抗能力。

　　（3）不宜采用锚喷支护的地段，可采用构件支撑，并应符合下列要求：

　　① 支撑应有足够的强度和刚度，能承受开挖后的围岩能力。支撑基础应铺设垫板。

　　② 围岩出现的底部压力、产生底鼓现象或可能产生沉陷时，应加设底梁。

　　③ 当围岩极其松软破碎时，必须先护后挖，暴露面应采用支撑封闭。

　　④ 根据现场条件，可结合管棚或超前锚杆等支护，形成联合支撑。

　　⑤ 支撑作业应迅速、及时、有效。

　　当仰拱初期支护不能及时跟进封闭时，应设置拱部扇形支撑来控制拱部的变形。扇形支撑宜采用刚度较大的型钢，横撑可采用双排型钢，设置在初期支护断面的最大跨径处；竖向支撑可采用单排型钢。施工期间应备足型钢，提前做好扇形支撑杆件，作为临时支撑预案。

　　当隧道跨度较大、地表沉陷要求严格、围岩条件特别差时，可采用双侧壁导坑法施工。双侧壁导坑尺寸应根据初期支护形成闭合断面的时间要求和开挖、支护、左右侧导坑错开的距离进行拟定。导坑错开的距离按开挖一侧导坑时，围岩压力重分布的影响不致波及另一侧已成导坑为原则予以确定。

　　无论采用哪种临时封闭措施，均应注意方法的有效性、施工的可操作性以及后期拆除的方便性和可重复利用性。掌子面、临时仰拱以及导坑喷锚加固宜尽量少用或不用钢筋拱架以及钢筋网喷射混凝土，宜采用塑料锚杆及化学纤维喷射混凝土等新材料，以方便拆除。

2.5.3　地表加固措施设计

　　对于地层软弱、稳定性差的浅埋隧道，可采用地表砂浆锚杆或地表注浆进行地表预加固。地表砂浆锚杆可按浅埋段长度作为纵向加固范围，或按埋深 $h \leqslant 2B$（B 为隧道开挖宽度)时的长度作为纵向加固范围。加固深度宜为 3～10m,不宜超过 15m。拱部加固深度至隧道开挖轮廓线外 50cm 左右,两侧加固深度至洞室两侧破裂面下 1.5～2.5m。

地表砂浆锚杆间距宜为 100～200cm,呈梅花形布置。地表砂浆锚杆一般采用直径 16～22mm HRB335 钢,锚杆孔直径 $D\geqslant50$mm。当锚杆长度小于 5m 时,钻孔直径可采用 50～60mm;当锚杆长度大于 10cm 时,钻孔直径可取 100～120mm。在插入锚杆后应充填 M20 水泥砂浆。

当隧道浅埋且地层非常松散破碎、易发生大规模坍塌或失稳时,可采用地表注浆加固。

2.5.4　排水措施设计

隧道开挖过程中,当地下水位较高、水量丰富、地下水的渗流危及隧道施工安全时,宜采用适当的排水措施排出地下水。常用的隧道施工排水方法有超前钻孔排水、超前导洞排水及井点降水等[9]。

(1) 超前钻孔排水设计应遵循下列原则:

① 下排钻孔的孔底位置应低于开挖面底面高程,且超前开挖面 10～15m。

② 上排钻孔方向可以向上倾斜,采用自排方式排水,或向下倾斜,采用水泵排水。

③ 应保证排水孔内的渗水迅速排出洞外。

④ 当水量较小时,排水孔可仅在开挖面下部两侧布置;当水量较大时,宜在开挖面上进行多点布置。

(2) 超前导洞排水设计应遵循下列原则:

① 排水导洞应设置在正洞开挖轮廓线内;当施工需要时,也可以设置在正洞外的一侧或两侧。

② 导洞应和正洞平行或接近平行。

③ 当导洞设置于正洞内时,导洞底面高程可略低于正洞底面高程;当导洞设置于正洞之外时,导洞底面高程可比正洞底面高程低 1.0～2.0m。

④ 导洞至少应超前正洞开挖面 10～20m,必要时排水导洞可先贯通含水层。

(3) 含水层丰富的土质浅埋隧道,当需要降低地下水位,或减少围岩含水量时,可采取井点降水措施。井点降水分轻型井点降水和深井井点降水两种方法。

① 轻型井点降水设计应遵循下列原则:

A. 当降水深度为 3～6m 时,可采用轻型井点降水。

B. 井点的布置应根据隧道跨度大小、地质和水文情况、地层的渗透情况、降水范围及降水深度等因素综合确定。当隧道跨度小于 6m,且降水深度不超过 5m 时,可采用单排井点,设在隧道的某一侧;当隧道跨度较大时,宜采用双排井点,井间距约为 4m。井点管与边墙的间距宜为 1.2～2.0m,埋深可根据降水深度及含水层位置确定,但井点管必须埋入含水层内。

C. 滤水管应深入含水层,各滤水管的高程应相同。

D. 一组井点管部件连接完毕后,应进行抽水试验,检测是否漏气、是否有淤塞情况、出水是否正常;若有异常情况,应检修后方可使用。

E. 井点使用之后,应保持连续不断抽水,并配用双电源以防漏电。

F. 井点降水时,应对水位降低区域内的建(构)筑物进行沉降观测,发现沉陷或水平位移过大时,应及时采取防护技术措施。

G. 在土方开挖后,应保持降低的地下水位在距基底面 500mm 以下,以防止地下水扰动地基土体。

② 深井降水设计应遵循下列原则:

A. 当降水深度大于 6m 时,可采用深井降水。深井降水的井点宜沿隧道周边呈环线布置。当隧道宽度较窄时,亦可在一侧呈直线型布置。井点宜深入透水层 6～9m,且宜比所需降水的深度深 6～8m;井点间距可取埋深,宜为 10～30m。

B. 井点的布置应根据隧道跨度的大小、地质和水文情况、地层的渗透系数、降水范围及降水深度等因素综合确定。

C. 井底位置应置于隧道底部以下 3～5m。

D. 深井抽水时应有相应的地面排水措施。

E. 井点降水时,应对水位降低区域内的建(构)筑物进行沉降观测,发现沉陷或水平位移过大时,应及时采取防护措施。

2.5.5　隧道注浆设计

根据使用功能,隧道注浆可设计为周边注浆、超前预注浆、超前帷幕注浆及地表注浆等;根据使用效果,可分为加固注浆与止水注浆;根据注浆机理,可分为填充注浆、渗透注浆、劈裂注浆、化学注浆和高压喷射注浆[10,11]。

(1) 隧道注浆设计程序。

① 查明场地的工程地质特性和水文地质条件。

② 根据建设条件及注浆目标初步选定注浆方案。

③ 根据初步确定的注浆方案进行注浆试验。

④ 根据注浆试验确定各项注浆参数和技术措施。

⑤ 在施工期间进行观测,根据观测情况对原设计进行必要的优化、调整。

(2) 隧道注浆设计内容。

① 注浆标准:通过注浆要求达到的效果和质量标准。

② 施工范围:包括注浆深度、长度和宽度。

③ 注浆材料:包括注浆材料种类和浆液配方。

④ 浆液影响半径:指浆液在设计压力下所能达到的有效扩散距离。

⑤ 钻孔布置:根据浆液影响半径和注浆体设计厚度,确定合理的孔距、孔数和排数。

⑥ 注浆压力:规定不同地区和不同深度的允许最大注浆压力。

⑦ 注浆用量:总的注浆浆液数量。

⑧ 施工方法和顺序:根据实际情况确定合理的施工方法和施工顺序。

⑨ 注浆效果评估:用各种方法和手段检测注浆效果。

(3) 注浆强度和变形标准应根据不同的注浆目的及工程的具体要求制定。施工控制标准应通过现场检测,按以下三个条件进行控制。

① 按注浆总量进行控制。

② 按耗浆量降低率进行控制。

③ 按注浆压力进行控制。

宜重视浆液扩散半径对注浆工程量及造价的重要影响,浆液扩散半径可按有关理论公式进行估算。当地质条件较复杂或计算参数不易选准时,应通过现场注浆试验来确定。

以水玻璃为主剂的浆液,其有效扩散半径可按表 2.5 的规定取用;水泥浆液在裂隙岩层中的有效扩散半径可按表 2.6 的规定取用。

表 2.5　水玻璃浆液在不同岩层中的有效扩散半径 R

岩层类别	砂砾	粗砂	中砂	细砂	淤泥	黏土
有效扩散半径 R/m	1.7~2.0	1.2~1.45	0.8~1.0	0.5~0.7	0.50	0.50

表 2.6　水泥浆液在裂隙岩层中的有效扩散半径 R

裂隙宽度/mm	<5	5~30	>30
有效扩散半径 R/m	2	4	6

注浆孔的布置应以各注浆孔浆液扩散范围互相重叠为原则,不宜因出现注浆"盲区"而造成隧道开挖时涌水或塌方,也不宜搭接过多而导致浪费。注浆孔布置宜按梅花形或矩形布置,孔间距宜为单孔浆液扩散半径的 1.4~1.7 倍。

注浆顺序不宜采用单向推进压注方式,应按跳孔间隔注浆方式进行,并宜符合以下规定[12]:

(1) 对有地下动水流的特殊情况,应考虑浆液在动水流下的迁移效应,宜从水头高的一端开始注浆。

(2) 对加固渗透系数相同的图层,应首先完成最上层封顶注浆,再按由下而上的原则进行注浆,以防浆液上冒。当土层的渗透系数随深度增大时,应自下而上进行注浆。

(3) 注浆时采用先外围、后内部的注浆顺序,若注浆范围以外有边界约束条件(能阻挡浆液流动的障碍物),可采用自内侧开始顺次往外侧注浆的方式。

当注浆孔注浆达到如下标准时,可结束该孔注浆。

(1) 注浆压力逐步升高,达到设计终压时继续注浆 10min 以上。

(2) 实际注浆量与设计注浆量大致接近,注浆结束时的进浆量宜在 30L/min 以下。

第3章 繁华商业区地下环形交通隧道施工技术

3.1 概 述

随着城市化发展和机动车的迅猛增长,交通拥堵是当今大城市发展所面临的普遍难题,建设城市地下道路,构建立体化交通体系,是缓解交通拥堵的重要手段之一,因此地下道路建设越来越受到各地重视。

城市中央商务区(central business district,CBD)往往是高密度开发、多业态并存、高强度出行的区域,其开发建设过程中,由于土地资源有限,没有更多城市用地提供给道路资源,同时伴随着区域内土地的高强度开发与利用,以及多种业态并存,机动车出行的强度和密度也都显著高于城市其他区域的平均水平。为了保证区域的经济活力,提升土地利用价值,并保证优良的环境品质,进行地下环形隧道的建设,串联区域内的地下车库资源,提供安全、便捷、畅通的地下交通系统,与城市其他的交通系统共同构建立体化的交通网络,成为解决高强度开发重点功能区交通出行问题的重要方法。

地下环形隧道,设置于城市道路或建(构)筑物的地下,主要承载地面交通与地下车库设施联系的地下交通设施,可与其他地下设施(管道沟)等共同设置,也可以单独设置,主要由主隧道、连接隧道与隧道出入口组成,连接隧道包括连接车库隧道及地下匝道[13]。地下环形隧道的主要作用如下:

(1) 促进地下空间开发,提高周边地块的商业价值。

(2) 补充道路交通资源供给。

(3) 净化地面交通,提升区域交通环境品质。

(4) 连接各地块地下车库,实现停车资源共享互用。

3.2 地下环形交通隧道设计要点

3.2.1 平面布局

地下环形隧道的建设往往是土地一级开发的项目,同时也是多个地下车库与市政道路联系的隧道,因此往往将其布置在市政红线之内。在平面布置过程中,应考虑如下设计原则:

(1) 线形宜尽量顺直,避免小半径连续弯道。在隧道行驶的车辆受封闭空间的限制,驾驶员往往视线不佳,而且在驾驶车辆的过程中还需要识别出入口和目的地的交通指示。因此,线形顺直可以为车辆行驶提供较好的视距,利于车辆的安全行驶。

(2) 地下环形隧道宜尽可能多地连接区域内的地下车库。由于受地形条件限制(尤其是在山地城市),高楼下的停车库在平面上和立面上分布不均匀,且交通联系困难。地下环形隧道设计时其选线尤为重要,应尽量使修建区域内的大多数大型车库实现入网。

(3) 地下环形隧道主隧道平面线形宜满足 CJJ 37—2012《城市道路工程设计规范》中城市支路的设计标准。

地下环形隧道是主要承担地面交通与地下停车设施联系的地下交通设施。因此,隧道内车辆的行驶速度往往较低,一般设计速度采用 20～30km/h 为宜,应遵照 CJJ 37—2012《城市道路工程设计规范》中城市支路的设计标准。

(4) 地下环形隧道可以单独布设,也可以和城市综合管廊共同布设。

3.2.2　竖向设计

建筑的地下一层经常开发为地下商业区域,因此地下环形隧道往往是与建筑的地下二层车库相联系的,隧道的埋深较大,从而造成其与地面道路连接的出入口坡度较大。在主隧道的纵断面设计中,可采用零坡度,利用横坡来排除清洗废水或消防废水;最大的纵坡可以采用规范中规定的非冰雪地区的纵坡值 7%。在出入口的设计中,从行驶安全、减少地面道路干扰的方面来看,宜结合 JGJ 100—2015《车库建筑设计规范》[13]的规定,可采用较大的纵坡,如 10%～12%,但应避免坡长过大,造成安全隐患。

3.2.3　断面布局

(1) 根据地下环形隧道所处区域预测的远景年限交通量,确定隧道内的车道数。

(2) 根据规划对地下环形隧道的功能定位,明确其所服务的设计车辆的标准,从而确定道路限界。

(3) 结合隧道内各附属系统的设计,如消防系统、通风系统、监控系统、交通设施、排水设施、照明设施等所需的空间,来综合确定隧道的断面。例如,通风方式有纵向通风＋送、排烟风塔的方式,有设置风管的横向通风方式,也有两者相结合的方式,但它们所要求的空间尺寸都不同。隧道内交通指示标志的尺寸也会影响隧道的断面尺寸。排水边沟及过路的横截沟也会加大隧道内路面的厚度,从而影响整个隧道的断面尺寸。

3.2.4　出入口布局

1. 出入口位置设置

(1) 道路中央:出入口的行车方向与地面道路行车方向一致。

(2) 道路单侧:适用于单进或单出的出入口。出入口的行车方向与地面道路行车方向一致。

(3) 道路外侧:出入口设置在机动车道外侧,在适当位置并入机动车道。此类出入口若设置不当,会与地面道路人行及非机动车系统产生交叉,存在不安全因素。

2. 出入口形式

1) 同进同出型

同进同出型主隧道的出入口为双向行驶的车辆布置在同一断面内。该方式的优点是节约地面道路资源,缺点是需要设置在道路中央,与地面道路交通的衔接是"左进左出",与通常的交通习惯要求不同。

2) 单独出入型

单独出入型是地下环形隧道出入口用得最多的形式,即车辆的驶入和驶出都是独立的封闭或开敞空间,同时设置有连续的应急停车带。

3) 地下定向型

地下定向型是联系地下环形隧道与城市交通干道较多采用的形式。这种形式的出入口指向明确,不受路口信号灯影响,通行效率高,有利于隧道内车辆的快速集散。

3. 出入口与地面交叉口的关系

在场地条件允许的情况下,出入口接入地面道路后,其与道路交叉口距离宜控制在80m 以外,不能影响地面交叉口渠化交通。否则,应采取必要和有效的交通管理及控制措施。

3.2.5　地下环形隧道的附属系统

地下交通联系通道的附属系统包括消防系统、通风系统、供配电系统、照明设施、监控系统、给排水设施和人员逃生系统等。其中,附属设施包括监控中心、消防泵房、送/排风塔、地下变电站和配电站、地下排水泵房和逃生出口等。

地下环形隧道内的附属系统是支持隧道安全运营必不可少的组成部分,其系统设置和运转的效率直接关系到隧道的交通效益和社会效益。因此,在地下环形隧道的规划设计过程中,应特别注重和加强附属系统的设计。

3.3　山地城市地下环形交通隧道工程设计

为缓解 CBD 的地面交通拥堵,提高地下停车系统的利用率和周转率,达到综合改善该地区交通状况的目的,重庆市渝中区规划了解放碑地下环道的方案。解放碑地下环道位于重庆市渝中区解放碑核心区,由"一环、七联络、N 连通"构成,其重要功能如下:

"一环"是一条地下车行单向循环道,全长约 3km,宽 7~9.5m,层高 5.5m,位于地下20~60m 处,线路走向为临江门—较场口—新华路—中华路—五一路—临江路—临江门,其中,从临江门到较场口转盘为一期工程,从较场口转盘到五一路口为二期工程,从五一路口到临江门为三期工程。

"七联络"是建 7 条连接环道的单向进出通道,分别连接南区路、北区路、长滨路和嘉滨路,包括 3 条出道、3 条进道和 1 条双向进出道。3 条出道口分别位于较场口地下、海逸酒店地下和五一路口地下;3 条进道口分别位于一号桥附近的灯饰广场、长滨路上储奇门匝道处和沧白路;双向进出道位于嘉滨路,穿过重庆医科大学附属第二医院地下连接环道。

地下环道另一重要功能"N 连通",是通过兴建多条地下支线路段,将解放碑核心区的楼宇地下车库,如世贸中心、得意世界、大都会的停车库连成一体,并与"一环"形成互通。

解放碑地下环道工程共分为三期:一期工程 2010 年 6 月动工,起于临江门一号桥,止于较场口十八梯,主要利用人防工程进行扩建,可接入停车位 3000 余个;二期工程起于长滨路储奇门加气站对面,止于五一路和民族路相交处,计划接入车位 8000 余个,2012 年正式动工;三期工程起于五一路口,止于临江门连接一期工程,从而形成地下环道。商圈附近约 30 个地下停车库,共约 1.5 万个停车位,构成一个大型地下停车场。

3.3.1　平、纵线型设计

考虑解放碑地下停车系统一期、二期和三期工程的相互衔接,以及周边规划限制条件、地形地物等诸多因素来确定主线及连接道的平面布置与线形走向,下面以三期工程为例进行介绍。

(1) 主通道。起讫里程为 K0+000～K2+818.349,全长约 2818.349m,隧道净宽 9.5m,按单向双车道+紧急停车带的方式布置,最大坡度控制在 5.9%,最小圆曲线半径为 30m。

纵断面设计为方便地下车行系统与地面交通接线,对标高进行了优化调整,最大限度地避免对现有设施的破坏,减少拆迁。同时,综合考虑道路各项线形指标,以利于顺畅、安全地组织停车车流运行。隧道部分最大坡度限制在 5.9% 以内。

(2) 嘉滨路连接线。该连接线是位于主通道三期北侧的连接道,为车库进出口,是连接车库三期主通道与嘉滨路的重要通道。该连接道位于洪崖洞二期用地范围地下,路幅宽度为 14m,按双向双车道+紧急停车带的方式布置,全路段基本为隧道,为克服主通道与嘉滨路约 32.0m 的高差,采用迂回展线方式,道路长度为 641.213m,最小圆曲线半径为 23.2m,最大坡度控制在 5.9% 以内。

(3) 两江桥隧道连接线。两江桥隧道连接线一为地下停车系统的入口道,设计里程为 K0+000～K0+174.892,起于两江隧道左线里程桩号 K14+499,止于主通道里程桩号 K2+256.182,长约 148m,隧道净宽为 7m,连接道设有一处圆曲线转弯,转弯半径为 40m,按单向单车道+紧急停车带的方式布置,最大坡度为 3.4%;两江桥隧道连接线二为地下停车系统的出口道,设计里程为 K0+000～K0+219.761,起于主通道里程桩号 K2+154.493,止于两江桥隧道左线里程桩号 K14+298.267,长约 220m,隧道净宽为 7m,连接道设有一处圆曲线转弯,转弯半径为 40m,按单向单车道+紧急停车带的方式布置,最大坡度为 3.53%。

(4) 车库出入口。采用四个车库出入口直接连接主通道与帝王广场车库、国泰艺术中心车库、国泰广场车库、大世界酒店车库,再通过车库与车库之间的连通道,实现该工程与周边地下车库的系统联系。

3.3.2 横断面设计

1. 主通道路宽

根据相关规范,主通道路宽设计为 0.5m(安全带)＋0.25m(路缘带)＋6m(车行道)＋2.0m(紧急停车道)＋0.75m(人员疏散道)＝9.5m,单向双车道外加紧急停车道,如图 3.1 所示。

2. 连接道出入口隧道内路宽(单车道＋一条紧急停车带)

根据相关规范,连接道出入口隧道内路宽设计为 0.15m(安全带)＋3.5m(车行道)＋2.5m(紧急停车道)＋0.85m(人员疏散道)＝7m,如图 3.2 所示。

3. 连接道出入口道路路宽

根据相关规范,出入口道路路宽设计为 0.15m(安全带)＋3.5m(车行道)＋2.5m(紧急停车道)＋0.85m(设施带)＝7m。

4. 支洞路宽(双向双车道)

根据相关规范,支洞路宽设计为:0.15m(安全带)＋6m(车行道)＋0.85m(人员疏散道)＝7m,如图 3.3 所示。

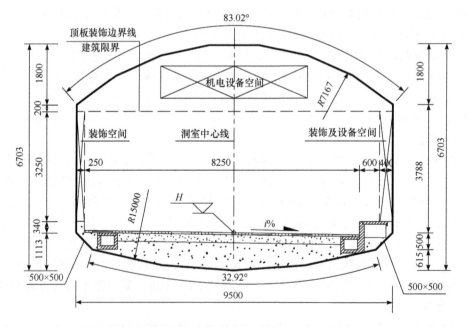

图 3.1 主通道普通段内轮廓设计(净宽＝9.5m)(单位:mm)

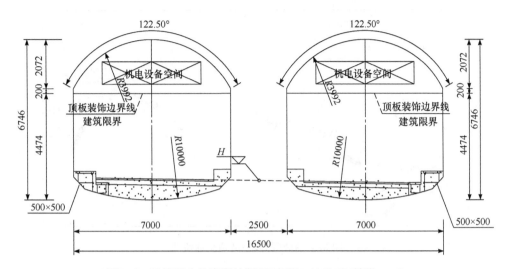

图 3.2　连接道内轮廓设计断面(净宽＝16.5m)(单位:mm)

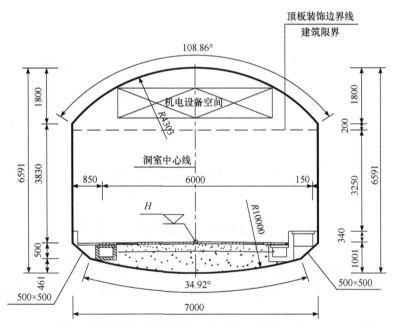

图 3.3　两江隧道连接道、车库连接道横断面内轮廓设计断面(净宽＝7m)(单位:mm)

3.3.3　交通组织设计

以三期工程为例,主隧道采用逆时针单向行驶,如图 3.4 和图 3.5 所示。两江隧道连接道采用单向行驶方式,其中连接道一为停车系统进线,连接道二为停车系统出线;嘉滨路连接道采用单洞双向车道形式,地下车库连接道采用单洞双向车道形式。

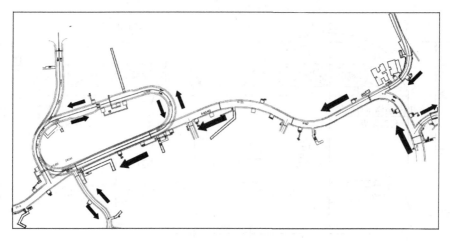

图 3.4　临江路段主隧道交通流线

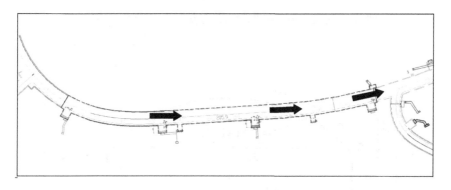

图 3.5　新华路段主隧道交通流线

3.4　连通隧道暗挖段施工技术

为降低对周边建(构)筑物的影响,暗挖隧道采用矿山法控制爆破的方式进行施工。电力隧道大部分与车库连接通道存在空间上下平行关系,且高差小,应采用人工配合机械联合开挖方式进行。

暗挖隧道围岩级别为Ⅳ级,开挖断面小,标准断面采用台阶法施工,加宽断面采用大侧壁导坑法施工。总体施工原则是:管超前、锚杆及小导管超前、严注浆、短进尺、弱开挖、早支护、快封闭、勤量测、速反馈。在施工过程中严格按该原则组织施工,根据不同的断面支护形式、不同地层采取相应的施工方案和支护措施,以确保施工安全[14]。

3.4.1　隧道超前支护施工

1. 超前管棚施工

连通隧道暗挖段进洞口处、支洞加强段和出入口与轨道交通一号线空间交叉处采用超前长管棚加强支护。管棚采用 ϕ89mm×6mm 的热轧无缝钢管,初期支护采用型钢钢架加强,出入口进洞管棚长 37.5m,支洞进洞管棚长 29.47m,出入口与轨道交通一号线交叉处管棚长 25m,支洞三加强 b 段大管棚长 70.756m。导向墙采用 C30 防水混凝土,为保证长管棚施工精度,导向墙内设 I16 工字钢架,套拱为管棚固定端,拱内设四榀 I16 工字钢,钢架外缘设 25 个导向钢管,孔口管与钢拱架焊为整体。长管棚超前支护示意图如图 3.6 所示。

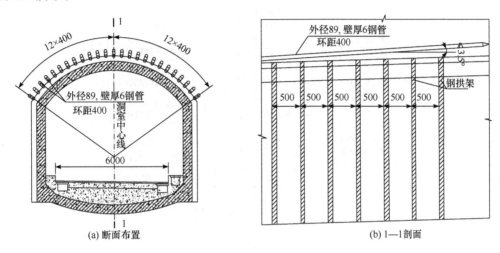

图 3.6　长管棚超前支护示意图(单位:mm)

长管棚采用管棚钻机施工,利用套管(长管)跟进的方法钻进,长管安装一次完成,外插角为 1°~3.5°,具体可根据实际情况进行调整。

超前管棚采用地质钻机钻孔,施工工艺流程(图 3.7):施作混凝土套拱(洞口)→钻机就位→钻孔→清孔→插入钢管→孔口密封处理→管棚钢管充填注浆→开挖及支护→进入开挖支护循环。

管棚钢花管在现场进行加工制作,每节钢管两端均预加工成外丝扣,同一断面内接头数量不超过总钢管数的 50%,采用手电钻按设计钻好注浆孔后,汽车按节段运输到工作面。

采用地质钻机施工,利用套管(长管)跟进的方法钻进、长管安装一次完成,按图纸施工,具体可根据实际情况进行调整。

利用专用高压注浆泵压注 M30 水泥浆,水泥浆液水灰比为 1:1(质量比),注浆压力为0.5~1.5MPa,终压可适当加大。

注浆前进行现场注浆试验,根据实际情况调整注浆参数,取得管棚注浆施工经验。

注浆按钢管施钻顺序从下而上逐孔进行,每孔注浆压力由小逐渐加大。钢管棚按设计位置施工,运用测斜仪进行钻孔偏斜度测量,严格控制管棚打设方向,并做好每个钻孔地质记录。为保证长管棚支护效果,尽量减小管棚的外插角,可在型钢钢架腹板开孔以穿过管棚;管棚施工时,对钢管主要材料进行材质检验;遵守隧道施工技术安全规则和钻眼注浆作业操作规则。

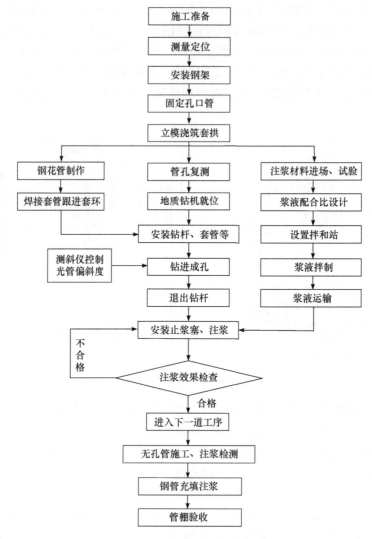

图 3.7 超前管棚施工工艺流程

2. 超前小导管施工

1) 施工工艺

超前小导管施工工艺流程如图 3.8 所示。

(1) 采用现场加工小导管,喷射混凝土封闭岩面,凿岩机钻孔并将小导管打入岩层,注浆泵压注水泥浆。

(2) 超前小导管采用外径为 $\phi42mm$ 的钢花管,管口段 1m 钢管不开孔,其余部分管壁四周按 15cm 间距梅花形钻设 $\phi6mm$ 压浆孔,钻孔角度、深度、密度及浆液配合比符合设计要求,注浆压力符合规范要求。

(3) 超前小导管以紧靠开挖面的钢架为支点,打入钢管后注浆,形成管栅支护环。

(4) 土层小导管压注水泥浆压力不小于 2MPa,其余地段压注水泥浆压力不小

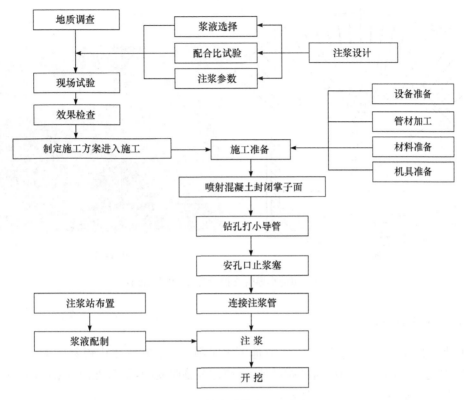

图 3.8　超前小导管施工工艺流程

于 1MPa。

（5）注浆异常的处理：发生串浆时，在有多台注浆机的条件下同时注浆。当注浆机较少时，将串浆孔及时堵塞，轮到该管注浆时，再拔下堵塞物，用铁丝或细钢筋将管内杂物清除并用高压风或水冲洗，然后再注浆。水泥浆进浆量很大，压力长时间不升高，则应调整浆液浓度及配合比，缩短凝胶时间，进行小泵量低压力注浆或间歇式注浆，使浆液在裂隙中有相对停留时间，以便凝胶，但停留时间不能超过混合浆的凝胶时间。

2）施工方法

（1）测量放样：按设计要求，在掌子面上准确画出本循环需布设的小导管孔位。

（2）钻孔：采用手持风钻钻孔，孔深应适当超深。

（3）钢管加工及安装：将前端加工成尖锥状，尾部焊一圈 $\phi 10 mm$ 加强筋。除管口段 1m 外，其余部分按 15cm 间距交错设置 $\phi 6 mm$ 的压浆孔，以便浆液向四周围岩内压注。

（4）钢管插入及孔口密封处理：施工时，手持风钻先钻孔，再用去掉回转爪的风钻将钻杆换成特殊钎尾，用冲击的方法将导管贯入孔中。为防止注浆漏浆，在小导管的尾部用胶泥麻筋缠箍成楔形，以便钢管顶进孔内后使其外壁与岩壁间隙堵塞严密。钢管尾端外露足够长度，并与拱架焊接在一起。钢管顶进时，注意保护管口不受损变形，以便与注浆管路连接。

超前小导管支护示意图如图 3.9 所示。

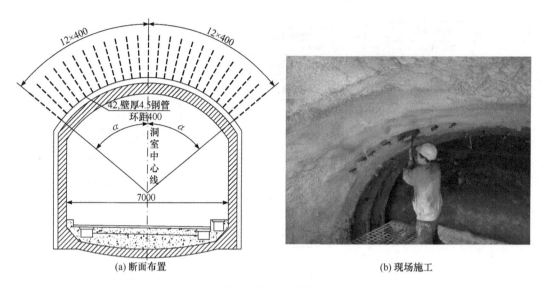

　　　　　(a) 断面布置　　　　　　　　　　　　　(b) 现场施工

图 3.9　超前小导管支护示意图(单位:mm)

3. 超前锚杆施工

　　松散地层结构松散,稳定性差,若有地下水时则更甚。在施工中极易发生坍塌,在这类地层中施工时,除减少对围岩的扰动外,还应加强临时支护,临时支护可采用超前锚杆,超前锚杆支护示意图如图 3.10 所示。

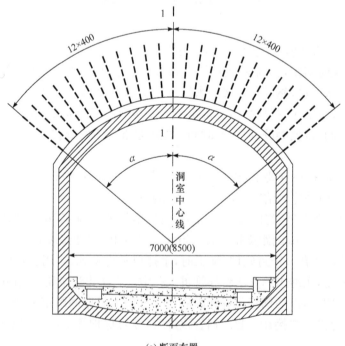

(a) 断面布置

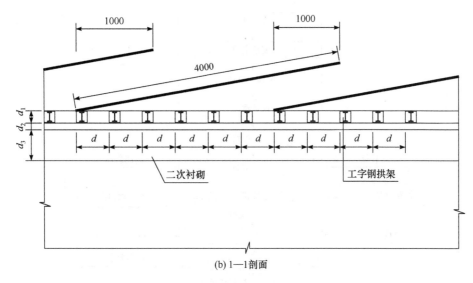

(b) 1—1 剖面

图 3.10　超前锚杆支护示意图(单位:mm)

1) 施工工艺

超前锚杆施工工艺流程:测量放样→钻孔→清孔→锚杆加工→锚杆安装→注浆。

2) 施工方法

(1) 测量放样:按施工图要求进行锚杆搭设轮廓线测量放样,在开挖面上准确画出本循环需设的锚杆孔位。

(2) 钻孔:采用 YT-28 型风钻进行钻孔,钻孔达到设计深度后,利用高压风进行清孔,清孔结束后采用风钻将锚杆压入,锚杆尾部外露长度适中,超前锚杆外插角严格按照设计要求 10°～15°施作,尾部与搭设焊接在钢架外缘,成为一体。超前锚杆与线路中线方向大致平行。孔位钻设偏差不超过 10cm,孔径应符合设计要求。

(3) 锚杆加工:根据设计要求直接采用 ϕ25mm 螺纹钢筋。加工长度为 4m,采用砂浆锚杆的形式安装。

4. 超前注浆加固技术

根据设计要求,采用水泥浆和水玻璃进行超前注浆加固。

1) 施工准备

注浆钢管应沿隧道开挖轮廓线进行布置,超前小导管外插角为 10°～15°,大管棚外插角为 1°～3.5°,注浆压力一般为 0.5～1.5MPa。

2) 注浆工艺流程

超前注浆工艺流程如图 3.11 所示。

3) 注浆

注浆前,先喷射混凝土封闭掌子面以防漏浆。对于强行打入的钢管,应先冲清管内积物,然后再注浆。注浆顺序为由下向上,浆液用搅拌桶搅拌。超前小导管浆液采用 M30 纯水泥浆,局部岩层较破碎区域添加水玻璃。

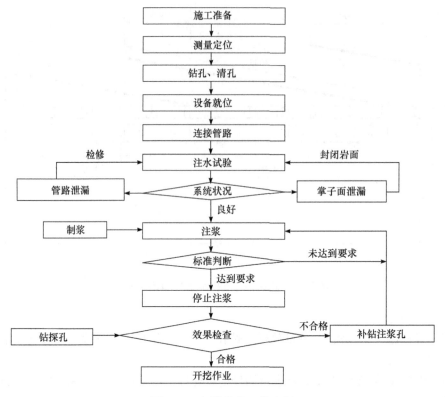

图 3.11　超前注浆工艺流程

3.4.2　控制爆破施工

1. 非爆破法开挖

非爆破法开挖工艺采用液压为动力、破碎锤为主要开挖工具及静态破碎剂,替代原有钻爆法开挖。开挖过程中采用的开挖机械型号小、质量轻、机动性能好,振动远小于钻爆开挖的爆破振动,减小对围岩的扰动。

1) 开挖方法及工艺

暗挖隧道开挖时按照从下至上、环形顺序、逐层扩大开挖面,按照①～④顺序开挖,如图 3.12 所示,施工工艺流程如图 3.13 所示。

2) 隧道洞身开挖、出渣

隧道按照管超前、短进尺、弱开挖、快封闭、勤量测的原则组织施工,采用挖掘机携带破碎锤(俗称"啄木鸟")自下而上环形(电力隧道明挖段采用自上而下)逐层开挖,沿开挖轮廓线进行破碎开挖,开挖后采用自卸汽车出渣。每循环进尺控制在 1.0～3.0m,具体进尺可根据围岩级别适当进行调整。

3) 隧道修边

出渣后将自制作业台架移至掌子面处,对局部欠挖处进行处理。对欠挖处采用

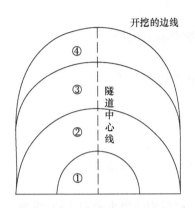

图 3.12　非爆破开挖法断面开挖顺序

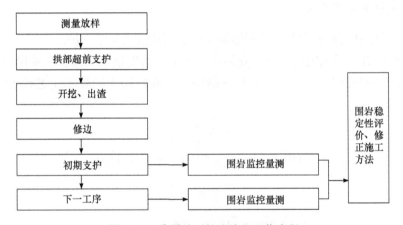

图 3.13　非爆破开挖法施工工艺流程

YT28 气腿式凿岩机打眼，在孔内塞放无声破碎剂，使围岩开裂，然后人工手持风镐进行修边。和普通爆破技术相比，无声破碎技术具有安全、无噪声、无振动、无飞石、无硝烟、无污染、不影响周围环境等诸多优点。

2. 弱爆破法开挖[15]

隧道采用台阶法或单侧壁导坑法施工。

1）台阶法施工方法主要步骤

（1）开挖上台阶。

（2）上台阶拱部初期支护。

（3）下台阶开挖。

（4）下台阶初期支护。

（5）施作仰拱。

完成上述工序后，根据监控量测结果来确定边墙、拱部二次模注混凝土的浇筑。

2）单侧壁导坑法施工方法主要步骤

（1）施作超前支护。

（2）开挖左导坑上部。

（3）左导坑上部初期支护及临时支护。

（4）开挖左导坑下部。

（5）左导坑下部初期支护及临时支护。

（6）开挖右侧上部。

（7）右侧上部初期支护。

（8）开挖右侧下部。

（9）右侧下部初期支护并拆去临时支护。

（10）施作仰拱。

完成上述工序后，根据监控量测结果来确定边墙、拱部二次模注混凝土的浇筑。

3.4.3　隧道初期支护施工

由锚杆、钢筋网、喷射混凝土及型钢钢架构成暗挖隧道初期支护。

施工顺序：开挖后初喷混凝土→安装锚杆→架立型钢钢架→铺设钢筋网→复喷混凝土至设计厚度→超前预支护→进入下一循环。隧道初期支护施工工艺流程如图 3.14 所示。

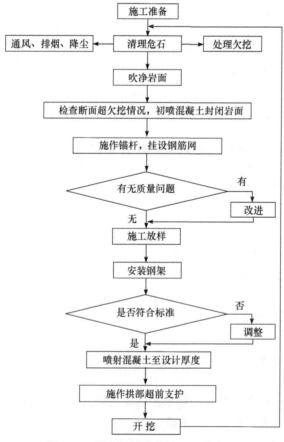

图 3.14　隧道初期支护施工工艺流程

1. 系统锚杆施工

1）砂浆锚杆

砂浆锚杆用于隧道洞身初期支护及明挖段边坡支护,呈梅花形且垂直于岩面布置,施工工艺流程如图 3.15 所示,系统锚杆布置示意图如图 3.16 所示。

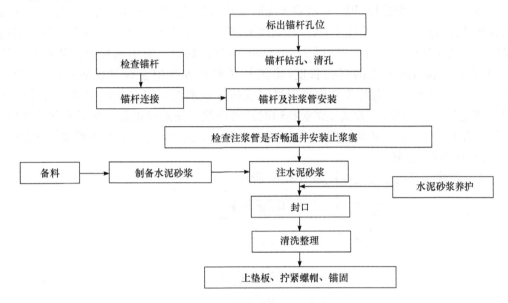

图 3.15　砂浆锚杆施工工艺流程

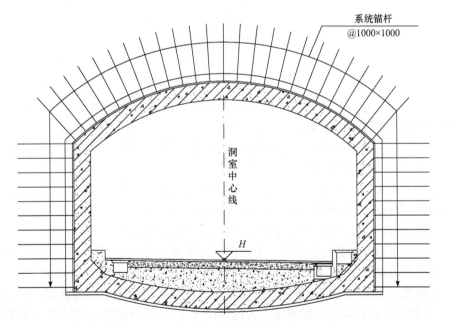

图 3.16　系统锚杆布置示意图(单位:mm)

水泥使用标号不低于 32.5 级的硅酸盐水泥;杆体采用直径为 $\phi25\text{mm}$ 的螺纹钢筋,其质量应符合设计要求;砂的粒径不大于 2.5mm,使用前应过筛,严防石块和杂物等混入;砂浆的配合比为水泥∶砂＝1∶1,水灰比一般为 0.45～0.50。

用自制简易钻孔操作平台架,风动凿岩机按设计要求间距和深度钻孔,用高压风吹净孔内岩屑。

清孔后立即安装锚杆,用注浆机将水泥砂浆注入锚孔,对于向下的锚杆,将注浆管插入孔底,随后边注浆边向外拔注浆管,直到注满;对于向上和水平的锚杆,密封孔口后采用排气注浆法,将内径 4～5mm、壁厚 1～1.5mm 的软塑料排气管沿锚杆全长固定于杆体上,并在孔外留 1m 左右的富余长度;将锚杆缓慢送入孔中至设计位置;将长 250～300mm、外径 25mm 左右的薄壁钢管用早强或超早强水泥固定在孔口位置并将孔口堵密;注浆前检查排气管,当确认注浆管畅通时即可注浆。注浆时正常情况下有气体排出,当排气管不排气或溢出稀浆时即可停止注浆;水泥砂浆达到强度后安装垫板并拧紧螺母。

2) 中空注浆锚杆

中空注浆锚杆施工工艺流程如图 3.17 所示。

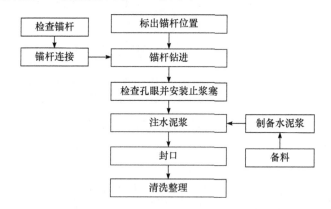

图 3.17　中空注浆锚杆施工工艺流程

中空注浆锚杆施工方法:开挖后按设计要求的间距打设锚杆,然后压注水泥浆,在隧道的开挖面形成整体支护结构。详细施工步骤如图 3.18 所示。

按设计间距在隧道拱部标出锚杆位置,先清理钻头、锚杆孔中异物,然后将钻头安装在锚杆一端,再将凿岩机以套管连接在另一端。

将锚杆的钻头对准拱部标出的锚杆位置孔位,对凿岩机供风、供水,开始钻进。钻进应以多回转、少冲击的原则进行,以免钻渣堵塞凿岩机的水孔。钻至设计深度后,用水或高压风清孔,确认畅通后卸下钻杆连接套,保持锚杆的外露长度为 10～15cm。

锚杆注浆采用专用锚杆注浆机。为了保证注浆不停顿地进行,注浆前应认真检查注浆泵的状况是否良好,配件是否备齐;制浆的原材料是否备齐,质量是否合格等。

注浆按以下流程进行:迅速将锚杆、注浆管及注浆泵用快速接头连接好;开动注浆泵注浆,直至浆液从孔口周边溢出或压力表达到设计压力值。每根锚杆必须"一气呵成";一根锚杆完成后,迅速卸下注浆软管和锚杆接头,清洗后移至下一根锚杆使用。

若停泵时间较长,则在下根锚杆注浆前要放掉注浆管内残留的灰浆;注浆过程中,每

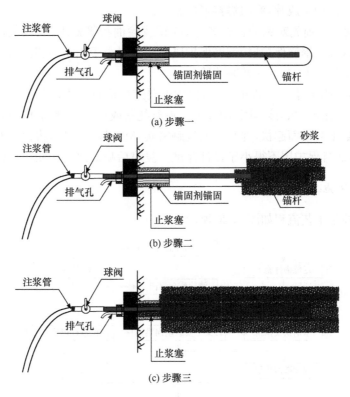

(a) 步骤一

(b) 步骤二

(c) 步骤三

图 3.18　中空注浆锚杆施工步骤

次移位前应及时清洗快速接头,以保证注浆可以连续进行。

2. 钢筋网的挂设

钢筋网施工工艺流程如图 3.19 所示。

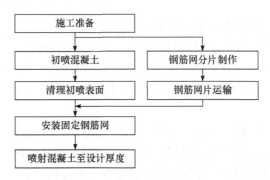

图 3.19　钢筋网施工工艺流程

(1) 钢筋网按照设计要求在洞外加工成方格网片,纵横钢筋相交处可点焊成块,洞内焊接形成整体。钢筋类型及网格间距需符合设计要求。

(2) 钢筋网根据初喷混凝土面的实际起伏状铺设,并与受喷面间隙 3cm。钢筋网与钢筋网、钢筋网与锚杆、钢筋网与钢架连接筋点焊在一起,使钢筋网在喷射时不晃动。钢筋网在构件加工厂加工成片,洞内焊接形成整体。

（3）钢筋网制作前先对钢筋进行校直、除锈及除油污等处理;安装前,岩面初喷 4～5cm 厚混凝土以形成钢筋保护层,钢筋保护层厚度不得小于 4cm;喷射中若有脱落的石块或混凝土块被钢筋网卡住时,应及时清除。

（4）钢筋必须经试验检测性能合格;使用前要进行钢筋除锈和去污处理;钢筋网节点与锚杆、钢架间采用电焊焊接牢固,网片间用铁丝扎紧或焊接,在喷射作业时不得晃动;钢筋网铺设随混凝土初喷面起伏,并与壁面接触密实;复喷混凝土后,将钢筋网完全覆盖,钢筋网不得外露,而且保护层不得小于设计厚度。复喷后喷射混凝土面应平整。

3. 型钢拱架施工

型钢拱架施工工艺流程如图 3.20 所示。

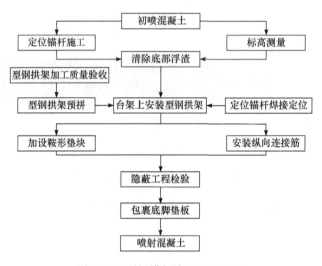

图 3.20　型钢拱架施工工艺流程

（1）型钢拱架按设计预先在洞外结构件厂加工成型,在洞内用螺栓连接成整体。洞内安装在初喷混凝土后进行,与定位锚杆焊接。型钢拱架之间设纵向连接筋,型钢拱架间以喷射混凝土填平。型钢拱架拱脚必须安放在稳固的基础上,拱脚两侧设锁脚锚杆,架立时垂直隧道中线。当型钢拱架和围岩之间间隙过大时,设置混凝土楔形垫块或橡胶垫块,用喷射混凝土喷填。

（2）型钢拱架按设计要求预先在结构件厂加工成型,然后运至施工现场。

（3）加工场地用混凝土硬化,按设计放出加工大样。型钢放样时根据工艺要求预留焊接收缩余量及切割刨边的加工余量;型钢采用冷弯机按设计弧度分段、分节加工,弯制时要求弧形圆顺、尺寸准确;拱部边墙等各单元型钢拱架应分别进行加工。各单元用螺栓连接。栓孔用钻床定位加工,螺栓、螺母采用标准件。加工成型后的型钢进行详细标识,分类堆放,做好防锈蚀工作后待用。型钢拱架加工后进行试拼,允许误差:沿隧道周边轮廓误差不大于 3cm;螺栓孔眼中心间误差不超过 ±0.5cm;钢架平放时,平面翘曲小于 ±2cm。

（4）型钢拱架架设工艺要求：保证型钢拱架置于稳固的地基上，施工中在型钢拱架基脚部位预留 0.15～0.2m 原岩，架立型钢拱架时挖槽就位，富水软弱地段在型钢拱架基脚处设槽钢以增加基底承载力。

（5）型钢拱架平面垂直于隧道中线，其倾斜度不大于 2°。型钢拱架的任何部位偏离铅垂面不大于 5cm。

（6）为保证型钢拱架位置安装准确，型钢拱架架设前均需预先设置定位系筋。系筋一端与型钢拱架焊接在一起，另一端锚入围岩中 0.5～1m，并用砂浆锚固。隧道开挖时，在型钢拱架的各连接板处预留型钢拱架连接板凹槽，拱脚或墙脚处预留安装型钢拱架槽钢凹槽。初喷混凝土时，在凹槽处打入木楔，为架设型钢拱架留出连接板（或槽钢）位置。

（7）型钢拱架按设计位置安装，在安设过程中当型钢拱架和初喷层之间有较大间隙时，应设混凝土垫块或橡胶垫块，型钢拱架与围岩接触间距不应大于 50mm。

（8）为增强型钢拱架整体稳定性，将型钢拱架与锚杆焊接在一起，沿型钢拱架设置纵向连接筋。

（9）有仰拱型钢拱架地段，利用防干扰平台一次开挖到位，清除底部浮渣，将墙脚预留连接钢板处喷射混凝土凿除，用螺栓连接成整体。

（10）型钢拱架架立后尽快喷射混凝土，并将钢架全部覆盖，使型钢拱架与喷射混凝土共同受力。

4. 喷射混凝土施工

采用湿喷机按湿喷工艺施工，如图 3.21 所示。

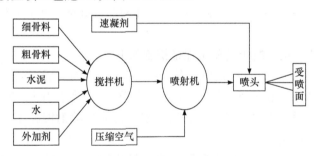

图 3.21　喷射混凝土施工工艺

（1）选用普通硅酸盐水泥、细度模数大于 2.5 的硬质洁净砂、粒径 5～12mm 连续级配碎（卵）石、化验合格的拌和用水，钢纤维采用冷拉弯钩型钢纤维。对于暗挖车站的湿喷钢纤维混凝土，除需要考虑普通混凝土配合比设计的因素外，还必须考虑喷射混凝土的可泵性、回弹率以及混凝土在喷射面上的附着性等。

（2）喷射混凝土须严格按设计配合比进行拌和，其中钢纤维掺量为 45kg/m³。在纤维掺量与长径比合适的情况下，采用专用或普通的强制式搅拌机并严格按投料顺序进行拌和。拌和时为防止超负荷运转，一次搅拌量应小于搅拌机公称容量的 20%。投料顺序：先将粗细骨料和水泥干拌 2～3min，然后加水湿拌，再加入钢纤维，当钢纤维投放之后再搅拌 3～4min 即可，配合比及搅拌的均匀性每班检查不少于两次。

（3）喷射混凝土前认真检查隧道断面，对欠挖部分及所有开裂、破碎、出水点、崩解的破损岩石进行清理和处理，清除浮石和墙角虚渣，并用高压水或高压风冲洗岩面。对于隧洞受喷围岩严重凹凸不平处，可首先用喷射混凝土填平补齐，然后再喷射钢纤维混凝土。

（4）喷头与岩面距离为 0.6～1.2m，喷头垂直于受喷面，喷射初期支护钢架和钢筋网时，将喷头稍加偏斜。喷射路线应先边墙后拱部，分区、分段螺旋状运动，喷头做连续不断的圆周运动，后一圈压前一圈 1/3，进行螺旋状喷射。

（5）喷射混凝土作业采取分段、分块，先墙后拱、自下而上的顺序进行。喷嘴做反复缓慢的螺旋状运动，螺旋直径为 20～30cm，以保证混凝土喷射密实。同时，掌握风压、水压及喷射距离，减少回弹量。

（6）隧道喷射混凝土厚度大于 5cm 时分两层作业，第二次喷射混凝土若在第一层混凝土终凝 1h 后进行，需冲洗第一层混凝土面。初次喷射先找平岩面。

（7）喷射混凝土终凝 2h 后，进行喷水养护，养护时间不少于 7d。隧道开挖下次爆破距喷射混凝土完成时间的间隔不得小于 4h。

（8）有水地段喷射混凝土的施工措施：当涌水点不多时，设导管引排水后再喷射混凝土；当涌水范围较大时，设树枝状排水导管后再喷射混凝土；当涌水严重时可设置泄水孔，边排水边喷射混凝土。增加水泥用量，改变配合比，喷射混凝土由远而近逐渐向涌水点逼近，在涌水点安装和设置导管，将水引出，再向导管附近喷射混凝土。当岩面普遍渗水时，先喷砂浆，并加大速凝剂掺量，初喷后再按原配合比施工。当局部出水量较大时采用埋管、凿槽、树枝状排水盲沟等措施，将水引导疏出后再喷射混凝土。

（9）当喷射混凝土局部凹凸不平、尺寸大于下述要求时，需进行处理。边墙：$D/L=1/6$；拱部：$D/L=1/8$；其中，L 为喷射混凝土相邻两凸面间的距离；D 为喷射混凝土两凸面凹进的深度。

（10）有水地段喷射混凝土的质量保证措施如下：

改变配合比，增加水泥用量，先喷干混合料，待其与水隔离后，逐渐加水喷射，喷射时由远及近，逐渐向渗水点逼近，然后在渗水点处安设导管，将水引出，再在导管附近喷射，当涌水地点不多时，采用开缝摩擦锚杆进行导水处理后再喷射混凝土，涌水严重时，可设置泄水孔，边排水边喷射。

喷射时严格控制喷射机的工作风压；合理选择喷射混凝土配合比，适当减少最大骨料的数量，使砂石料具有一定的含水率，呈潮湿状，掌握好喷头处的用水量，提高喷射操作熟练程度和技术水平；掺入粉尘抑制剂和采用特殊结构的喷头。

（11）确保喷射混凝土密实的技术措施有：严格控制喷射混凝土施工配合比，配合比经试验确定，混凝土的各项指标必须满足设计及施工规范要求，混凝土拌和用料的计量精度必须符合规范要求。严格控制原材料的质量，原材料各项指标要满足规范要求。喷射混凝土施工时应确定合理的风压，以保证喷料均匀和连续；同时加强对设备的保养与维修，保证其工作性能。喷射作业由有经验、技术熟练的喷射手操作，保证喷射混凝土各层之间衔接紧密。

3.4.4　防排水施工

1. 防排水设计

1）防水原则

（1）隧道结构防水遵循以防为主、刚柔结合、多道防线、因地制宜、综合治理的原则。防水设计根据不同的结构型式、水文地质条件、施工方法、施工环境、气候条件等，采取相适应的防水、排水措施。

（2）确立钢筋混凝土结构自防水体系，以结构自防水为根本，以施工缝、沉降缝、穿墙管等细部构造的防水为重点，加强各种结构接口、预留通道接头的防水措施，并在结构迎水面适当设置柔性防水层加强防水。

（3）选用的柔性防水材料应具有耐久性能好、环保、经济实用、施工简便、与土建工法相匹配等特点，并具有适应当地气候环境条件、符合当地实际情况、成品保护简单等优势。

（4）充分利用自流排水的条件。根据工程的具体情况和结构埋深适当设置排水盲管（沟）系统，但排水应不危及地面建筑及农田水利设施等。

2）防水设计

（1）衬砌结构防水等级：二级。

（2）衬砌做成自防水混凝土结构。自防水结构抗渗标号要求达到 P8。

（3）防水板铺设：衬砌边墙、顶板外铺设隧道专用复合式防水卷材及无纺布。

（4）全隧道衬砌施工缝采用中埋式止水带，沉降缝设背贴式止水带及中埋式止水带。

2. 防水方案

防水层铺设超前二次衬砌施工 1～2 个衬砌段长度，并设临时挡板防止机械损伤和电火花灼伤防水板，同时与开挖掌子面保持一定的安全距离。

1）施工准备

（1）铺设防水板前对初期支护表面进行锤击声检查，必要时辅以其他物探手段，发现空洞及时进行处理。对初期支护的渗漏水情况进行检查，并采用注浆或引排等措施进行处理。彻底清除各种异物，如石子等，做到现场平整干净，如图 3.22 所示。

（2）基面应平整，不能出现酥松、起砂，无大的明显的凹凸起伏。不平处用喷射混凝土（或砂浆）对基面进行找平处理，确保初期支护表面平整，无空鼓、裂缝、酥松。

（3）铲除各类尖锐突出物体，如钢筋头、铁丝、凸出在作业面上的各种尖锐物体，并且清除地面积水。

（4）根据图纸标高尺寸定好基准线，准确无误地按线下料。

（5）施工设备（如焊接机、检漏器、热风枪、电闸箱等），在工作前要做好检查和调整，以确保设备正常运行，达到焊接要求，保证工程质量。

2）防水板材的焊接

（1）板材采用双缝热熔自动焊接机焊接。依据板材的厚度和自然环境的温差，调整好焊接机的速度和焊接温度进行焊接。焊接完后的卷材表面留有空气道，用以检测焊接

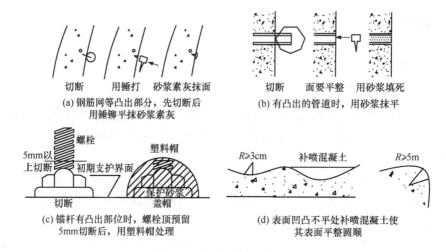

图 3.22　初期支护面处理图

质量,如图 3.23 所示。

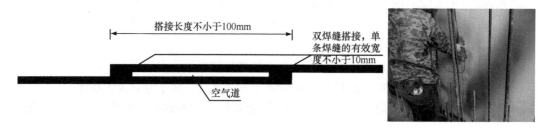

图 3.23　防水板焊接示意图

（2）检查方法:用 5 号注射针与压力表相接,用打气筒进行充气,在 0.2MPa 压力作用下 5min 不小于 0.16MPa。否则,应补焊至合格。

3）防水板材的铺设及固定

（1）防水板采用防水板铺挂作业台车施工,防水板铺挂作业台车采用型钢焊制而成,并与模板台车行走同一轨道;轨道的中线和轨面标高误差小于±10mm。台车前端,安装与二次衬砌内轮廓一致的钢架和扶梯,供作业人员检查初期支护的平整度和轮廓尺寸。台车上配备不同高度的作业平台,能达到隧道周边任一部位。台车上配备辐射状的防水板支撑系统。台车上配备提升（成卷）防水板的卷扬机和铺放防水板的设施。

（2）根据实际情况下料,进行精确放样后,弹出标准线进行试铺后确定防水板一环的尺寸,尽量减少接头。按基准线铺设防水板,用防水板材专用塑料垫和钢钉把缓冲层固定在基面上,应用暗钉圈焊接固定塑料防水板（图 3.24）,最终形成无钉孔铺设的防水层。

（3）在清理好的基面上铺设固定无纺布垫层。在喷射混凝土隧道拱顶部标出隧道纵向的中心线,再使裁剪好的无纺布垫层中心线与喷射混凝土上的标志重合。从拱顶部开始向两侧下垂铺设,用射钉固定垫片将无纺布固定在喷射混凝土面上。水泥钉长度不得小于 50mm,平均拱顶 3～4 个/m²,边墙 2～3 个/m²。

（4）铺设固定防水板。先在隧道拱顶部的无纺布上标出隧道纵向的中心线,再使防

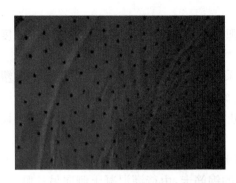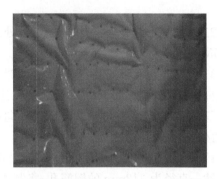

图 3.24　暗钉圈固定缓冲层示意图

水卷材的横向中心线与这一标志相重合,将拱顶部的防水卷材与热熔衬垫片焊接,再像无纺布垫层一样从拱顶开始向两侧下垂铺设,边铺边与热熔衬垫焊接。铺设时要注意与无纺布密贴,且不得拉得太紧,一定要留出余量,如图 3.25 所示。

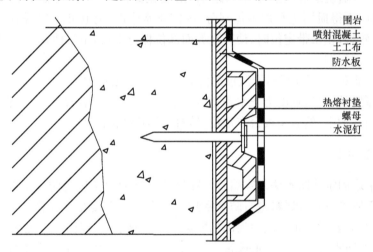

图 3.25　防水板固定示意图

（5）将防水板专用热熔器对准热熔衬垫所在位置进行热合,一般 5s 即可。两者黏结剥离强度不得小于防水板的抗拉强度。

3. 排水盲管及泄水孔安装

纵向排水管及泄水孔之间采用三通连接,排水管采用定制铁件固定,铁件与结构钢筋焊接。排水管之间的连接使用订书机状的钉钩嵌入,钉钩由 ϕ3mm 的不锈钢丝制成,使用厂家配套产品。

4. 沉降缝与施工缝防水

（1）纵向施工缝处理:施工缝继续灌注混凝土前应保证已灌混凝土强度不低于 1.2MPa,且将已硬化的混凝土表面浮浆、松动砂石清除干净,将表面凿毛用水冲洗干净并保持湿润无积水。在接茬面铺一层 30mm 厚水泥砂浆,水泥砂浆的水灰比与混凝土保持一致。

（2）环向施工缝处理：与纵向施工缝处理基本一致，灌注前保证已灌混凝土强度不低于 2.5MPa。

（3）背贴式止水带安装：背贴式止水带采用不透水粘贴或焊接固定于已铺设塑料防水板上；当背贴式止水带与防水板之间无法焊接时，可采用双面粘贴的丁基胶带进行粘贴。丁基胶带的厚度不大于 1.5mm。环向止水带接缝设在边墙较高位置上，不得设在结构转角处，接头采用专用焊。

（4）中埋式止水带安装：采用安装钢筋卡工艺施工。沿设计衬砌轴线，每隔不大于 0.5m 钻一直径为 φ12mm 的钢筋孔；将制成的钢筋卡，由待灌混凝土侧向另一侧穿入，内侧卡紧止水带的一半，另一半止水带平靠在挡头板上；待混凝土凝固后拆除挡头板，将止水带靠钢筋拉直、拉平，然后用弯钢筋卡套固定止水带。

（5）钢边橡胶止水带安装：钢边橡胶止水带中间与施工缝重合，止水带固定在挡头模板上，先安装一端，浇筑混凝土时另一端用箱形模板保护，固定时只能在止水带允许的部位上穿孔打洞，不得损坏止水带本体部分；固定止水带时，防止止水带偏移，以免单侧缩短，影响止水效果；止水带定位时，使其在界面部位保持平展，不得使其翻滚、扭结，如有扭结现象应及时进行调整。

（6）止水条安装：拆模后对刚脱模的混凝土端头横截面的中部进行凿槽处理，槽的深度为止水条厚度的一半，宽度为止水条宽度，然后进行清洗。在灌筑下循环混凝土之前，将止水条粘贴在槽中，然后模板台车定位，灌筑下循环的混凝土。

5. 穿墙管防水

穿墙管采取固定式防水法。穿墙管件穿过防水层的部位进行防水密封处理，采用止水法兰和双面胶带以及金属箍进行防水密封。止水法兰焊接在穿墙管件上，然后浇筑在模筑混凝土中，必要时在止水法兰根部粘贴遇水膨胀腻子条；双面胶带先粘贴在管件的四周，然后将塑料防水板粘贴在双面胶带表面，将防水板的搭接边密实手工焊接，最后用双道金属箍件箍紧。

6. 防水层的保护措施

（1）在二次衬砌前，严禁在铺设防水层的地段进行爆破作业；模筑混凝土时，严禁模板、堵头等损坏防水层。

（2）防水层铺设完毕后进行钢筋绑扎与焊接，在进行钢筋绑扎与焊接时必须采用铁皮和石棉垫对防水板进行保护，以免刺穿防水板。

（3）为避免对防水板的损伤，防水板铺设采用无钉铺设施工工艺。防水板制作时，安装吊绳。施工时采用电钻在初期支护面钻孔，内设木楔，木楔外面钉铁钉固定塑料垫块，将防水板黏结在塑料垫块上。

（4）防水板焊接采用双重搭焊，其搭接长度应满足设计要求，并采用现场热焊。防水板焊接后必须对其焊缝质量进行检查。

（5）严格控制防水材料质量，不合格材料禁止采购使用。防水层铺设完毕后，需对防水层的质量进行严格检查,发现问题及时进行修补、返工或重做。

(6) 配备专业防水作业人员,选用有防水施工经验和操作细致认真的施工人员从事防水施工作业。

7. 隧道防渗漏的技术措施

(1) 把隧道的防渗漏作为隧道实施性施工组织设计的重要组成部分,针对本隧道工程的特点及隧道地质情况编制切实可行的隧道防渗漏工程作业指导书,施工前向隧道施工人员、管理人员进行技术交底(包括防渗漏的质量标准、施工工艺、质检方法、验收制度)。

(2) 选择具有防渗漏施工经验丰富、素质高的专业队伍进行防渗漏工程项目的施工。

(3) 严把防水材料质量关,购置具有防水材料生产资质的正规厂家生产的防水材料,并要具有完备的试验资料和出厂合格证书,进料前由实验室进行工地试验合格后方能进料。进料时严格验收制度,把住进料质量关。防水材料的运输保管中确保不受损坏。

(4) 隧道开挖前,按设计要求做好洞口、洞顶地表水排水系统,保证水沟畅通,对地表水洞穴及时封堵以减轻地表水对洞内的压力。

(5) 开挖后渗水较大时,在衬砌背后设环向或在边墙墙脚设纵向排水管将水引入侧沟内,混凝土衬砌结构预留注浆孔进行衬砌层后回填注浆。

(6) 隧道衬砌混凝土采用密实级配,在混凝土拌和中掺入外加剂以提高混凝土的抗渗性、和易性、密实性,以补偿混凝土的收缩性能。严格控制混凝土的水灰比及混凝土的坍落度,对隧道设计要求的防水混凝土的用料、配合比、坍落度等进行严格检查控制,并按要求做好混凝土的抗渗试验。对混凝土施工中的各个环节,如混凝土配合比的选择、搅拌、运输、浇筑、振捣、养护、拆模等,均要严格按施工规范进行,做到思想重视,措施落实,施工精细。

(7) 对于混凝土施工中的施工缝和变形缝,应按设计要求安装止水带、止水条等。混凝土浇筑过程中应注意随时检查,防止止水带移位、卷曲的现象发生。对于各种贯通的施工缝,止水带的安装要确保形成全封闭的防水网,并确保止水带居中、平顺、牢固、无裂口脱胶。

(8) 铺设防水板时采用无钉铺设工艺,在正式铺设前进行铺设试验,分析选择合理的铺设参数,制定操作规程和质量控制要点,经监理工程师审核满足防水板质量要求后方可正式铺设。

防水板的接缝采用双焊缝机械焊接工艺,根据不同的焊接温度和焊接速度分别进行焊接试验,制作强度试验试件,通过强度测试求取焊接质量要求的参数,并取得监理工程师的认可。

防水板与固定垫圈同时加热熔化黏合在一起,黏合牢固且不烧穿防水板,防水板铺设后因二次衬砌混凝土浇筑而鼓胀时要及时处理。

(9) 按设计要求进行透水软管埋设的隧道段,通过透水软管的埋设将岩石裂隙水、地下水沿隧道洞身防水板汇流至墙底纵向排水管,再由与其连接的横向排水管引至隧道排水沟排出,做到堵排结合,形成一个空间立体防排水体系。软管安装前把岩面处理平整,按设计要求埋设,并确保牢固,防止施工过程中的移位、损坏、堵塞等,以确保透水管的排水效果。

3.4.5　隧道二次衬砌及回填注浆施工

隧道二次衬砌采用仰拱先行、拱墙一次性灌注完成。采用轨行式液压自行模板台车全断面施工,加工台车时应按不同的断面尺寸分别加工钢模板。施工时,利用台车的钢架进行组装。施工步骤:初期支护基面处理→环向、纵向及横向排水管安装→拱墙钢筋绑扎→台车就位→涂刷脱模剂→调整并锁定→安装止水带和堵头板→泵送混凝土入模→养生→脱模→养生。

1. 隧道二次衬砌

1) 二次衬砌施工工艺[16,17]

(1) 钢筋绑扎。绑扎钢筋应尽量减少现场焊接,若必须焊接,应在防水板上面加垫木板或石棉板隔热层,以免防水板被烧坏;钢筋与模板间应设置足够数量和强度的混凝土垫块,以确保钢筋的保护层厚度。

(2) 钢筋连接。钢筋连接采用钢套筒冷挤压连接技术。钢套筒冷挤压连接具有接头性能可靠、质量稳定、不受气候及焊工技术水平影响、连接速度快、安全无明火、节能等优点,可连接各种规格的同径和异径钢筋(直径相差不大于 5mm),也可连接可焊性差的钢筋。

(3) 模板台车施工。

① 模板台车构造。

采用整体式液压模板台车时,根据线路平纵断面和工期要求,主通道、电力隧道各配备一台模板台车(长度 6m),出入口连接道及支洞各工作面分别配备一台衬砌台车。台车的拱模、侧模、底模均采用液压缸伸缩整个模板,以适用于正洞直线和曲线不同断面。为保证台车面板和内支撑系统的强度和刚度,台车面板采用厚度为 8mm 的钢板,台车拱模纵梁及行走纵梁上设置活动钢支撑,以防止台车上浮及向内位移。台车的行走钢轨采用43kg/m 标准轨,行走速度 6~8m/min,电机电源为 380V/50Hz,台车的制动设卡轨钳。

拱顶灌注口设置灌注管,以便和混凝土输送管连接。其余灌注口采用活动盖板,可灵活打开或关闭,既可作为灌注口又可作为振捣口和观察口使用。所有灌注口和台车连接处要做加强处理,和台车的接缝要严密,确保二次衬砌成型效果。在模板台车上墙脚上方1m 处设置附着式振捣器,数量为 10 台,适当微振捣,增加该处的混凝土密实度。

② 台车定位。

在仰拱或隧底回填混凝土达到一定强度后,在洞内组装轨行式模板台车,再同时进行隧道净空测量,放出中线及控制标高点。台车组装好后,进入已放线的隧道区段,首先对中,然后按设计参数调整高度和宽度,直到满足净空要求。

(4) 混凝土施工。

① 仰拱及铺底混凝土施工。

为保证仰拱混凝土的密实度和流动性,仰拱混凝土坍落度宜为 12~14cm,采用人工插入式振捣器振捣。用插入式振捣器振捣时要轻提轻放,以免破坏防水层和背贴式止水带。仰拱混凝土为非承重结构,强度达到 2.5MPa 即可拆模,拆模后立即洒水养护,防水混凝土养护不少于 14d。

②　拱墙混凝土施工。

拱墙混凝土为钢筋混凝土,为保证混凝土的流动性,坍落度宜采用 14~16cm,粗骨料采用 5~20mm 级配良好的碎石。混凝土浇筑时应由下而上分层对称灌注,每层灌注高度不超过 40cm,采用附着式平板振捣器和人工用插入式振捣器充分振捣。每层的浇筑顺序应从混凝土已施工端开始,以保证混凝土施工缝的接缝质量且便于排气。混凝土灌注过程中应始终有技术人员和有经验的技术工人现场值班,组织好放料、停料及振捣时机。特别应注意,混凝土泵送满后的瞬间停泵时间严禁强行泵送,要保证拱顶混凝土饱满又要避免压垮模板台车。根据试验确定拆模时间,拆模后混凝土应立即养护,采用专人洒水,养护时间不少于 14d。台车脱模后,下一组就位前应对台车表面涂刷水溶性脱模剂,采用自制喷淋式设备沿台车表面均匀涂刷,以避免脱模剂污染钢筋和脱模时混凝土黏附在台车上。

③　混凝土施工注意事项如下。

A.　编制混凝土的浇筑方案,制定详细的混凝土供应方式、现场质量控制措施、混凝土浇筑工艺流程、混凝土施工路线、混凝土灌注及养护、防止混凝土质量通病的措施等,报监理审批后实施。

B.　混凝土灌注前应对模板(或台车)、钢筋、预埋件、预留孔洞、施工缝、沉降缝止水带等进行检查,清除模板内杂物,隐蔽验收合格后,方可灌注混凝土。

C.　混凝土灌注过程中应随时观察模板(或台车)、支撑、防水板、钢筋、预埋件、预留孔洞等情况,发现问题及时处理。

D.　在台车拱部离两端头各 100cm 以及台车中部,制造时预留 ϕ50mm 锥形检查孔 3个(兼作排气孔)。浇筑混凝土时,用锥形铁棒堵塞此孔并在混凝土初凝前将此棒拔出,以检查混凝土浇筑是否密实。此孔在二次衬砌背后回填注浆时可作为注浆孔用。

2)　保证二次衬砌混凝土密实的技术措施

严格控制混凝土配合比,按配合比进行配料,并保证混凝土用料的计量精确度;选择性能良好的外加剂,并经过试验确定混凝土的抗渗标准达到设计要求。在混凝土浇筑过程中,加强混凝土的振捣,以保证衬砌各部位捣固均衡,隧道拱部采用附着式振捣器进行振捣,以确保混凝土的密实。在混凝土浇筑过程中还应保证材料连续供应以及设备良好运转,以减少施工缝的出现,保证衬砌混凝土的整体性及密实性。

3)　保证隧道衬砌结构内实外光的措施

隧道衬砌结构内实主要体现在以下方面:喷射混凝土本身密实及喷射混凝土层与围岩密贴;锚杆孔注浆饱满密实;防水板与喷射混凝土层之间及防水板与二次衬砌之间密贴;二次衬砌混凝土本身密实等。其主要措施有:喷射混凝土采用湿喷工艺,湿喷混凝土的配合比、湿喷机的选型和喷射工艺严格按设计要求和施工规范施作。对于设有钢架和钢筋网的地段,除垂直于岩面施喷外,还可以适当斜喷,以消除钢架、钢筋与岩面之间的空隙。对于超挖形成的凹洼部位,也用同级喷混凝土填实找平。

拱部锚杆设计采用中空锚杆,施作时采用与中空锚杆相匹配的注浆机向锚孔压注砂浆,到压满为止;边墙砂浆锚杆,可以水平向下 3°方向施钻锚孔至设计位置,再灌注流动性适中的砂浆,插入锚杆。

防水板铺设采用无钉铺设工艺,自隧道拱顶向两侧铺放。防水板的环向长度留有余量,吊挂时逐段用木棍顶压检查防水板是否能接触到喷射层面,不能满足要求时增大富余量;防水板的材质要符合强度伸展率要求,不符合要求的坚决退回,这样就可以防止由于防水板余长不足、柔性不够而产生的背后空隙。

二次衬砌的模筑混凝土,采用自动计量搅拌站供料,轮式混凝土运输车运料,混凝土泵灌注,振捣器振捣。混凝土拌和时,严格按试验确定的配合比配料搅拌,必要时掺加粉煤灰或微硅粉,以增加混凝土本身的密实度。拱顶部位灌注困难容易留下空隙,施灌时从已灌注段一端沿纵向斜压灌注混凝土,直至封口处,封口部位改用垂直挤压灌注,直至混凝土泵压不动。

二次衬砌施工时,对于容易产生空隙的部位,尤其是拱顶一定范围需预留压浆孔。二次衬砌达到设计强度后进行充填压浆,消除可能出现的空隙。

二次衬砌采用钢模台车灌注混凝土。台车的模板长度为 9m,以减少节段缝,模板表面光滑、接缝严密,档头板按衬砌断面制作。每个循环作业前,指定专人清理模板及节段之间的表面,检查平整度,均匀涂刷脱模剂。施灌时,泵送混凝土两侧对称进行,卸料的下落高度控制在 2.0m 以内。插入式振捣器移动间距不大于其作用半径的 1.5 倍,与模板的距离不大于其作用半径的 1/2,每点的振捣时间以混凝土不再明显下沉、不再出现气泡、混凝土表面呈水平状为准。只要认真按以上要点施工,就可以避免出现错台、蜂窝麻面现象,使二次衬砌表面光滑美观。

2. 回填注浆技术[18,19]

隧道及地下工程中的回填注浆具有堵水、加固结构、改善结构受力条件和控制地层沉降等多重作用。根据回填作用部位和目的的不同,回填注浆又可分为初期支护回填注浆和二次衬砌背后回填注浆。由于其注浆工艺、注浆机具和注浆目的等内容都较为一致,因此对回填注浆技术进行统一叙述。

1) 回填注浆孔的布置

(1) 注浆孔布置于拱部,初期支护背后注浆孔孔距 6m,梅花形布置,二次衬砌背后注浆孔孔距 9~12m/个,布孔以避开环向施工缝为宜。

(2) 注浆管采用 $L=0.8$m 的 $\phi42$mm 小导管,均采用预埋方式布管。

(3) 将注浆孔编号,先注奇数孔,后注偶数孔,这样可使各孔注浆达到互补作用,提高注浆效果。

2) 回填注浆工艺流程

回填注浆工艺流程如图 3.26 所示。

3) 注浆浆液配制

根据设计要求,对二次衬砌背后进行注浆处理,消除二次衬砌与初期支护之间的空隙,根据以往施工经验,选择 M30 水泥砂浆作为回填注浆浆液,水泥选用 42.5 级硅酸盐

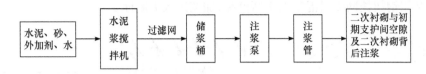

图 3.26　回填注浆工艺流程

水泥,内掺水泥用量 2%～3% 微膨胀剂。

4) 注浆压力

回填注浆压力不宜过高,只要能克服管道阻力和二次衬砌与防水板之间空隙阻力即可,压力过高易引起初期支护或衬砌变形。采用注浆泵注浆时,紧接着在拱顶注浆处的压力宜控制在 0.3～0.4MPa,不得超过 0.5MPa。

5) 注浆施工

(1) 注浆之前,清理注浆孔,安装好注浆管,保证其畅通,必要时应进行压水试验。

(2) 注浆必须连续作业,不得任意停泵,以防浆液沉淀,堵塞管路,影响注浆效果。

(3) 注浆顺序:注浆应由低处向高处,由无水处向有水处依次压注,以利于充填密实,避免浆液被水稀释离析。当漏水量较大时,则应分段留排水孔,以免高水压抵消部分注浆压力,最后处理排水孔。

(4) 注浆时,必须严格控制注浆压力,以防大量跑浆和使结构产生裂缝。

(5) 在注浆过程中,若发现从施工缝、混凝土裂缝少量跑浆,可以采用快凝砂浆勾缝后继续注浆,当冒浆或跑浆严重时,应关泵停压,待一两天后进行第二次注浆。

(6) 注浆结束标准:当注浆压力稳定上升,达到设计压力并持续稳定 10min(土层中时间要适当延长)后,不进浆或进浆量很少时,即可停止注浆,进行封孔作业。

(7) 停浆后,立即关闭孔口阀门,然后拆除和清洗管路。待浆液初凝后再拆卸注浆管,并用高标号水泥砂浆将注浆孔填满捣实。

(8) 注浆管理:为了获取注入浆液的质量和数量,必须保管好全部证明书及测量数据等。施工中应经常监视注入量、注浆压力及二次衬砌结构状况,必要时应变换注浆参数。根据注浆情况,应事先计算出注浆量,并与实际注浆量进行对照,及时跟踪、调整施工参数。

3.4.6　断面变化等衔接位置施工

1. 大小断面变化施工

(1) 大断面变化到小断面(图 3.27):将大断面施工到设计里程后喷射混凝土封闭掌子面,再破口进入小断面施工。本段隧道围岩级别为Ⅳ级,采用挂钢筋网片,搭设系统锚杆立钢架锚喷网支护。大断面或大断面部分开挖到设计里程后,初喷混凝土,连架两榀钢架,最后一榀钢架紧靠掌子面,并在紧靠掌子面小断面开挖轮廓位置设置小断面或小断面部分钢架作为加强环框。环框及以上部分用连接筋、网片横向封闭端头,喷射混凝土支护。

(2) 小断面过渡到大断面通过挑高加宽来实现。在断面尺寸较小处采用错台方式(图 3.28)实现过渡,断面尺寸较大处采用渐变方式(图 3.29)过渡。充分利用超前支护加固围岩;利用钢架挂网喷射混凝土逐渐挑高,加宽进入大断面。

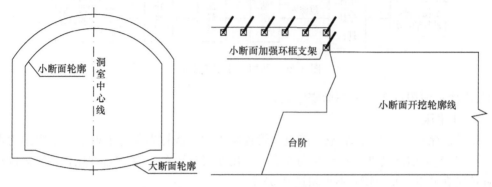

图 3.27　大断面变化为小断面示意图　　　　　图 3.28　错台挑高示意图

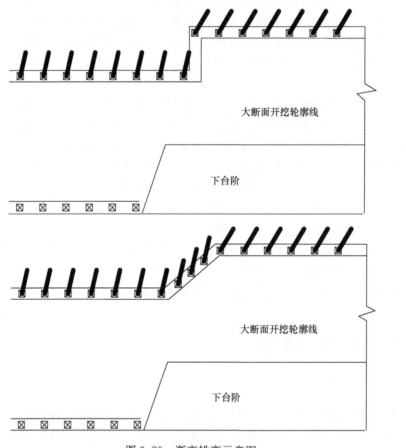

图 3.29　渐变挑高示意图

2. 衔接处施工

本标段衔接处有较多主洞与支洞之间的衔接,以及洞与风道等附属连接通道之间的衔接。在洞室开挖完成后,需测量放线预留衔接处的位置,并采用超前预支护进入衔接通道。衔接处的开挖方法采用台阶法施工,开挖完成后为保证围岩上部的稳定须及时施作衔接处的二次衬砌。

3.5　连接通道(车库出入口、人行疏散口)连接口施工技术

车库连接通道为解放碑地下环道接入各地块地下停车库的通道,是缓解解放碑地面交通压力的主要枢纽。各个车库连接通道长度不一,按照出入口、支洞Ⅳ级围岩(加强段a)衬砌断面进行施工。

3.5.1　施工原则

总体施工原则为超前支护、短进尺、早支护、快封闭、勤量测、速反馈。在施工过程中应严格按该原则组织施工,根据不同的导坑支护方式,严格按照设计意图施工,以确保施工安全。

3.5.2　超前支护施工

连接通道(车库出入口、人行疏散口)接口处 3m 深基坑回填土,在开挖之前从地块楼盘车库内侧向隧道方向施作三排 $L=7$m 的 ϕ32mm 自进式锚杆,由三排自进式锚杆形成隔层将上部回填土稳固,防止施工期间回填土下落,确保施工安全。

自进式锚杆分布于开挖线以外,施工过程中风动凿岩机提供动力,使其进入设计深度,外倾 30°。为防止自进式锚杆施工过程中掌子面崩塌,掌子面采用渣土进行回填土稳固,筑土高度为开挖总高度,坡度 1∶1。连接通道接口处超前支护剖面如图 3.30 所示。

1) 钻孔

空压机启动后开启潜孔钻机,根据地形及地质情况调整好潜孔钻机的钻进角度。潜孔钻套上专用的纤尾套,将锚杆与纤尾套连接牢固,并在第一节锚杆的前端套上钻头。根据地质情况确定锚杆的长度,以现场拼接锚杆。当一节锚杆钻进后,在前一节锚杆的尾部套上带有人工涂抹润滑剂的连接套后再连接好后一节锚杆,直到每根锚杆钻到需要长度。

2) 注浆

通过快速注浆接头将锚杆尾端注浆泵相连,启动灰浆搅拌机,人力将水泥和其他外加剂材料按配合比配制好,输入搅拌机中加水搅拌。搅拌均匀后,输入压浆泵,压浆时要保持压浆高压管顺直。压浆量根据压浆泵压力的大小或根据灰浆搅拌机的消耗速度确定。压浆完毕后立即安装好止浆塞,再进行锚固,将拱形垫板套在锚杆外露部分,与地表或岩层密贴,在垫板外拧紧球形螺母。注浆材料为 M30 水泥砂浆,水灰比为 1∶1。

3) 施工工艺流程

施工工艺流程:搭设施工平台→连接各种风管路、水管路和电线→启动空压机、潜孔

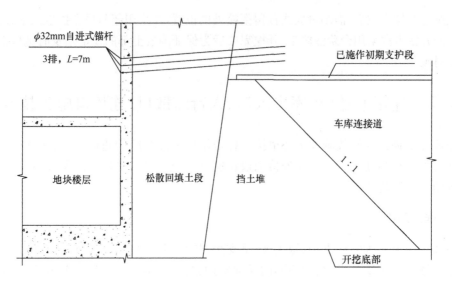

(a) 车库连接通道接口处超前支护剖面图

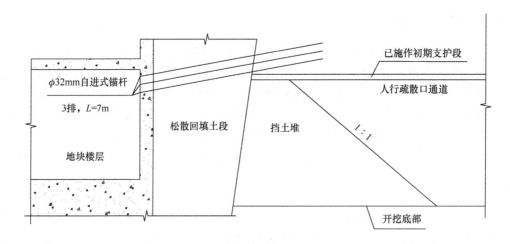

(b) 人行疏散口通道接口处超前支护剖面图

图 3.30　连接通道接口处超前支护剖面图

钻机→钻孔(安装纤维套、锚杆接长、安装连接套)→启动灰浆搅拌机(拌料、加水及外加剂)→注浆(安装注浆接头、安装止浆塞、启动空压)→安装拱形垫→安装球形螺母→结束工作(清理现场)。

4) 地块楼盘结构墙面防排水处理及装修层修补

因从地块楼盘车库内侧向隧道方向施作自进式锚杆,施作过程中对墙体局部混凝土造成破损和墙面装修层大面积污染、脱落及大型机具进场造成楼面破损。自进式锚杆施工完毕后对墙体进行防水处理并对破损的混凝土、墙面装修层、地面采用同等材料恢复。

3.5.3　接口处开挖

1. 开挖方式

连接通道(车库出入口、人行疏散口)接口处在自进式锚杆的支撑下,人行疏散口通道采用台阶法开挖施工;车库连接通道采用单侧壁导坑开挖,开挖顺序为:单侧一次性施工完毕后方可进行另一侧开挖。连接通道(车库出入口、人行疏散口)接口处回填土松散不密实,采用人工小进尺开挖,每次开挖长度不超过 0.5m。

2. 单侧壁导坑施作方法

单侧壁导坑开挖如图 3.31 所示。

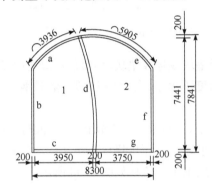

图 3.31　车库连接通道单侧壁导坑施工开挖示意图(单位:mm)

(1) 左导坑开挖,待开挖完成后,施作初期支护 a 段、b 段、c 段及临时支护 d 段;待 a 段、b 段、c 段、d 段施作完毕后并喷射混凝土,使左导坑形成闭合 I14 型钢拱架支护体系。

(2) 右导坑开挖,待开挖完成后,施作初期支护 e 段、f 段、g 段及拆除临时支护,待 e 段、f 段、g 段施作完毕后喷射混凝土,使左、右导坑形成闭合 I14 型钢拱架支护体系。

3.5.4　接口处初期支护

连接通道(车库出入口、人行疏散口)接口处的底板加深 0.2m,拱架形成稳定的闭合环形体系(图 3.32),车库连接通道初期支护采用 I14 型钢拱架,人行疏散口通道采用 14cm×14cm 格栅钢架,钢架均按 250mm 水平间距布置。连接筋采用 ϕ22mm 钢筋环向间距 1000mm 交错布置,连接钢筋与钢拱架焊接长度为 10cm。单层 ϕ8mm@250mm×250mm 钢筋网片和拱架焊接牢固,C30 喷射混凝土 20cm 厚。每段拱架的端部均采用 2 根 ϕ42mm 长度为 4.5m 的锁脚小导管。

车库连接通道开挖采用单侧壁导坑施工,临时支护参数与主体参数一致,ϕ42mm 系统小导管:@0.5m×0.5m 梅花形布置,L=4.5m,C30 喷射混凝土 20cm 厚。

型钢拱架(格栅钢架)按设计预先在洞外结构件厂加工成型,在洞内用螺栓连接成整体。洞内安装在初喷混凝土后进行,与定位系筋焊接。型钢拱架之间设纵向连接筋,钢架间以喷射混凝土填平。型钢拱架(格栅钢架)必须安放在稳固的基础上,当型钢拱架(格栅

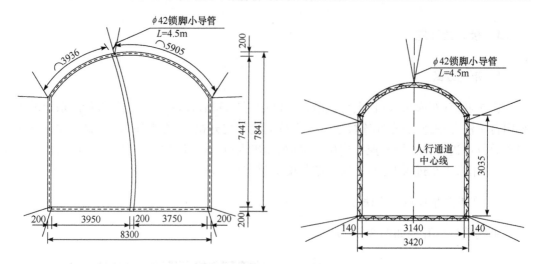

图 3.32　连接通道接口处拱架断面图(单位:mm)

钢架)和土层之间间隙过大时可设置混凝土楔形垫块或橡胶垫块,用喷射混凝土喷填。型钢拱架(格栅钢架)平面垂直于隧道中线,其倾斜度不大于 2°。型钢拱架(格栅钢架)的任何部位偏离铅垂面不大于 5cm。

为了更好地稳固回填土,确保隧道的结构安全,连接通道(车库出入口、人行疏散口)接口处每 0.5m 按隧道全断面布置 ϕ42mm 系统小导管,环向间距 50cm,L=4.5m。

初期支护严格按照设计要求施工,初期支护施工工艺流程如图 3.33 所示。

连接通道(车库出入口、人行疏散口)接口处支护参数如图 3.34 所示。

1. 系统小导管施工

小导管采用 ϕ42mm 普通钢管加工而成,前端成锥形。小导管中间部位钻直径为 6～8mm 的溢浆孔,呈梅花形布置,尾部 0.8m 范围内不钻孔以防漏浆,末端焊直径为 6mm 的环形箍筋,以防打设小导管时端部开裂,影响注浆管连接。通过对 ϕ42mm 小导管注水泥液浆,已达到对周边土体的加固作用。小导管长度为 4.5m,管身前端 3m 范围布置泄浆孔,环向间距为 40cm。水泥采用普通 425♯水泥,水灰比 1:1,注浆压力 0.3MPa,注浆终止压力 1.0～1.5MPa,浆液扩散半径 0.3～0.5m。

小导管安装后,用塑胶泥封堵孔口,并喷射混凝土封闭工作面。采用注浆泵注浆,注浆管连接好后,将配制好的水泥浆液倒入注浆泵储浆筒内,水泥浆液浓度为 1:1(水和水泥质量比),开动注浆泵,通过小导管向周边围岩压注水泥浆。注浆按照由低到高隔孔预注或群孔注浆的方法进行。单孔注浆时,首先以初压注浆,然后在终压下进行注浆并保持 1～2min 终压再卸荷,保证注浆量及扩散半径达到设计要求,达到超前加固的目的。注浆过程中应不停搅动浆液,以避免沉淀分层,影响浆液浓度。

注浆方法:根据孔的体积计算出注浆量,拌和一次,一孔用完。整个注浆过程中应尽量缩短时间,必须在 4min 内结束,压浆时将采用高压泵,由孔底开始往外灌注,直至灌注到孔口,并留出稳定浆体,中途不得中断。注浆完后,不得敲击和碰撞小导管。

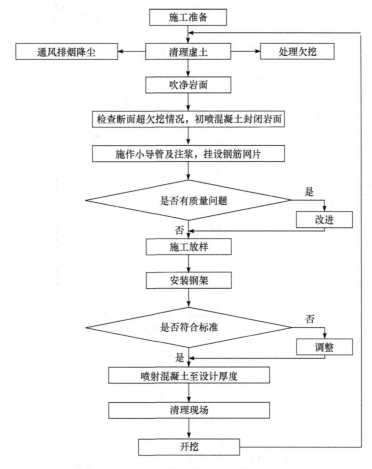

图 3.33　初期支护施工工艺流程

（1）采用现场加工小导管，混凝土封闭岩面，凿岩机钻孔并将小导管打入岩层，注浆泵压注水泥浆。

（2）小导管采用外径 φ42mm 钢花管，管壁四周按 20cm 间距梅花形、钻设 φ10mm 压浆孔，钻孔角度、深度、密度及浆液配合比符合设计要求，注浆压力符合规范要求。

（3）小导管按设计位置、倾角、长度钻孔，打入钢管后注浆，与钢筋、混凝土形成管网混凝土支护体系。

（4）土层小导管压注水泥浆压力不小于 1.5MPa，其余地段压注水泥浆压力不小于 1MPa。

（5）注浆异常的处理：发生串浆时，在有多台注浆机的条件下同时进行注浆，在注浆机较少时将串浆孔及时堵塞，轮到该管注浆时，再拔下堵塞物，用铁丝或细钢筋将管内杂物清除并用高压风或高压水冲洗，然后再注浆。水泥浆进浆量很大，压力长时间不升高，则应调整浆液浓度及配合比，缩短凝胶时间，进行小泵量低压力注浆或间歇式注浆，使浆液在裂隙中有相对停留时间，以便凝胶，但停留时间不能超过混合浆的凝胶时间。

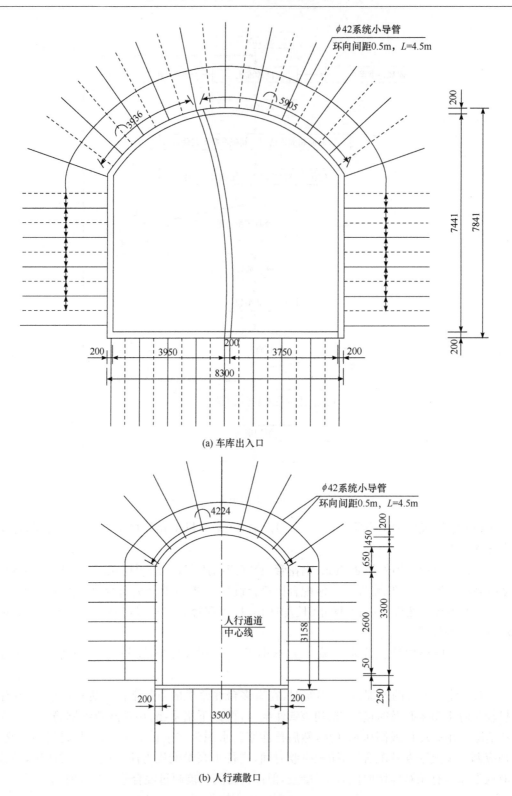

(a) 车库出入口

(b) 人行疏散口

图 3.34　连接通道接口处支护参数图(单位:mm)

2. 钢筋网的挂设

钢筋网施工工艺流程如图 3.35 所示。钢筋网按照设计要求在洞外加工成方格网片，纵横钢筋相交处可点焊成块，洞内焊接形成整体。钢筋类型及网格间距需符合设计要求。钢筋网根据初喷混凝土面的实际起伏状铺设，并与受喷面间隙 3cm。钢筋网与钢筋网、钢筋网与锚杆、钢筋网与钢架连接筋点焊在一起，使钢筋网在喷射时不晃动。钢筋网在构件加工厂加工成片，洞内焊接形成整体。钢筋网制作前先对钢筋进行校直、除锈及除油污等处理。安装前，岩面初喷 4cm 厚混凝土以形成钢筋保护层，钢筋保护层厚度不得小于 4cm；喷射中若有脱落的石块或混凝土块被钢筋网卡住，应及时清除。

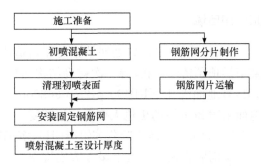

图 3.35 接口处钢筋网施工工艺流程

3. 喷射混凝土

采用湿喷机，按湿喷工艺施工。湿式喷射混凝土施工工艺如图 3.21 所示。

(1) 选用普通硅酸盐水泥、细度模数大于 2.5 的硬质洁净砂、粒径 5～12mm 连续级配碎(卵)石、化验合格的拌和用水，钢纤维采用冷拉弯钩型钢纤维。湿喷钢纤维混凝土除需要考虑普通混凝土配合比设计的因素外，还必须考虑喷射混凝土的可泵性、回弹率以及混凝土在喷射面上的附着性等。

(2) 喷射混凝土须严格按设计配合比进行拌和，其中钢纤维掺量为 45kg/m³。在纤维掺量与长径比合适的情况下，采用专用或普通的强制式搅拌机并严格按投料顺序进行拌和。拌和时为防止超负荷运转，一次搅拌量应小于搅拌机公称容量的 20%。投料顺序：先将粗细骨料和水泥干拌 2～3min，然后加水湿拌，再加入钢纤维，当钢纤维投放完之后再搅拌 3～4min 即可，配合比及搅拌的均匀性每班检查不少于两次。

(3) 喷射混凝土前认真检查隧道断面，对欠挖部分及所有开裂、破碎、出水点、崩解的破损岩石进行清理和处理，清除浮石和墙角虚渣，并用高压水或高压风冲洗岩面。对于隧洞受喷围岩严重凹凸不平处，可首先用喷射混凝土填平补齐，然后再喷射钢纤维混凝土。

(4) 喷头与岩面距离为 0.6～1.2m，喷头垂直于受喷面，喷射初期支护钢架、钢筋网时，将喷头稍加偏斜。喷射路线应先边墙后拱部，分区、分段螺旋状运动，喷头做连续不断的圆周运动，后一圈压前一圈 1/3，进行螺旋状喷射。

(5) 喷射混凝土作业采取分段、分块，先墙后拱、自下而上的顺序进行。喷嘴做反复缓慢的螺旋状运动，螺旋直径为 20～30cm，以保证混凝土喷射密实。同时掌握风压、水压及喷射距离,减少回弹量。

(6)隧道喷射混凝土厚度大于5cm时分两层作业,第二次喷射混凝土若在第一层混凝土终凝1h后进行,需冲洗第一层混凝土面,初次喷射先找平岩面。

(7)喷射混凝土终凝2h后,进行喷水养护,养护时间不少于7d。隧道开挖下次爆破距喷射混凝土完成时间的间隔不得小于4h。

3.5.5 接口处二次衬砌

连接通道(车库出入口、人行疏散口)接口处的二次衬砌施工与各自相同断面的普通段施工工艺一致。

3.5.6 地表沉陷和拱顶坑洞回填

连接通道(车库出入口、人行疏散口)接口处回填土的塌落造成隧道拱顶空洞及对应地面沉陷,施工过程中隧道拱顶预留注浆孔,待二次衬砌结构达到强度后,对地表沉陷和拱顶坑洞采用混凝土回填,且地面绑扎 HRB400 ϕ12mm@200mm×200mm 双层双向钢筋,混凝土厚度 30cm,地面采用 2cm 厚的黑色大理石原貌恢复。

三号车库出入口对应的地面沉陷区域为哈尔滨银行门口,沉陷区域面积较大,且存在消火栓检查井,内部存在大量消防管道。回填土塌方造成检查井的基座、底板、侧墙均发生变形。待隧道二次衬砌结束后对其进行修补,对其墙体和底板均采用 HRB400 ϕ12mm@200mm×200mm 双层双向钢筋,混凝土厚度 30cm。检查井 2 个,净空长 4m、宽 2.5m、高 2.2m。

3.6 地面建(构)筑物与地下管线的保护与变形监控措施

3.6.1 地面建(构)筑物保护处理方案及技术措施

1. 施工对建(构)筑物的影响

在车站及区间隧道施工过程中,由于开挖破坏了地层的原始应力状态,地层单元产生了应力增量,特别是剪应力增量,这将引起地层的移动,而地层移动的结果又必将导致不同程度的地面沉降。当地面建(构)筑物和设施的基础底部(天然地基、桩基等)地基土扩散附加应力的有效范围处于隧道周围和上方土体受扰动后的塑性区时,塑性区地层的施工沉降和后期固结沉降将引起建(构)筑物的差异沉降。若差异沉降过大,建(构)筑物就会遭到损坏。对于天然浅基础建(构)筑物,其受施工影响的程度主要取决于地表沉陷槽的特征,特别是曲线曲率的大小,沉陷槽深度即最大沉降量,且沉陷槽宽度较小时,沉陷曲线斜率就较大,此时沉陷引起的建(构)筑物的差异沉降(倾斜)就较大,建(构)筑物破坏的可能性加大。

对于桩基础建(构)筑物,施工对建(构)筑物的影响则主要是由于地层横向变形引起桩基偏斜和由于地层松弛塑性变形而使桩基承载力降低,进而引起建(构)筑物的沉降或倾斜变形。特别是当桩基距隧道较近时,影响则更大。一般当隧道埋深较大且洞身地质条件较好时,隧道开挖引起的变形可以分成三个区:松动区、塑性区和弹性区。当桩基处于松动区时,变形导致桩基承载力大幅度降低;当桩基处于松动区外的塑性区时,变形亦将导致桩基承载力较大幅度地降低;而当桩基处于弹性区时,变形对桩基的影响较小。故对桩基础建筑的保护主要是对处于松动区和塑性区的桩基加以适当保护。因此,在施工前详细查清施工影响范围内的建(构)筑物及其基础状况,在施工中加强监测,对其安全性进行判断,有针对性地采取主动措施来加以必要的保护[20]。

2. 建(构)筑物的调查

1) 调查的范围与重点

对在施工影响范围内两侧各 30m 的所有地面建(构)筑物进行调查,尤其是对位于隧道上方距左右线隧道断面 15m 范围内的建(构)筑物要进行详细调查,对已有资料要进一步核实,没有资料的要全面调查。

2) 调查内容

调查建(构)筑物的名称、位置、所属业主,建(构)筑物的用途,建(构)筑物的层数(高度),有无地下室,建造时间,结构类型,内外构件有无损伤,建(构)筑物的基础类型、基础深度、尺寸及其与隧道的相对位置关系,四层及更高层建(构)筑物的垂直度等,其中基础调查是重点。

3) 调查方法

在施工前,成立专门的建(构)筑物调查组,配备专业摄影师、工程师、土地测量员及建筑工程师、结构工程师等,配备照相机、摄影机、全站仪、光学裂缝测量仪等。在调查前制定详细的调查计划和调查图表,通过走访建(构)筑物业主等有关单位,收集受调查建(构)筑物(特别是深基础)的有关设计和交工资料,通过实地观测、测绘等方法来完成调查工作。最后进行资料整理分析,列出图表,将调查结果提交监理工程师。

3. 建(构)筑物保护的控制标准

确保地表变化值控制在设计允许范围内,并使建(构)筑物不发生有害的沉降和倾斜。

4. 建(构)筑物的保护方案与措施

施工对建(构)筑物的影响主要取决于地层变形特征。针对场区地质和埋深条件,并对施工引起的地层变形及其对建(构)筑物的影响进行初步分析预测,拟采取如下保护方案与措施。

(1) 对于天然浅基础建(构)筑物,加强建(构)筑物变形监测分析,加强地表沉降监测以反馈指导施工;严格控制药量,减少地层损失,控制地表沉降。

(2) 对于深桩基础的高大建(构)筑物,隧道通过采用分部法进行开挖,严格控制每循环最大装药量,实行减振降噪控制爆破技术。同时,加强爆破振动速度的监控,确保该段爆破振动速度小于 1cm/s。

(3) 隧道开挖后,对产生沉降的浅基础采用跟踪注浆加固,即从地表钻孔,对基础承力层进行注浆处理。

除上述保护方案外,还需采取如下措施:

(1) 以建(构)筑物调查结果和量测结果为基础,对施工前和施工初期引起的地层沉降及其对建(构)筑物的影响进行精确预测。

(2) 在施工期间严格控制爆破参数,减少地层损失,并及时施作初期支护和二次衬砌,以控制围岩松弛区和塑性区的扩大,减小地层变形。

(3) 对地表沉降和建(构)筑物变形进行严密监测,对所有受影响的建(构)筑物进行布点监测,对楼房再增加倾斜监测,并及时分析反馈。同时,利用实测数据进一步修正完善地表沉降和建(构)筑物变形的预测结果,对可能引起有害变形的建(构)筑物做出早期预警且制定应急措施,并确定备用方案是否实施。

3.6.2　地下管线保护处理方案及技术措施

根据管线制造材料、接口构造、管节长度等不同情况,地下管线大致可分为刚性管线和柔性管线两种。它们对于隧道施工中不可避免的地层沉降的反应是不同的。对于刚性管线,当地层移动时,主要考虑是否会引起管道的断裂破坏;而对于柔性管线,地层移动造成的影响则主要是管线接头的断裂或泄漏所引起的破坏。在施工中,地下管线的破坏(特别是煤气管、通信管线和上下水管等)一旦发生,将会造成难以预料的严重后果。因此,在施工前必须详细查清沿线受施工影响范围内的各种地下管线的情况,分析预测地层沉降对管线的影响,并在施工中加强监测。针对不同管线及其与隧道的不同位置关系,采取合理的保护措施。

1. 管线概况

根据业主提供的施工设计图纸中的有关管线资料,进场后进一步调查,以确定管线的具体数量及详细位置。

2. 地下管线调查

1) 调查范围与重点

区间隧道及车站上方和附近建(构)筑物较为密集,隧道施工影响范围内可能有为数不少的地下管线有待查明。因此,在施工前需对沿线建(构)筑物密集区段的地下管线进行详细调查,特别是对高压水管、煤气管、砂浆抹口管等对沉降特别敏感的管线进行尽可能翔实的调查。

2) 调查方法与内容

(1) 施工前组织专门的管线调查小组,配备管线探测仪进行地下管线调查工作。

(2) 对照业主提供的管线图和隧道设计图,确定在工程影响范围内但未显示的现有管线分布情况。

(3) 进一步收集在隧道施工范围内的所有管线图纸和管线交工资料,结合地质情况和周围环境及管道的试验结果,分析、确定现有管线的种类、位置、形状、尺寸、材料、入孔位置、接口状况,并将分析情况及结论递交有关部门确认,最后报监理工程师和业主存档。

（4）必要时，到现场进行人工挖孔探测。

（5）查清各类管线的允许变形量，并与有关单位协商确定，报监理工程师备案。

3. 地下管线迁改与保护

1）地下管线迁改

在开工前委托专业的管线调查单位，根据已有的地下管线资料，进一步调查落实现有管线的走向、类型及材质等，若有未知管线，则需查明其管线类型、埋深、结构类型和产权单位等，联系业主与管线产权单位调查了解其规划的管线走向及实施时间，避免因盲目施工而对周围单位和居民造成不利影响。

在施工前对管线进行迁移，迁到本工程结构范围以外。为尽量减少干扰和影响，管线迁移时先施工迁移段，再逐步向原管线靠拢，最后实施管线接口，迁移后拆除施工区域内的原有管网。

2）地下管线保护

对施工边缘地带的管线应采取相应的保护措施。在结构开工前，使用管线探测仪探测管网的位置及分布情况，沿着线路纵向、左右两侧开挖边界线处开挖两条纵向探沟（沟深约 2.50m），以探查纵向的管网，然后在纵向上每隔 20m 开挖一条横沟（沟深约 2.50m），探查横向的管网。探明后，编制管网保护作业指导书。地下管网的保护主要采用避让、移位、悬吊、支撑和加固等方法和措施。地下管线保护方案如图 3.36 所示。

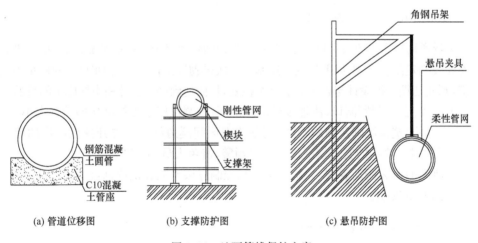

（a）管道位移图　　　　（b）支撑防护图　　　　（c）悬吊防护图

图 3.36　地下管线保护方案

3）保护管网的措施

（1）建立管线保护组织机构。

成立以项目经理、项目技术负责人、专职管线保护工程师、工班兼职管线保护员为一体的管线保护领导小组，对开挖过程中的地下管线进行齐抓共管。坚持安全生产、预防为主的原则，做到人人重视安全生产，人人关心地下管线的安全，千方百计确保本工程的安全及管线安全。

（2）加强职工教育。

开工前及开挖前,技术部门将向参加施工的全体人员进行地下管线布置情况交底,讲解各类地下管线遭到破坏的危害性。在施工过程中要不断加强宣传工作,制定有关管线安全、管线保护的文件,使职工充分意识到确保地下管线安全的重要性,形成全员重视安全意识的良好局面。

（3）施工措施。

施工中,在可能出现地下管线的区域必须进行人工开挖,应先探后挖,以防止损坏未知管线。若发现管线,应对其立即进行临时支护,与有关单位进一步联系核准,对电缆、光缆、天然气管网等重要管线应予以高度重视,及时进行重点保护。严禁基坑土体暴露时间过长引起周围土体出现过大松弛变形而造成对管线的破坏。对于重要管线,应根据管线的结构型式和管线所属单位一起制定管线允许沉降指标,在管线顶部地面上设置观测点,随时观测管线的变形情况,以确保各类管线的安全,对于因基坑开挖而导致的变形量大于允许沉降指标的管线,应立即和有关部门协商管线迁移事宜。

在基础施工前,请设计及各类管线管理单位对施工方案进行交底,明确管线的位置,对需迁移和保护的各种管线予以明确,在开挖前,进行样洞开挖,并插上红旗示警,施工中,对保护的管线派专人进行监控,以便发现问题随时进行处理。

3.6.3 变形监控措施

1. 变形监控量测项目及目的

（1）隧道周边水平收敛和拱顶下沉量测:为判断隧道稳定性提供可靠信息;根据围岩位移状态曲线判定围岩类别;以围岩变形速率为二次衬砌提供合理的支护时机,利用量测信息的反馈,判断初期支护设计与施工方法是否稳妥,从而达到修改设计和指导施工的目的。

（2）地表沉降:判别洞口、浅埋段松动区范围,推测作用于支护结构的荷载大小。

（3）建（构）筑物沉降及倾斜观测:判断浅埋区间隧道线位上方开挖范围内的建筑变形情况,对建（构）筑物的安全情况进行及时预警,避免人员和财产损失。

（4）地面的爆破振动观测:为施工优化和控制爆破参数提供依据,确保在建项目与已有建（构）筑物的安全。

2. 拱顶下沉量及围岩位移量测

隧道周边水平收敛和拱顶下沉量测采用三线量测布点方式,如图 3.37 所示。量测设备采用隧道专用型收敛计（SWJ-Ⅳ型隧道收敛计）。隧道拱顶下沉量的大小,根据各测线的实测值,并利用三角形面积公式换算求得。

3. 地表沉降观测及建筑（构）物沉降和倾斜观测

通过地表沉降量测监视隧道地表下沉,判断隧道顶部围岩的稳定性,测点布置如图 3.38 所示。根据隧道设计资料及地质情况,需对帝都广场、林华环岛、解放碑农行、大都会、渝都大酒店、半岛酒店、申基地块、雨田大厦和德谊美食城、中华路地下商场、瑞奇大厦和新华大厦、得意世界、骨科医院、重庆日报、凯旋路电梯进行监测。

地表下沉断面的布设原则如下。

（1）地表下沉量测，在隧道设计浅埋地段布设；每个隧道至少两个断面，若出现不良地质情况，则加设监测断面。

（2）当现场地形陡峭及有树木遮挡时，进行适当调整。

（3）每个断面上测线与隧道中心线垂直，埋设测点时中心监测点设在隧道轴线的地表位置，其他监测点沿中心线对称布置，测点间距由中心监测点开始至距离地表隧道轴线最远点由密至疏布置，距离按 $2\sim5\mathrm{m}$ 布置，宽度范围为：$W=B$（开挖宽度）$+H/2$（两侧埋深的一半）。

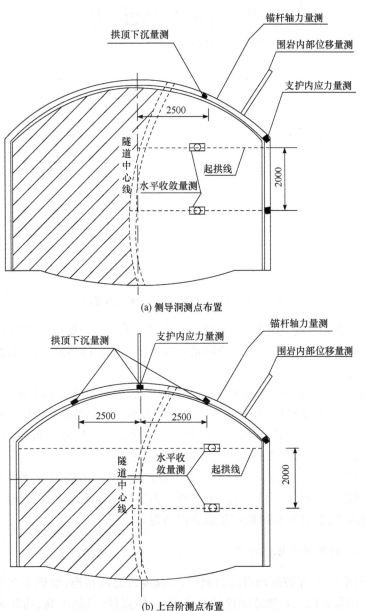

(a) 侧导洞测点布置

(b) 上台阶测点布置

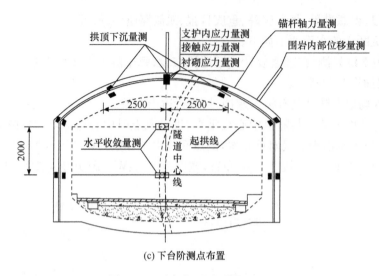

(c) 下台阶测点布置

图 3.37 测点布置图(单位:mm)

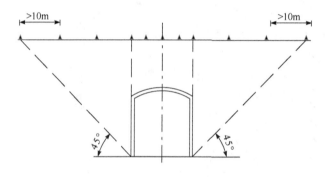

图 3.38 地表下沉量测断面测点布置图

(4) 参照标准水准点埋设方法,埋设 1 个临时水准基点。临时水准基点应埋设在通视条件良好的隧道两侧稍远区域、不受隧道开挖下沉影响的稳固地点,所有测点应和基准点联测以取得原始高程。

(5) 基点埋设在隧道开挖纵、横向 3～5 倍洞径外的区域,参照标准水准点埋设方法,埋设 2 个基点,以便互相校核,所有基点应和附近水准点联测以取得原始高程。

(6) 在测点位置,开挖成长、宽、深均为 200mm 的坑,然后放入地表测点预埋件(自制)。测点四周用混凝土填实,待混凝土固结后即可量测。

(7) 地表下沉用高精度水准仪进行观测。观测时坚持"四固定"原则,即施测人员固定,测站位置固定,测量延续时间固定,施测顺序固定。从地表设点观测,根据下沉位移量判定开挖对地表下沉的影响,以确定隧道支护结构。

4. 建(构)筑物的爆破振动观测

采用 UBOX-5016 爆破振动智能监测仪,与速度传感器相连,组成多点工程爆破振动测试系统。所用爆破振动智能监测仪具有体积小,质量轻、灵敏度高、功能多、使用方便、自动化程度高、内存容量大等优点,能够适应现场爆破试验要求。系统软件内嵌萨道夫斯基经验公式,能够根据试验数据自动计算出 α 值及 k 值,使用户可以按爆破安全规程控制装药量,适应爆破振动测试要求。

测试的物理量为质点振动速度,振动方向为垂直和水平两个方向,选择在建项目与已有建(构)筑物临近隧道一侧建(构)筑物附近地表面为监测断面,断面上布置 2 个测点,每个测点测定其垂直和水平两个方向的质点振动速度,并分析其振动频率,综合判断爆破对在建项目与已有建(构)筑物的影响程度。

第4章　城市富水岩溶地层大断面公路隧道施工技术

4.1　概　　述

近年来,随着西部大开发进程的加快,在地形、地貌及地质背景复杂、水能及矿产资源丰富、陆路交通网密度远低于全国平均水平的西部地区,在铁路、公路、水电、跨流域调水及矿产资源等领域将会修建更多的长大隧道工程,隧道的规模也是越修越长、断面越来越大,技术难度更大、更复杂。许多特长隧道、大跨度扁平隧道、双层隧道、沉管隧道、盾构隧道、高海拔隧道和寒区隧道相继建成,一大批在岩溶地区修建的长大隧道更是将我国隧道建设规模推上了新的高潮。但目前,岩溶地区隧道的施工技术还不成熟,施工过程中常常有发生突水突泥等的风险,不仅延误工期,还给施工带来了极大的安全隐患。因此,为了保证高风险富水岩溶地层大断面公路隧道施工安全,减轻突水突泥等灾害损失,对岩溶地区隧道施工技术的研究具有重要的理论意义和工程实用价值。

4.2　穿越城市富水岩溶地层公路隧道防排水设计

岩溶地区因受其特殊的地质构造影响,往往具有高水压、富水、溶洞及断层的特征。水害问题成为岩溶地区修建隧道的最大障碍。隧道防排水原则的制定是确定地下水治理方法、治理技术和进行衬砌结构设计的前提。隧道采用何种防排水方法,应根据隧道围岩周边工程地质条件和水文条件而定。地下水位较高时,若采取以堵为主的方法防水,将会导致地下水位升高、作用在衬砌上的水压增大等问题,因此在进行隧道防排水设计时,应遵循"防、排、堵、截结合,因地制宜,综合治理"的原则。

隧道防排水传统技术工艺施工过程中,客观存在二次衬砌背后防水板破损、环向止水带安装偏差或损坏、混凝土局部振捣不密实、排水通道被地下水化学沉积物堵塞、侧沟底部二次浇筑形成纵向施工缝等致渗因素,渗漏现象普遍存在,具有施工难度大、作业风险高、经济损失重等特点。中铁十一局集团第五工程有限公司针对隧道建成运营后的渗水难题,对防排水施工技术工艺进行了反复研究,提出了分段排水、分区减压、侧沟防渗三项创新技术。该技术经重庆市城乡建设委员会组织专家鉴定,结论为"国内领先水平,对补充现行技术规范具有重要意义",其成果获中铁十一局集团有限公司2014年度科技进步二等奖。防隧道二衬背后积水串流的排水系统[21]、防隧道仰拱施工缝渗水的排水系统[22]、防隧道侧水沟底部渗漏的排水系统[23]获专利授权。在此基础上形成的富水隧道综合防排水系统施工工法[24]在新建成都至重庆铁路客运专线黄家坪隧道、新建重庆至万州铁路高梁镇隧道、王家村隧道等工程成功应用,取得了良好的经济效益和社会效益,具有较强的实用性和很好的推广应用价值。

富水隧道综合防排水系统施工工法能够提高隧道工程质量,改善隧道防排水效果;施工风险小,有效降低了运营治水的高等级安全风险;适用于地下水较发育的隧道工程,在富水地段尤为适用。隧道防排水遵循"防、排、堵、截相结合,因地制宜,综合治理"的原则。基于传统设计总结提出的分段排水、分区减压、侧沟防渗新技术工艺原理如下所述。

4.2.1　分段排水设计

沿隧道纵向间隔设置环向排水带,可替代二次衬砌背后的环向盲管,使衬砌背后的积压水分区段独立排出,解决了积压水在拱墙二次衬砌背后串流引起的混凝土不密实部位和施工缝渗漏问题。详见实用新型专利"防隧道二衬背后积水串流的排水系统"。首先在拱墙初期支护体上环向钻孔,然后在孔口处设置数根排水盲管,最后将盲管与侧水沟连通形成排水通道。当拱墙二次衬砌背后的积水并产生压力,且防水层不能有效发挥隔水作用或排水管堵塞致水串流时,可通过环向排水带将积压水分段引排至侧水沟,当侧水沟流量过大时,再通过道床排水管将水引排至中心水沟内,最后通过中心水沟排至隧道外。分段排水带工艺原理如图 4.1 所示。

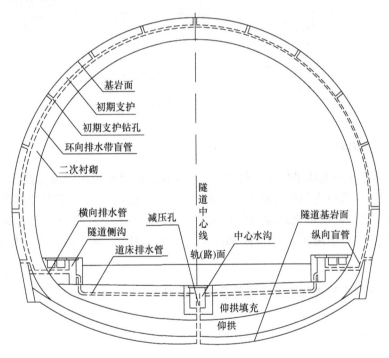

图 4.1　分段排水带工艺原理示意图

4.2.2　分区减压设计

在中心水沟内沿隧道纵向方向间隔设置减压孔(排压管),并将其伸入中心水沟内。排压管下端依次穿过仰拱填充、仰拱衬砌和仰拱初期支护,使隧道中心水沟与隧底基岩面之间形成排水通道[25]。当衬砌混凝土背后的积水汇集在隧底并产生水压时,可将积压水分区排放至隧道中心水沟,有效解决了仰拱施工缝渗水问题。详见实用新型专利"防隧道仰拱施工缝渗水的排水系统"[22],分区减压孔工艺原理如图 4.2 所示。

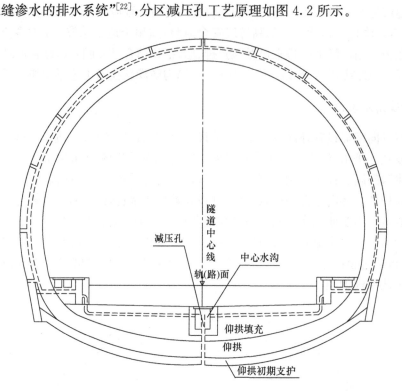

图 4.2　分区减压孔工艺原理示意图

4.2.3　侧沟防渗设计

在仰拱填充或填充找平层施工过程中,将隧道内两侧水沟的底面标高降低至仰拱填充层的顶面以下,沿填充顶面与隧道侧沟底之间的纵向施工缝设置膨胀止水条,有效避免隧道侧沟的沟底与仰拱填充顶面之间出现纵向施工缝,解决了隧道侧沟底部渗漏问题。详见实用新型专利"防隧道侧水沟底部渗漏的排水系统"。侧沟防渗工艺原理如图 4.3 所示。

4.2.4　综合防排水系统施工工艺流程及操作要点

1. 工艺流程

富水隧道综合防排水系统施工工法[24]是在传统防排水设计的基础上,补充了分段排水、分区减压、侧沟防渗三项新技术工艺,流程如图 4.4 所示。

2. 操作要点

1) 开挖及支护

参照设计文件及 TB 10753—2018《高速铁路隧道工程施工质量验收标准》等规范,进行开挖及支护作业。

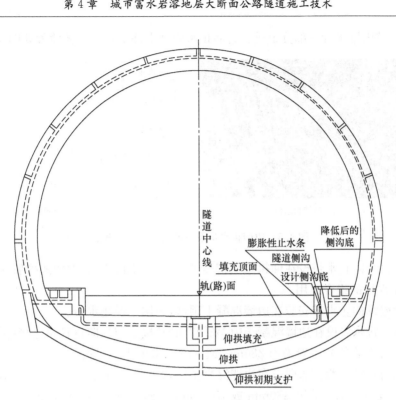

图 4.3　侧沟防渗工艺原理示意图

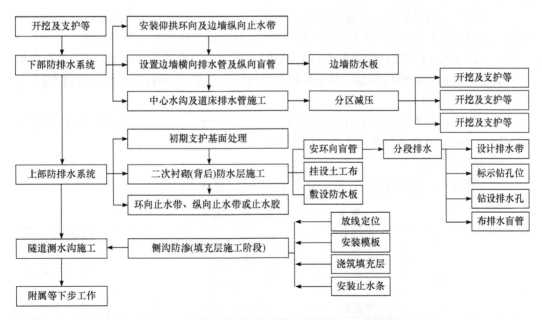

图 4.4　富水隧道综合防排水系统施工工艺流程

2) 下部防排水系统

下部防排水系统由仰拱环向止水带及边墙纵向止水带、边墙横向排水管及纵向盲管、中心水沟及道床排水管三部分组成。边墙止水带及下部防排水工艺流程如图4.5所示。

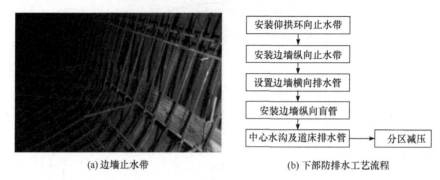

(a) 边墙止水带　　　　　　　(b) 下部防排水工艺流程

图4.5　边墙止水带及下部防排水工艺流程

（1）仰拱环向止水带设在仰拱端头混凝土的中部及底部，为中埋式橡胶止水带与背贴式橡胶止水带的组合应用。

（2）边墙纵向止水带安装在边墙混凝土顶部，采用中埋止水带。

（3）横向排水管设在边墙混凝土中，采用"四通"接头与纵向盲管相连接（另一接口连接二次衬砌环向盲管），一般采用 $\phi80$mm 或 $\phi100$mm 的 PVC 管。

（4）纵向盲管一般贯通埋设在边墙混凝土中，距混凝土顶面 $100\sim200$mm，需考虑横向排水管的排水坡度，采用 $\phi80$mm 或 $\phi100$mm 高密度聚乙烯（high density polyethylene，HDPE）打孔波纹管（外包土工布）。

（5）中心水沟及道床排水管在仰拱填充施工时预留。中心水沟沿隧道纵向方向贯通设置，道床排水管位于仰拱填充混凝土内，两管口分部连接侧水沟与中心水沟。

（6）分区减压的排压管（减压孔）在隧道中心水沟施工阶段设置完成（中心水沟在仰拱填充层浇筑前安装模板定型），其下端依次穿过仰拱填充、仰拱衬砌和仰拱初期支护。

① 设计排压管。

排压管一般设置在地下水较丰富地段，安装在仰拱施工缝处效果最佳。纵向间距应根据隧道富水量大小进行合理选择，见表4.1。

② 埋设排压管。

排压管设置间距见表4.1。施工分3步，PVC管连接采用标准接头。

表 4.1　减压孔（排压管）设置参数

序号	地区	富水等级	富水量/(m³/d)	减压孔间距/m
1	山区	强富水	$Q>5000$	20
2		中富水	$1000\leqslant Q\leqslant5000$	30
3		弱富水	$100\leqslant Q<1000$	100
4	平原	强富水	$Q>3000$	30
5		中富水	$1000\leqslant Q\leqslant3000$	50
6		弱富水	$100\leqslant Q<1000$	100

A. 仰拱初期支护时,首先在预埋排压管的基底铺设一块 150mm×150mm 的过滤网,网格尺寸不大于 5mm×5mm;然后在过滤网的中部安装一根外径 110mm 的 PVC 管,靠近 PVC 管设置 3 或 4 根 ϕ16mm 锚固筋以防止倾覆。预埋管内塞入长约 200mm、外径为 105mm 的柱体布卷,布卷一端与隧底基岩面相贴,另一端用细绳系牢并伸出管口。管道上口高出支护体表面并采用胶带密封,以防止堵塞。

B. 在仰拱衬砌前,将排压管长度接至混凝土顶面以上,管口防堵操作同步骤 A。

C. 在仰拱填充层施工前,将排压管长度接至隧道中心水沟内,管口低于水沟盖板 150~250mm,管口防堵操作同步骤 A。

(7) 疏通排压管。

排压管设置完成后,清除管口密封胶带,通过细绳将管内防堵塞布卷拉出,使隧底基岩面与中心水沟之间形成排水通道。

3) 上部防排水系统

上部防排水系统由二次衬砌背后的防水层、环向止水带、纵向止水条或止水胶等组成。上部防排水工艺流程如图 4.6 所示。

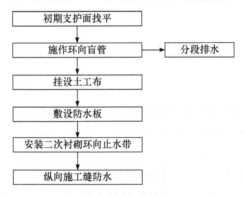

图 4.6　上部防排水工艺流程

(1) 初期支护面找平。一般通过补喷混凝土或抹砂浆找平。

(2) 施作环向盲管。环向盲管每衬砌段设一根,需与边墙横向排水管连接畅通,一般采用直径为 50mm 的打孔波纹管(外包土工布)。

(3) 挂设土工布。土工布采用轻型射钉器通过热熔垫圈固定在初期支护面上。

(4) 敷设防水板。防排水采用热熔焊机焊接在热熔垫圈上,两幅防排水搭接采用双缝热熔爬焊机焊缝,铺设完成需进行气密性试验。

(5) 安装二次衬砌环向止水带。环向止水带设在二次衬砌端头混凝土的中部,为背贴式与中埋式止水带组合运用,每条施工缝设一环。

(6) 纵向施工缝防水。下部防排水系统中已包含边墙纵向止水带。止水条或止水胶纵向贯通设置在边墙混凝土的顶面,止水条安装前需预压凹槽,止水胶将混凝土面清理干净且保持干燥即可。

分段排水带与二次衬砌背后防水层施工同步进行,设在初期支护表面。环向排水带可替代二次衬砌背后防水层中的环向盲管。

① 设计排水带。

环向排水带一般设置在地下水较丰富的地段,尽量位于初期支护面渗水较严重的部位,设在二次衬砌环向施工缝处效果最佳。环向排水带纵向间距、环向盲管钻孔间距及盲管设置根数应根据隧道富水量大小进行合理选择,见表4.2。

表 4.2　环向排水带设置参数

序号	地区	富水等级	富水量/(m³/d)	环向排水带纵向间距/m	环向盲管钻孔间距 n/m	盲管/根
1		强富水	$Q>5000$	30	1	4
2	山区	中富水	$1000 \leqslant Q \leqslant 5000$	50	1.5	3
3		弱富水	$100 \leqslant Q < 1000$	100	2	2
4		强富水	$Q>3000$	50	1.5	3
5	平原	中富水	$1000 \leqslant Q \leqslant 3000$	80	2	2
6		弱富水	$100 \leqslant Q < 1000$	100	2.5	2

② 标示钻孔位。

根据排水带设置断面,在初期支护表面用红油漆标示出环向钻孔位,孔位间距选择见表4.2。

③ 钻设排水孔。

采用气腿式凿岩机或大功率电钻在标示出的孔位处钻孔,钻孔深度约300mm,钻至基岩面停止;孔径根据富水量大小确定,直径不应小于30mm。

④ 布排水盲管。

在孔口处并列安装数根 ϕ50mm 打孔波纹管(外包土工布),根数选择按规范执行。波纹管打孔间距不大于30mm,沿管长方向呈梅花形布设三排。安装时,钻孔较密的一侧紧贴初期支护表面,初期支护面上的钻孔应保证与其中一根盲管上的钻孔对应。打孔波纹管采用硬塑胶带或土工布带通过射钉固定在初期支护表面,固定点间距约1m。排水带盲管必须与边墙横向排水管可靠连接,通常在接头处外包土工布并用细线绑扎,保证与隧道侧沟之间形成畅通的排水通道。

4) 隧道侧水沟施工

隧道内两侧设置水沟,在仰拱填充层及二次衬砌完成后施作。侧沟防渗在隧道侧水沟施工前、仰拱填充层施工过程中实施。

(1) 放线定位。

放线定位出两侧水沟净空边缘线,为模板安装提供技术依据。

(2) 安装模板。

优化后的侧水沟底低于填充层顶面100~150mm。根据已放出的侧沟净宽线,在已浇筑的底板混凝土上靠线路中线一侧安装模板并定位牢固,模板下部采用 ϕ20mm 钢筋双侧交错定位,固定点间距不大于300mm,模板外侧通过方木或钢管支撑,支撑点间距不大于500mm。模板可采用木模板或钢模板。

（3）浇筑填充层。

浇筑仰拱填充层，振捣棒距模板不小于 200mm，防止模板变形或移位。填充层混凝土初凝前，采用木条在混凝土表面压制宽 20mm、深 15mm 的凹槽。

（4）安装止水条。

隧道侧水沟施工前，将填充层表面的凹槽清洗干净，然后在槽内安装宽 40mm、厚 30mm 的遇水膨胀止水条。

4.2.5　综合防排水系统质量控制标准

隧道防排水施工质量控制标准主要包括：TB 10753—2018《高速铁路隧道工程施工质量验收标准》[26]、JTG/T 3660—2020《公路隧道施工技术规范》[12]、GB 50108—2008《地下工程防水技术规范》[19]等。

完善质量管理体系，建立考核机制。安排有资格、有经验的专职人员全程跟踪监控施工质量，严格落实检验制度，严肃追责。

质量控制技术措施如下。

（1）隧道防排水传统技术工艺质量控制参照现行规范及相关文件。

（2）分段排水质量控制。

① 初期支护钻孔深度约 300mm，保证与基岩面连通，通过尺量法和观察法检查。

② 排水孔钻设完成后，须进行清孔，以确保孔内无杂物，并通过观察法检查。

③ 波纹管应沿初期支护面并排设置，禁止两根盲管重叠。波纹管钻孔较密的一侧紧贴初期支护表面，初期支护面上的钻孔应保证与其中一根盲管上的钻孔对应，允许偏差为 ±5cm，通过尺量法检查。

④ 排水带盲管必须与边墙横向排水管可靠连接，通过观察法检查排水带环向盲管牢固性。还应检查固定胶带的间距等，允许偏差为 0～100mm。

（3）分区减压质量控制。

① 排压管上端应伸入隧道中心水沟内，管口低于水沟盖板 150～250mm，防止沟内流水灌入隧底，采用尺量法检查。

② 减压孔 PVC 管应与隧底基岩连通，孔道堵塞需重新设置，通过尺量法和观察法检查。

③ 排压管底部铺设的过滤网须采用镀锌钢丝网并涂刷防腐剂。

（4）侧沟防渗施工质量控制。

① 侧水沟靠隧道中心线一侧的净宽线放样必须精准，采用钢尺对照复核检查。

② 填充层施工中，纵向膨胀止水条预留凹槽位置必须通过测量定位，确保预留槽位于侧水沟内壁混凝土的中部，允许偏差为 ±20mm。

4.2.6　防排水作业安全措施

（1）严格遵守《中华人民共和国安全生产法》、《建设工程安全生产管理条例》、TB 10304—2020《铁路隧道工程施工安全技术规程》、JGJ/T 46—2024《建筑与市政工程施工现场临时用电安全技术标准》、JTG F90—2015《公路工程施工安全技术规范》等法律及规范。

（2）建立并完善安全管理体系,制定专项应急预案并开展演练(如地震灾害、高空坠落、防火触电等)。施工区设置危险源识别牌,安排有资质的专职安全员监控作业,将安全教育培训、考核等制度落到实处,严格责任追究。

（3）安全技术措施。

① 隧道开挖前,应通过钻孔或物探等超前地质预报方法判断隧道富水量大小,并根据探测结果来制定方案,做好过程排水。

② 作业台架强度及刚度应满足要求,搭设稳定、牢固;靠近通道处需粘贴反光条,并设置警示标志,车辆限速 3km/h;通道上方挂设安全防护网。

③ 高度超过 2m 的台架高空作业临边区设置 1.2m 高封闭式防护栏并悬挂警示标志,防护栏由上下两道横杆及栏柱组成,上杆与平台高度为 1.2m,下杆与平台高度为 0.6m。

④ 加强潮湿环境施工用电管理。电源电压不得大于 24V;电气设备、电缆、照明器等应选用封闭型或防潮型;灯体与手柄应坚固、绝缘良好并耐热耐潮湿;电气设备金属外壳、金属构架和管道均应设置接零保护装置;移动式和手提式电动工具应加装漏电保护器或选用双重绝缘设备。

⑤ 对安全管理薄弱,事故多发、易发的各个环节及各个工序,事先进行危险因素的辨识,认真分析,开展安全预想活动,对施工过程中的重点、难点制定详细、周密的施工技术方案和保障措施。

4.2.7　工程应用

1. 新建成都至重庆铁路客运专线 CYSG-4 标段黄家坪隧道

1）工程概况

黄家坪隧道位于重庆市荣昌区,起讫里程为 DK206＋325～DK207＋140。该隧道洞身穿越区地表上覆第四系全新统人工弃土碎石土、坡残积粉质黏土等,下覆基岩为侏罗系中统新田沟组泥岩夹砂岩,下、中统自流井组灰岩夹砂岩、泥岩夹砂岩,透水性较好,地表水、地下水较发育。

2）施工情况

该工程 2010 年 12 月开工建设,2012 年 4 月完工。施工中,地表水及地下水较发育,达到弱富水标准。

3）应用效果

本工法中分段排水、分区减压、侧沟防渗三项关键技术在该隧道成功应用,效果明显,隧道建成后未出现渗漏水现象。

2. 新建重庆至万州铁路 YWZQ-6 标段高梁镇隧道

1）工程概况

高梁镇隧道全长 3384m。该隧道穿越岩性为泥岩、砂岩,泥岩富水性和透水性较差;砂岩自身透水性较好,加之构造、风化节理裂隙切割,使其成为地表水入渗,地下水流通、储存的良好介质条件,为地下水相对发育带,局部地段存在承压水。设计最大涌水量为 3750m³/d。

2)施工情况

该工程位于重庆市万州区,2013 年 4 月开工建设,2015 年 3 月完工。施工中,近500m 范围内地下水最大出水量达到中富水标准。

3)应用效果

工法关键技术成功应用于该隧道,提高了工程质量,有效改善了防排水效果,衬砌混凝土面及施工缝均未出现渗漏水。

3. 新建重庆至万州铁路 YWZQ-6 标段王家村隧道

1)工程概况

王家村隧道全长 3574m。该隧道穿越岩性为泥岩、砂岩,泥岩富水性和透水性较差;砂岩自身透水性较好,加之构造、风化节理裂隙切割,使其成为地表水入渗,地下水流通、储存的良好介质条件,为地下水相对发育带,雨季可能呈股状涌出。设计最大涌水量为3698m³/d。

2)施工情况

该工程位于重庆市万州区,2013 年 4 月开工建设,2015 年 3 月完工。施工中,地下水最大出水量达到中富水标准。

3)应用效果

本工法中的三项关键技术在该隧道成功应用,隧道建成至今,隧道衬砌混凝土表面和施工缝等部位均未出现渗漏现象,达到了质量验收标准,满足无渗无漏等隧道防水要求。

4.3　城市富水岩溶隧道超前地质预报技术

隧道超前地质预报是隧道信息化施工的重要组成部分,是保证隧道安全施工的重要环节。目前,国内外对隧道掌子面前方地质情况十分重视,已有许多方法可以对掌子面前方不良地质体进行探测。

4.3.1　超前预报方法

地质分析法有地质调查法、超前钻探法、超前导坑预报法等;物探法主要包括地震波反射法(tunnel seismic prediction, TSP)、电磁波反射法(ground penetrating radar, GPR)、陆地声呐法、瞬变电磁法(transient electromagnetic method, TEM)等。

(1)地质调查法:包括隧道勘察设计资料的收集与分析、隧道工程地质与水文地质补充调查、洞内地质调查。该方法适用于各种地质条件下隧道的超前地质预报。

(2)超前钻探法:预报距离 30m,可反映岩体概况,反映情况直观。不足之处在于:①在复杂地质条件下预报效果较差,很难预测到掌子面前方的小断层和贯穿性大节理,特别是与隧道轴线平行的结构面,其预报无反映;②钻孔与钻孔之间的地质情况无法反映。

（3）地震波反射法：地震波反射法适用于划分地层界线、查找地质构造、探测不良地质体的厚度和范围。该方法预报距离为 $100\sim160m$。对工作面前方遇到与隧道轴线近垂直的不连续体（节理、裂隙、断层破碎带等）的界面确定，结果比较可靠。缺点：对不连续体的不规则界面形状和水预报精度较差。

（4）陆地声呐法：预报距离 100m，探查溶洞、溶槽以及破碎岩体较为可靠。缺点：无法准确测定各层岩体的波速。

（5）电磁波反射法：预报距离 $10\sim25m$，能预报掌子面前方地层岩性的变化，对于断裂带，特别是含水带、破碎带，有较高的识别能力。缺点：雷达记录易受干扰。

（6）瞬变电磁法：预报距离 50m，能够探查掌子面前方的预测断层、溶洞和富水带的位置及规模。缺点：在隧道中应用不成熟，易受干扰。

（7）激发极化法：预报距离 $30\sim50m$，能够探查掌子面前方的预测断层、溶洞和富水带的位置及规模。缺点：在隧道中应用不成熟，易受干扰。

以上各种方法都有优缺点，提高预报的准确性和及时性，仍是国内外隧道工程地质界需要解决的技术难题。因此，有必要继续研究综合超前地质预报技术，以及时、有效地指导隧道施工。

（8）综合超前地质预报方法：该方法就是在根据地质分析进行风险等级划分的基础上，在不同等级地段，结合地质情况，合理采用不同的物探手段对工作面前方地质情况进行预报的方法。

4.3.2　综合地质预报的原则

由于物探的多解性，单一预报方法对地质预报的准确度并不十分可靠；同时，不同方法对不同的地质缺陷预报效果也不尽相同。从目前状况看，还没有哪种设备能对各种地质缺陷做出准确的预报。作者研究团队在大量的工程实践、总结多种物探方法的基础上，提出了隧道综合超前地质预报应遵循"三结合"原则，即洞内与洞外相结合，地质与物探钻探相结合，长与短相结合，多种方法相互配合，在运用地质分析法对隧道进行风险分级的基础上，采用与风险等级相对应的综合预报方案。综合预报方案要合理搭配、科学管理、贯穿全程、因地制宜。该方案在实践中达到了良好的效果。

4.3.3　综合地质预报的程序

针对各种预报方法的特点，制定了高风险岩溶地区隧道施工地质灾害综合超前地质预报的实施流程（图 4.7）。图 4.8 为综合超前地质预报示意图，图中主要表示出长期预报、短期预报、超前钻探和地质反馈分析等相结合的预报方式。即首先通过地质分析宏观上确定所要预报隧道各段的围岩情况，并进行风险等级划分；在岩性较好的地段，一般用地震波反射法预报 $100\sim150m$，在岩性较差的地段一般预报 100m，当接近不良地质体时，采用地质雷达或瞬变电磁进行短期更精确的预报，同时施工超前探孔进行进一步确认，也可以在先行隧道中从侧向钻探了解不良地质构造的情况。通过这几种方法的结合，基本上可以确定不良地质体的性质和规模。预报结果和开挖揭露情况要及时进行对比并分析反馈，以不断提高综合超前地质预报的准确性。

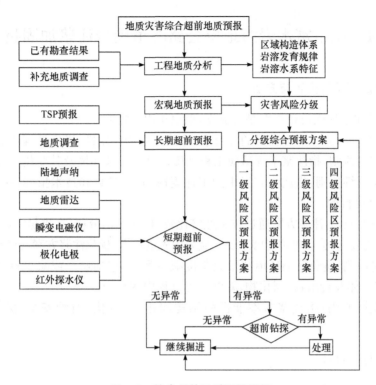

图 4.7　综合超前地质预报流程

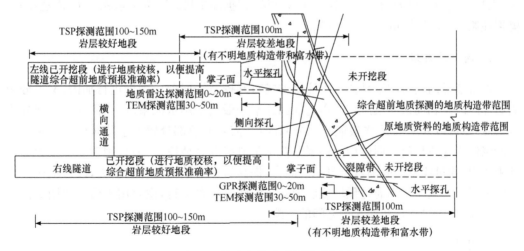

图 4.8　综合超前地质预报示意图

4.4　城市富水岩溶地层公路隧道围岩注浆加固技术

4.4.1　注浆加固设计内容与方法

岩溶隧道注浆加固设计方案是否成立,取决于以下原则。

(1) 功能性原则:针对工程目的和要求,注浆方案的可用性、可靠性等功能要求。

(2) 适应性原则:指注浆工程适应工程性质、条件、外部环境及其变化程度。

(3) 可实施性原则:指注浆方案中的工地规模、有关参数和技术指标,在目前的技术水平条件下是可行的。

(4) 经济性原则:注浆方案通过技术经济比较,投入产出分析,在满足功能性要求的前提下,工程费用较低,建设单位能够承受。应采用先进技术,优化注浆方案,合理使用材料。

(5) 环境原则:避免污染环境或最大限度减少污染,包括避免或减少材料的毒性,减少粉尘、有害气体及析出物、固化物,降低施工过程中的噪声。

(6) 安全性原则:指注浆方案能保障结构和相邻建(构)筑物安全,保证施工人员安全。

4.4.2　隧道注浆设计

隧道注浆设计根据使用功能可分为周边注浆、超前预注浆、超前帷幕注浆以及地表注浆;根据使用效果可分为止水注浆与加固注浆;根据注浆机理可分为填充注浆、渗透注浆、劈裂注浆、化学注浆和高压喷射注浆。

1. 周边注浆岩

岩溶隧道内周边注浆是指采用注浆方式对开挖掌子面前后围岩进行加固,又可分为周边加固注浆和周边回填注浆。周边加固注浆一般应采用水泥浆液,当需要达到部分止水功能时,可以采用水泥-水玻璃双组分浆液,当需要回填部分较大空隙时也可以采用水泥砂浆作为注浆材料。周边加固注浆主要用于Ⅵ级围岩地段,一般采用钢花管或中空锚杆来实现,通过注浆提高围岩自身承载能力,提高岩体对结构的弹性抗力,改善结构受力条件来实现回填注浆则通过预埋或后期安装的注浆短管进行,主要用于回填初期支护与围岩之间、二次衬砌与初期支护之间的空隙。

2. 地表注浆

地表注浆一般适用于隧道内岩溶埋深小于 5m 的浅埋地段,通过注浆使洞室周边或洞顶松散土体固结起来。

3. 超前预注浆

岩溶隧道内超前预注浆是指通过超前小导管、超前自进式锚杆以及超前长管棚等对开挖面前方岩体进行加固的一种辅助施工方法。在Ⅴ、Ⅵ级围岩地段,特别是岩腔内地下水较丰富的地段,一般应考虑注浆预加固周边岩体。注浆一般应优先采用单组分的水泥注浆,如果单液注浆效果差,可采用水泥-水玻璃双液注浆。

4. 超前帷幕注浆设计

岩溶隧道内全断面超前帷幕注浆(图 4.9)主要使用在溶腔内地下水较丰富且地质条件较差的地段,需要利用注浆手段将隧道前方一定范围内的土体进行全面加固,在开挖区域周边形成隔水帷幕,以防止因为地下水渗流给隧道施工带来较大风险。超前帷幕注浆一般应用在地下水较丰富(如含水砂层),且地下水渗流可能对土体稳定造成较大影响(涌水涌泥)的地段,或尽管地下水量较少,但是地下水位变化产生的地层变形可能影响周边重要建(构)筑物安全的地段。

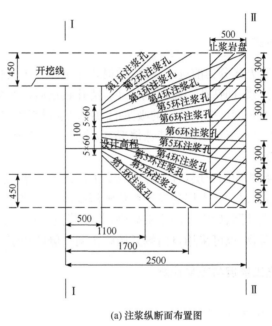

(a) 注浆纵断面布置图

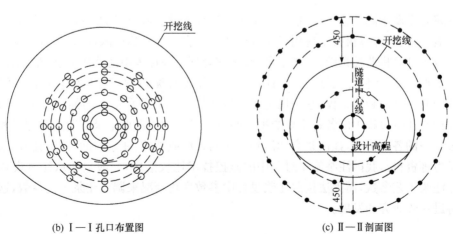

(b) Ⅰ—Ⅰ孔口布置图　　　　　(c) Ⅱ—Ⅱ剖面图

图 4.9　超前帷幕注浆设计图(单位:cm)

全断面帷幕注浆的主要目的是防止地下水渗流,同时提高地层的稳定性。根据地质条件及最终目的的差异,可以选择不同的注浆材料。

(1) 堵水注浆一般使用在地下水丰富、需要控制地下水渗流的地段,可以选用水泥-水玻璃浆液、丙凝浆液及聚氨酯等材料。水泥-水玻璃材料便宜,且来源广,使用最多;丙凝浆液调节胶凝时间方便,黏度小,适用于爆破振动而产生的细微裂缝;聚氨酯凝结快,适用于大规模涌水地段。

(2) 回填注浆一般使用在地下水不丰富、地层渗透特性良好的地段。可以采用水泥浆液,当空隙较大时也可以采用水泥砂浆。固结注浆一般使用在地层比较破碎、地下水较发育的地段,一般采用水泥浆液或水泥-水玻璃类浆液。为了防止注浆期间裂隙水或浆液在高压作用下倒渗,注浆施工前应对注浆工作面进行封闭,并加固止浆岩墙或施作现浇混凝土止浆墙。

4.4.3　隧道注浆方式

钻孔注浆的注浆方式分为前进式注浆、后退式注浆和一次全孔注浆。岩石破碎、裂隙发育宜采用前进式注浆,即钻孔一段、注浆一段,清孔钻进后再注浆,这样循环往复至注浆孔终深。注浆分段的长度可根据地层的吸浆能力或出水量来确定。考虑到浆孔内浆液的强度越来越大,对于有地下动水流的特殊情况,应考虑浆液在动水流下的迁移效应,从水头高的一端开始注浆。

对加固渗透系数相同的土层,首先应完成最上层封顶注浆,然后再按由下而上的原则进行注浆,以防浆液上冒。如土层的渗透系数随深度而增大,则应自下而上进行注浆。

注浆时应采用先外围、后内部的注浆顺序,若注浆范围以外有边界约束条件,即有能阻挡浆液流动的障碍物,也可采用自内侧开始顺次向外侧的注浆方法。

4.4.4　隧道注浆施工监控与效果检测

1. 注浆施工过程中的监控

注浆施工属于隐蔽施工,早期的注浆施工过程中没有做更多的监控工作,随着现代技术的发展,人们将计算机技术应用于注浆施工中。在一些发达国家,已较为普遍地在注浆施工中设置计算机监控系统,用来记录、收集和处理注浆过程中注浆压力、流量、浆液黏度等重要数据,以便人们能更好地控制注浆工序和了解注浆过程中各种注浆规律。注浆监控系统中有一种高频记录仪,它利用电磁流量和计算机处理数据的功能在注浆现场之外能自动记录注浆过程中的各种重要数据。高频记录仪中的图形记录器能及时记录和显示注浆过程中的各种情况,如注浆突然注到较大的孔洞或裂隙、注浆时间、注浆孔号、浆液流量及压力等资料。我国注浆施工过程中的监控技术比较落后,一般只能从注浆设备中获取部分注浆工艺参数,而无法按照注浆过程中参数变化情况来调节注浆工艺参数,这方面还有待进一步研究和发展。

2. 注浆效果检测

注浆效果的好坏直接关系到注浆工程成功与否。随着注浆技术的发展,注浆效果在注浆工程的各个领域中也得到不同程度的发展。国内外注浆效果检测方法见表4.3。裂隙不够发育、岩层稍好时,宜采用后退式注浆,即一次钻孔到注浆孔终深,再从孔底利用止浆塞分段压浆后退至孔口。在岩层裂隙不发育时,可全孔一次注浆。

注浆顺序必须采用适合地层条件、现场环境及注浆目的的方法进行,一般不宜采用单向推进压注方式,应按跳孔间隔注浆方式进行,以防止串浆。现有的各种注浆检测技术方法还不够成熟,目前注浆效果检测手段仍然是注浆施工技术中的薄弱环节,对注浆效果没有一个明确的判别标准,许多注浆工程仅凭经验定性地判别注浆效果。目前,公认的最好的检测方法是声波探测。对于岩溶隧道等工程,实施注浆加固,利用声波测试、取芯力学试验和深部位移观测法是最有效的注浆效果检测方法。

表 4.3　注浆效果检测方法

地　点	检测目的	检测方法
现场检测试验	注浆范围	γ 射线及放射法;中子水分仪器检测法; 取样试验法(示踪试验);电探及声波探测法
	注浆堵水防渗	追踪法;透水、透气试验 钻孔压水(气)、抽水试验;取样抗渗试验
	注浆加固	钻孔内荷载试验;取样物理力学性能测定 钻孔深部位移测定;声波探测法、贯入试验
实验室试验	注浆堵水、注浆加固	动水注浆试验;固砂试验、注浆参数模拟试验

4.4.5　工程应用

1. 工程概况

双碑隧道全长 4.373km,位于重庆市沙坪坝区,穿越中梁山,隧洞洞身段围岩以Ⅳ级和Ⅴ级围岩为主,沿线经过西永镇、歌乐山镇和双碑街道,隧道左右线采用分离式双洞单向 3 车道,中线间距为20m,为大断面小净距隧道。隧道穿越的岩溶地层主要包括观音峡背斜两翼的三叠系雷口坡组和嘉陵江组。其中,雷口坡组岩溶发育集中在底部白云质灰岩与嘉陵江组灰岩接触部位,岩溶形态有溶洞、溶孔、溶蚀裂痕,嘉陵江组岩层中岩溶发育形态有岩溶洼地、落水洞、溶洞、溶蚀裂痕等。

2. 涌水情况

隧道右洞开挖掘进至 K5+381 时,开始出现涌水,涌水段纵断面如图 4.10 所示。在掌子面前方钻孔进行超前地质预报,随着钻孔加深涌水量越来越大,至 15m 时由于水量太大,无法继续施作钻孔。隧道掌子面全断面水流量约为 920m³/h,单孔动水压力0.03~0.061MPa,水温 37℃,涌水压力较小,水温较高。经过 6d,监测洞内、外水量,洞内水流量没有明显减小的趋势,洞外泉眼、水库、居民饮水点、水塘等主要水文监控点水位没有明显下降,水温保持在37℃。利用地质雷达对掌子面进行探测,结果表明,前方围岩为岩溶角砾岩,较破碎,裂隙发育,整体性较差,围岩含水丰富。通过水文地质分析和现场涌水揭露,认为涌水主要来源于岩溶角砾岩及与其存在联通关系的灰岩岩溶管道,且属深部岩溶管道涌水。

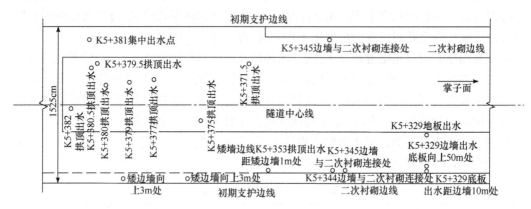

图 4.10　涌水段纵断面(单位:mm)

3. 注浆材料

注浆材料应根据堵水要求、加固要求,是否作为永久性支护结构,以及注浆材料浆液的可注性、可控性、环保性、经济性等方面综合考虑进行选择。

施工配合比:水:水泥=0.8:1;水泥浆:水玻璃=1:0.4(体积比);磷酸氢二钠(缓凝剂)=3%水泥质量。双浆液试件 7d 抗压强度平均值为 20MPa。浆液配制的过程中先加水,然后加磷酸氢二钠,最后加水泥。

4. 注浆设备和系统

注浆主要设备如下:
(1) 选用耿兴 80 和 120 两种型号注浆泵。
(2) 选用全液压意大利多功能钻机 C4,最大钻进深度为 80m。
(3) 管路高压胶管数条,可承受 5~8MPa 的压力。
(4) 配备两台容积为 1.0m³ 的泥浆搅拌机,以确保连续供浆。
具体注浆设备见表 4.4。

表 4.4　注浆设备

序号	名称	规格型号	单位	数量
1	注浆泵	耿兴 120	台	2
2	注浆泵	耿兴 80	台	2
3	搅拌机	JH220	台	2
4	混合器	T 型	个	2
5	高压球阀	耐压 3MPa 以上	个	150

续表

序号	名称	规格型号	单位	数量
6	抗震压力表	YK-0.1~16MPa	块	5
7	高压胶管	D25mm,耐压 16MPa	根	20
8	钢管	89(直径)	m	300
9	法兰盘	—	—	若干
10	快速接头	—	—	若干
11	消防管	与钢管配套	m	150
12	输水管	500(直径)	m	102

注浆系统采用双液注浆系统,其优点是操作方便,便于施工,水泥-水玻璃在此混合后注入岩层可随时调整,两种浆液在孔口混合后可立即注入岩层裂隙,不易出现堵塞管路的现象。

5. 注浆施工

注浆参数按下列原则进行选择。

(1)浆液凝胶时间:浆液凝胶时间应根据进水量和泵的压力变化来确定。当进水量很大时,泵的压力上升缓慢,凝胶时间可取 1~2min;当进水量适中时,泵的压力上升平稳,凝胶时间可取 3~4min;当进水量很小时,泵的压力上升较快,凝胶时间可取5~6min。

(2)进浆量:当双液进浆量大于 300L/min 时,泵的压力上升缓慢,则为大进浆量;当进浆量为 100~300L/min 时,泵的压力上升平稳,则为正常进浆量;当进浆量小于 100L/min时,且泵的压力升高较快,则为小进浆量。

(3)注浆压力:一般情况下,注浆压力主要与渗透地下水压力、岩层裂隙大小和粗糙程度、浆液的性质和浓度、要求的扩散半径等有关,根据经验,终压取 2~3MPa。

(4)注浆量的确定:为获得良好的注浆效果,必须注入足够的浆量,以确保一定的有效扩散范围。注浆量 Q 可根据扩散半径及地层孔隙率进行粗略估算。填充率取 10%,则按下面公式计算出注浆孔每米的最大理论注浆量为 13.56m³。

$$Q = \pi r^2 H n\alpha(1+\beta)$$

式中:Q 为注浆量,m³;r 为浆液扩散半径,m,此处取 3m;H 为注浆段长度,m,此处取30m;n 为地层孔隙率,根据地层决定,按 5%~20% 计算;α 为有效注浆系数,取 0.7~0.9,此处取 0.8;β 为浆液损失率,一般取值 0.1~0.4,此处取 0.2。

(5)注浆结束标准:注浆结束标准有两个,最终吸浆率和预定设计压力(终压)持续时间。从理论上说,最终吸浆率越小越好,最好是压至完全不吸浆,但实际施工难以做到。本次注浆执行的结束标准为:①注浆压力达到设计终压;②双液注浆吸浆率为 18~35L/min,稳定约 20min 后即可结束注浆。注浆结束后压入一定量的清水,使浆液冲出管路,最后拆卸注浆器,冲洗保养注浆机具。

6. 注浆操作技术

（1）配浆：注浆中，一般由稀到浓使用浆液，按照大、中、小进浆量及时调整浆液凝胶时间、浓度和混合浆的体积比。

（2）注浆：双液注浆时应先开水泥浆泵，后开水玻璃浆泵。注浆中要严格控制进浆比例。随着注浆压力缓慢升高，进浆量应相应减小。

（3）注浆段长度的确定：根据双碑隧道水文地质条件和现有注浆设备，为取得理想的注浆效果，取每 1 次注浆段的长度为 30m，注浆后开挖长度为 23～25m，余下的 5～7m 不开挖，作为下次注浆的止浆岩盘。

（4）止浆墙：结合注浆的实际情况和止浆墙的施工工期，采用现浇混凝土 C30 的方式修筑止浆墙。止浆墙分上、中、下 3 个台阶进行施工，上台阶厚 1m，中台阶厚 1.5m，下台阶厚 2m，其中上台阶高度 2.4m，中、下台阶高度均为 2m。注浆墙下部嵌入下台阶 0.5m，拱部和边墙嵌入围岩 0.3m。止浆墙周边施作 ϕ22mm 砂浆锚杆，长 3.5m，环向间距 1m，锚入围岩内长 2m，嵌入止浆墙内 1.5m。在墙体与围岩接触的地方，施作与隧道轴线呈 45°、长 4m 的小导管，且接触处喷射 25cm 厚 C25 混凝土，以防止注浆过程中出现漏浆，如图 4.11 所示。

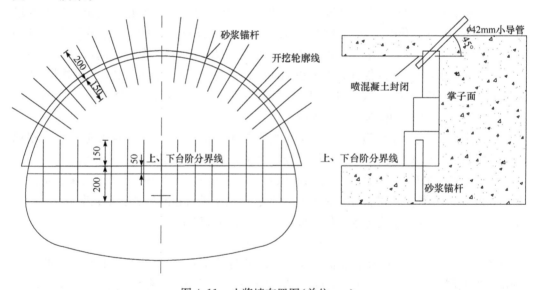

图 4.11　止浆墙布置图（单位：cm）

（5）注浆孔：合理布置注浆孔是提高堵水效果与保证施工安全的主要因素。钻孔的布置需根据探水注浆段的长度、岩层裂隙发育情况、含水层分布情况、隧道断面大小以及钻孔作业是否方便来确定。由于岩层裂隙发育不均匀，钻孔布置应以含水层为主，同时要考虑开挖断面均匀布孔。为使钻孔穿越较多裂隙，钻孔宜长短结合并呈伞形辐射状布置，钻孔布置拱部和边墙为 4 圈，仰拱为 5 圈，内外圈按梅花形排列，并采用长短孔结合，以达到注浆充分、不留死角的目的。浆液扩散半径为 3m，孔底间距小于等于 4.5m，拱部及边墙注浆加固厚度为 5m，仰拱注浆加固厚度为 3m。

根据双碑隧道实际情况,在隧道全断面注浆设计理念上,对隧道超前帷幕注浆技术进行改进,把原设计全断面布孔改进为:拱部及边墙的 4 圈孔和仰拱上面 3 圈孔进行上半断面布孔,仰拱最下面一排孔和增加的一排孔在上、下台阶交界面上布孔,具体布孔位置如图 4.12 所示。

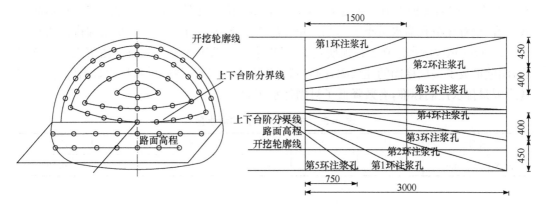

图 4.12　注浆孔布置图(单位:cm)

7. 注浆流程

注浆流程如图 4.13 所示。

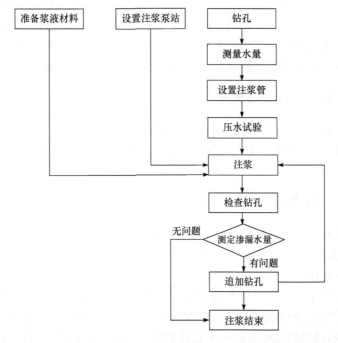

图 4.13　注浆流程

8. 注浆堵水效果检查

注浆堵水工程结束 1 周后,取一注浆循环段布置 6 个检查孔来检测注浆效果,孔深控制在 6m 左右,同时对右洞 K5＋374～K5＋389 段涌水量进行检测,仰拱涌水量 $2.592\text{m}^3/\text{d}$,初期支护拱顶水流量为 $137.67\text{m}^3/\text{d}$。检查孔的涌水量见表 4.5。从检测结果来看,检查孔单孔涌水量小于 0.2L/min,注浆后 K5＋374～K5＋389 段仰拱涌水量小于 $1\text{m}^3/(\text{d}\cdot\text{m})$,堵水达到工程预期效果,可以进行下部工序施工。新型注浆工艺实施以后,洞壁形成了一层稳固的注浆圈,围岩和工作面趋于稳定,衬砌外水压力显著降低,达到隧道限量排水控制标准,有效降低了衬砌外水压力。

表 4.5 注浆后出水孔的涌水量

孔号	1	2	3	4	5	6
涌水量/(L/min)	0.068	0.073	0.107	0.0937	0.113	0.103

4.5 城市富水岩溶地层隧道动态开挖施工技术

隧道动态开挖遵循新奥法原理,其是通过多种量测手段,对开挖后隧道围岩进行动态监测,并以此指导隧道支护结构的设计和施工。该理论建立在考虑隧道掘进时的空间效应和时间效应对围岩应力和应变影响的基础上,它集中体现在支护结构种类、支护结构的构筑时机、岩体压力、围岩变形四者之间的关系上,其贯穿在整个设计与施工过程中。新奥法提出了与传统方法完全不同的新概念和新观点,指导喷锚支护的设计和施工,指导构筑隧道的全过程。这就是现代隧道施工发展的方向,即动态信息化施工技术。

4.5.1 施工地质灾害超前地质预报

超前地质预报方法主要分为地质分析法和物探法。地质分析法主要有地质调查法、超前导坑预报法、超前钻探法等;物探法包括地震波反射法、电磁波反射法、瞬变电磁法、陆地声呐法等。

4.5.2 隧道施工现场量测

岩石的生成条件和地质作用的复杂性,造成其产状和结构也非常复杂,在隧道构筑过程中,因为开挖方式、支护方法、支护时机、支护结构刚度等对围岩稳定性都有影响,所以建立能正确反映岩体状态的物理力学模型非常困难。至今用数解法得到的成果还不能作为新奥法设计的依据。与围岩紧密结合的柔性喷射混凝土和锚杆支护,能及时有效地控制围岩变形,发挥围岩的自承能力,保持围岩稳定。因此,锚喷技术是新奥法的基础。但是,没有围岩变形量测的锚喷支护也不是新奥法。目前,新奥法的设计工作是在其理论基础的指导下,参考已建成工程的设计参数进行初选设计后,再根据施工过程中的监控量测分析来完善、优化设计。因此,监测是优化设计、指导施工的重要手段,它始终伴随着施工的全过程,是新奥法构筑隧道非常重要的环节。拉布西维兹作为新奥理论和方法的创始人,在其专利说明中就曾明确指出施工中监控量测的重要性。人们也把现场的监控量测和喷射混凝土、锚杆支护合称为新奥法的三大支柱。

1. 监控量测任务

(1) 通过观察和量测围岩与支护结构,合理安排隧道施工程序并确保施工安全、及时反馈,以修改设计参数和积累资料。

(2) 通过对支护结构的应力量测,掌握隧道支护的动态信息并及时反馈,修改隧道支护系统设计,指导隧道施工作业和管理等。

(3) 对监测数据进行分析处理和计算判断后,进行预测,反馈信息以保证施工安全和支护衬砌结构的稳定性。

(4) 东风隧道工程的监测结果,可以应用到其他类似工程中,作为指导设计和施工依据。

2. 监控量测内容

(1) 必测项目是在隧道施工中必须贯彻始终进行的测量项目,主要用来判断围岩的地质情况,掌握围岩变形状况,了解支护衬砌工作状态。其主要内容包括洞内地质和支护状况、周边位移(收敛)、拱顶下沉、地表下沉、边坡稳定监测、锚杆拉拔力监测。

(2) 选测项目用来判断围岩变形松弛状态,了解隧道支护衬砌受力承载特性,积累隧道工程经验,指导以后隧道设计,提高隧道建设水平。其主要内容包括钢支撑及喷层表面应力、二次衬砌及中墙衬砌内应力、表面应力和裂缝量测等。

3. 监控量测方法

1) 拱顶下沉及水平收敛

(1) 测点布置。

根据现场情况,对于不同的隧道围岩级别,在施工中采用与围岩级别相对应的施工工艺。针对不同的施工工艺,在量测中采用不同的测点埋设形式。毛毡岭隧道施工过程中,Ⅲ级围岩采用全断面法开挖,Ⅳ级、Ⅴ级围岩采用台阶法施工。

在隧道拱顶、两侧拱腰及两侧边墙处布置测线,确定具体的埋设测点及测线,如图 4.14 所示。在上台阶进行初期支护后,对拱顶下沉测点及测线 1 进行量测;在下台阶施工后,再对图 4.14 所示的拱顶下沉及所有测线的水平收敛进行量测。

(2) 拱顶下沉量测方法。

拱顶下沉量测时,在量测断面的拱顶埋设测点,将钢尺或收敛计挂在拱顶测点作为标尺,后视点可设在稳定衬砌上,用精密水准仪进行观测。通过计算,求出连续两次量测的拱顶高程,将前后两次量测的数据相减得到拱顶下沉值。图 4.15 给出了拱顶下沉的量测原理。

拱顶沉降用精密水准仪、钢尺进行量测,与隧道施工共用高程控制网。对监测结果进行分析,可以得出累计沉降、单次沉降等曲线,并可对其进行拟合,进而可以对其最终沉降做出预测,从而指导施工。量测数据是判断支护效果、指导施工工序、保证施工质量和安

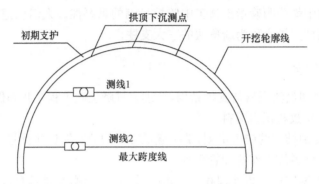

图 4.14　台阶法测点及测线布置

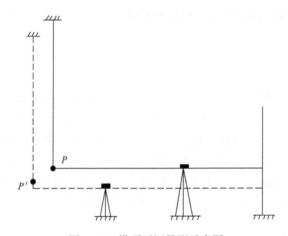

图 4.15　拱顶下沉量测示意图

全最基本的资料。

(3) 周边收敛量测。

根据围岩情况,每 10~50m 设一个断面监测点,每断面设 2~3 对监测点,相对应量测的基线有 1 条、2 条、3 条、6 条等。该项量测主要用于围岩稳定性判别及位移反分析,其贯穿隧道施工过程,为调整初期支护参数和二次衬砌时间提供依据。量测仪器采用国产数显 JSS30A 型收敛仪。周边收敛量测仪器结构示意图如图 4.16 所示。

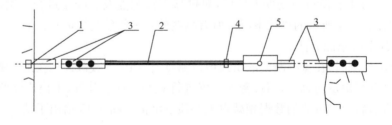

图 4.16　周边收敛量测仪器结构示意图

1. 短锚杆;2. 带孔钢尺;3. 有球铰的连接杆;4. 维持张拉钢尺的拉力装置;5. 百分表

2）锚杆轴力

锚杆轴力测点布置如图 4.17 所示。

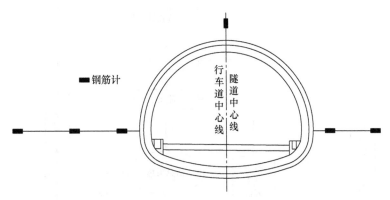

图 4.17　锚杆轴力测点布置图

每一测试断面内,量测 3 根锚杆。每根锚杆上布置 3 个钢筋计,每根锚杆量测布置如图 4.18 所示。

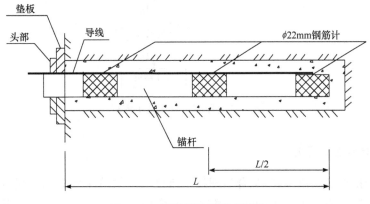

图 4.18　每根锚杆量测布置图

4．监测信息化施工流程

监测信息化施工流程如图 4.19 所示。

4.5.3　工程应用

某城市公路隧道是地质复杂、水量丰富、施工难度及风险大的区间隧道,隧道穿越富水软弱岩溶地层所遇到的问题,更是世界级难题。施工过程中经常出现淤泥层、富水黏土层、破碎含水区、溶蚀夹层、空洞、破碎带等软弱地层。本节根据隧道地质条件、周边环境及建设周期等因素,在保证隧道施工安全与进度的前提下,施工技术措施在施工过程中经过不断调整和优化,最终提出了技术可行、经济合理、工期可控的溶洞治理和地表超前深孔帷幕注浆技术措施,可为类似城市公路隧道建设提供参考。

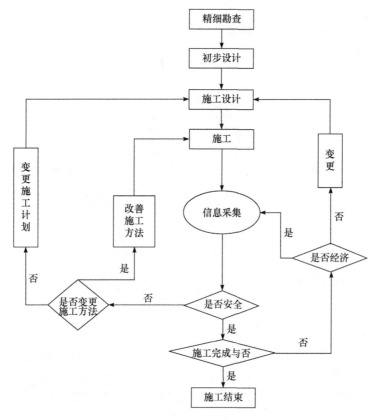

图 4.19 监测信息化施工流程

1. 隧道岩溶发育情况

该隧道暗挖遇溶洞概率高,综合治理技术难度大。岩溶主要分布于场区内南关岭组泥灰岩。揭露洞高为 1.40～11.90m,揭露洞顶标高为 1.49～18.34m,揭露洞底标高为 −5.00～14.70m。勘查钻孔遇洞率高达 66%,区间岩溶发育程度均为中等发育。多数岩溶呈充填或半充填状态,少量空洞型溶洞,充填物多为黏土、红黏土及灰岩碎屑,呈流塑、软塑、可塑状态,且呈土状、无黏性、散状。由于地质勘查点的布设较为疏散,不能以点盖面,故本隧道岩溶发育程度肯定要高出地质勘查报告提供的数据。大量溶洞的存在给区间暗挖隧道带来极高的施工风险。

2. 加固方案分析与选择

地质补勘情况和物探情况显示,本区间穿越多处岩溶发育区、溶洞区域、赋水裂隙区等区域,且上述区域均富水。同时,考虑到两侧建(构)筑物距离隧道较近,该富水软弱地层如果采取大范围的地表降水,土层的持续失水会造成土体中的孔隙及节理裂隙固结收缩,从而引起地面大范围沉降和建(构)筑物基础的不均匀沉降,地表降水已不可行。围岩岩体地下水赋存条件与活动状况,既影响围岩的应力状态又影响围岩的强度,进而影响隧道围岩的稳定。为保证隧道施工的安全平稳,必须从源头上对隧道穿越的软弱地层进行改良和加固,同时需切断地下水流通道,以提高隧道围岩的自稳能力,这样才能确保隧道施工及地表建(构)筑物、各种管线的安全。针对区间隧道上述特点和难点,结合沉降控制要求、周边环境情况等,确定采用洞内全断面深孔注浆止水的方式来改善土体自稳性能,以控制水土流失,切断地下水流通道,保持围岩稳定,减小隧道开挖引起的地层沉降。

3. 洞内全断面深孔注浆

洞内全断面深孔注浆对地层的加固状况主要表现为填充挤压和剪切劈裂两种方式。填充挤压方式主要是当地层孔隙(洞)较大时,浆液直接填充孔隙(洞),以达到固结的目的。该加固方式主要发生在岩土交界面、由涌泥造成的部分孔隙率较大的部位及岩溶发育区。剪切劈裂方式主要是在未扰动的黏土地层,浆液在较高压力条件下形成劈裂脉,以脉状扩散方式形成网状加固结构,与周围破碎岩块结成具有一定强度的结石体,在隧道周边及开挖面形成一个固结止水帷幕(加固区)。注浆时,上下台阶同时进行注浆施工,从上下台阶掌子面同时向开挖方向钻孔注浆,纵横断面加固范围为开挖轮廓线外 3m。钻孔选用 ZJL-350D 地质钻机(图 4.20),注浆孔打设深度为 12m,开挖循环长度 10m,预留注浆盘段长度 2m。进行注浆前,掌子面挂网喷射 C25 混凝土,厚度为 100mm,钢筋网采用 $\phi6mm@150mm \times 150mm$(图 4.21)。注浆孔直径 $\phi90mm$,注浆孔 $500mm \times 500mm$ 梅花形布置。注浆浆液采用水泥-水玻璃双液浆,注浆压力一般为地下水静压的 2~3 倍。

图 4.20　全断面深孔注浆钻孔

本地段地下水位高,考虑到岩层裂缝阻力,设计初始压力为 0.5MPa,注浆设计终压为 2.5MPa。

注浆顺序为由下而上、由里而外,即层层"抬水"方式,将水堵至固结圈外。采用隔孔注浆的方式,以注入量达到设计的 80% 或注浆压力达到设计终压作为注浆结束的标准。注浆段的注浆孔全部注完后,应通过打设检查孔来判断注浆质量。检查孔出水量应在原钻孔出水量的 10% 以下,即堵水率到达 90%;岩芯固结强度大于 0.5MPa。若未达到要求标准,应进行补注浆。

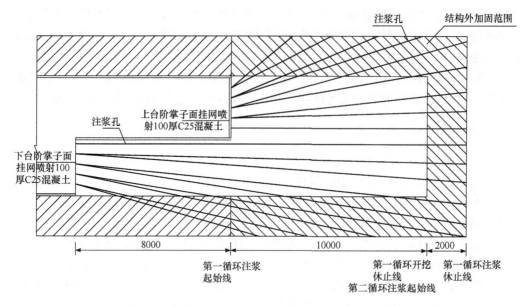

图 4.21　全断面深孔注浆加固纵向剖面图(单位:mm)

4. 全断面深孔注浆效果及分析

隧道全断面深孔注浆的前两个循环,效果良好,在开挖过程中岩层结构稳定,未出现掉块等岩层不稳定现象,开挖超挖量可控,出水量明显变小,监测数值稳定且在允许沉降值范围内。但在后续注浆施工过程中遇到了很多技术性难题:第一个难题是钻孔过程中孔内喷水现象频繁发生,浆液容易随孔内水流大量流失,不知浆液流向何处,注浆孔依然喷水,注浆效果甚微。该情况下,双液浆凝结时间异常,浆液来不及凝结就会被水流冲走,或因凝结过快而造成注浆管堵塞。第二个难题是注浆区域进入高压富水溶腔区,溶腔内高压富水与隧道掌子面注浆孔形成循环水路,注浆浆液在数个注浆孔中串流,造成该区域无法注浆加固。经过数十次的试验与总结,发现上述难题的共性是注浆过程中遭遇动水,地下水的流动与循环造成注浆效果不到位、注浆区域不能得到有效加固(图 4.22)。另外,隧道钻孔及注浆的施工过程严重影响了隧道的正常开挖与掘进,施工工期方面的巨大压力也不允许长期采用全断面深孔注浆进行加固。

5. 加固方案调整与确定

鉴于上述情况,多次组织专家论证,经过专家、业主、设计、监理和施工单位的多次现场勘查与探讨,经过多方案比选,最终加固方案调整为溶洞治理+地表超前深孔帷幕注浆的施工技术措施。该加固方案较全断面深孔注浆[27-29]有以下优点:①溶洞提前治理,减小了高压富水溶腔区对注浆效果的影响;②地表超前深孔帷幕注浆使注浆区域远离隧道掌子面提前进行加固,将动水变为静水,可提高注浆加固效果,增大注浆加固范围,且不影响隧道施工工期。

地表超前预注浆施工前,应先对岩溶地层隧道穿越的溶洞进行填充和处理,以防止地

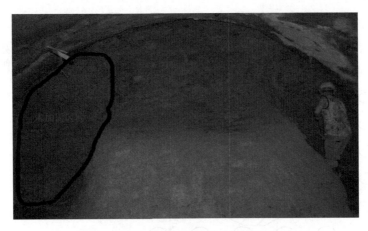

图 4.22　全断面深孔注浆后隧道掌子面

表注浆破坏溶洞的稳定性而导致岩溶地面塌陷。另外,溶洞内原有水路通道也会影响地表超前深孔注浆的加固效果,如果溶洞不能及时妥善处理,由于部分溶洞富含泥水混合物,可能与周边水系连通而存在承压水,将对隧道施工安全造成严重影响。溶洞治理+地表超前深孔帷幕注浆加固过程如下。

1)溶洞治理

根据详勘资料和补勘资料,本段溶洞多为填充型溶洞,少量为孔洞型溶洞。填充物主要为软塑～流塑黏性土和灰岩全风化碎屑。由于溶洞埋藏较深,不能用爆破或填充混凝土等一般方法处理,有效的处理方法是注浆法。而在众多注浆法中,因溶洞的不规则性,决定了最有效和比较经济的方法是静压化学注浆法、回填干骨料等施工方法,进行溶洞压密加固处理。

(1)填充型溶洞的处理方法。

以地质钻孔为中心,间距 2m 向四周钻孔以探明溶洞平面范围,要求钻孔深度达到溶洞洞底标高以下 1m。探明溶洞边缘后,再向外围补充一层钻孔,与边缘钻孔距离 1m,由补充钻孔与边缘钻孔共同组成外层注浆孔,其余钻孔为内层注浆孔(图 4.23)。

钻孔直径为 90mm,注浆管采用 ϕ48mm 袖阀管。施工阶段首先施作外层注浆管,浆液为水泥-水玻璃双液浆(1∶1),先在溶洞周边注浆形成帷幕以堵住地下水通道;然后施作内层注浆管,浆液为水泥浆,对溶洞进行填充和加固。注浆压力为 0.4～1.2MPa;注浆压力从 0.4MPa 逐步提高,最后达到注浆终压 1.2MPa。

(2)空洞型溶洞的处理方法。

采用地表钻孔,孔径 200mm,孔距 2m,从地面吹填干骨料后注水泥浆(图 4.24),注浆施工方法同填充型溶洞静压化学注浆法。

2)地表超前深孔帷幕注浆

地表超前深孔帷幕注浆一般超前于隧道 50m 施作,采用道路半幅施工方式进行分区和场地围蔽,以保证促进路车辆的通行。采用地质钻机进行地表注浆钻孔(图 4.25),注浆加固范围为区间隧道断面上方 3m 至区间隧底 1m,宽度范围为区间线路边线两侧各3m;采用袖阀管注浆工艺,区间两侧周边孔间距 1m,中间孔间距 2m,梅花形布置。注浆

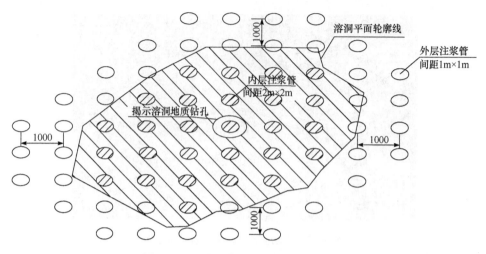

图 4.23　地表注浆孔布置图(单位:mm)

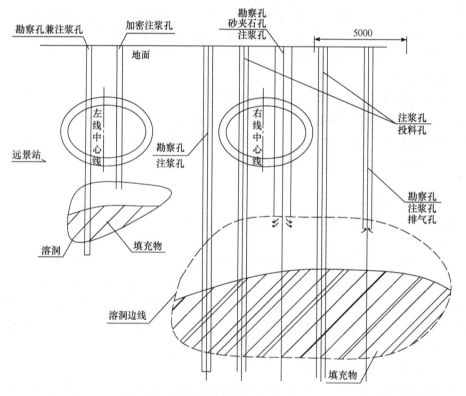

图 4.24　钻孔剖面布置示意图(单位:mm)

浆液采用 1:1 水泥-水玻璃双液浆,注浆压力为 2MPa。

注浆顺序由外向内进行,先对加固范围线上的钻孔进行注浆,阻断浆液渗漏通道后,再进行区域中部的注浆压密。在注浆过程中,要加强监测地面及建(构)筑物的沉降情况,若发现被加固建(构)筑物有上抬的趋势,立即停止注浆。全部注浆完成 7d 后,进行注浆效果检查和评定。处理效果检查方法是在固结体内钻孔取芯(图 4.26)，测其加固土体强度应不小于 0.5MPa。对于注浆效果较差区域或不合格孔应进行补钻孔注浆，因场地条件因素无法补注浆的，记录该区域的里程及其与隧道之间的位置关系，待后期隧道施工过程中，对该区域进行洞内局部补注浆。

图 4.25　地表注浆钻孔　　　　　　　　图 4.26　固结体内钻孔取芯

3) 地表超前深孔帷幕注浆遇到的问题和处理措施

由于地表建(构)筑物距离区间隧道边线较近，仅 4.6~8.9m，且建(构)筑物地基承载力较差，在地表超前深孔帷幕注浆过程中，曾出现促进路第 22 号楼临近隧道一侧地基抬升速率增大的现象。为保证建(构)筑物的安全，防止建(构)筑物基础的不均匀沉降和结构的开裂，结合隧道地质条件，建(构)筑物与隧道的位置关系及现场施工情况等多方面考虑，确定沿侧穿建(构)筑物的隧道开挖边界范围 3m 外打设双排注浆管作为隔离桩的施工技术措施。这样既可以对建(构)筑物基础进行加固，又可以在建(构)筑物与隧道之间形成隔离层，以减小隧道开挖过程中土体应力释放和土层持续失水对建(构)筑物的影响。同时，加密地面建(构)筑物沉降的监测点，加大监测频率，监测频率由原 1 天 1 次调整为 1 天 3 次，加强监测与分析，并根据监测情况适当调整地表注浆的各项施工参数。沿隧道开挖边界 3m 外打设双排注浆管，注浆加固高度为隧拱部上方 6m 至隧底下方 2m(图 4.27)。注浆采用袖阀管注浆工艺，注浆孔孔距和排距均为 1m，梅花形布置，注浆压力不超过 1.5MPa，注射浆液为水泥-水玻璃双液浆(水玻璃浓度为 20°Bé)。

4) 加固效果与分析

经过溶洞治理＋地表超前深孔帷幕注浆，区间隧道穿越的软弱土层得到有效的加固和改良，提高了围岩的强度和稳定性，改善了隧道成拱作用。在隧道开挖过程中，掌子面自稳能力提升显著，浆液有效地填充了土体孔隙、裂隙，并形成了浓厚的浆脉(图 4.28)，减小了土体应力释放对围岩的扰动，开挖超挖量可控，从而保证了施工过程的安全和进度。

另外，富水岩溶区域地下水通道也被成功地封堵和截断，降低了围岩的透水性能，保证了隧道开挖过程中掌子面处于无水、少水状态，有效地预防了土层水土流失引起的地面

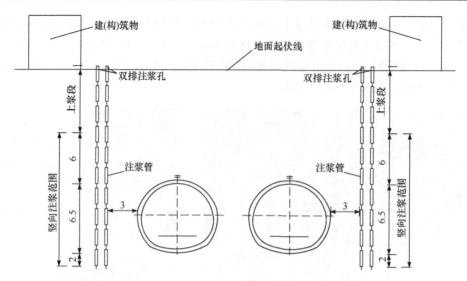

图 4.27　隔离桩加固范围纵剖面(单位:m)

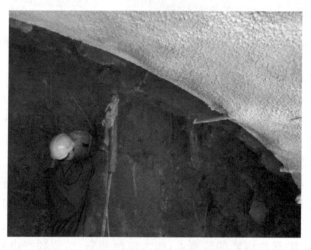

图 4.28　地表超前深孔帷幕注浆加固后掌子面

沉陷和建(构)筑物基础的不均匀沉降。监测数据显示,地表沉降值控制在 3～6mm 范围内,并趋于平稳状态。

5) 其他辅助施工措施

由于隧道地质条件复杂,在隧道施工过程中,本着确保绝对安全的原则,采用了诸多辅助施工措施以保证隧道掘进的施工安全。

(1) 因左右线间距较小,先施工距离建(构)筑物相对较远的左线,保证左右线前后错开距离 30m,通过增大两隧道掌子面的相对距离以减小其相互扰动及相互作用的叠加。

(2) 加强掌子面超前地质探测及超前支护,超前支护参数由原设计拱部 120°范围内打设调整为拱部 180°范围内打设。

第5章 穿越矿区复杂地层城市公路隧道施工技术

5.1 概 述

我国是一个多山的国家,山区面积占国土总面积的 2/3,且主要分布在中西部地区。在交通线路规划和建设时,为了缩短交通线路和保护生态环境等,在穿越山区时需要修建大量的隧道工程。当隧道穿过煤层、油页岩或含沥青等岩层,或从其附近通过时,由于围岩破碎、节理发育,可能遇到瓦斯。瓦斯是一种无色、无味的气体,当空气中瓦斯浓度增加时,氧气相应减少,很容易使人窒息或发生死亡事故。如果洞内空气中瓦斯浓度已达到爆炸限度,与火源接触就会引起爆炸,对隧道施工带来很大危害。因此,在含瓦斯地层中修建隧道,必须采取相应措施以保证施工安全。

在瓦斯地层中进行隧道施工,危害主要表现为瓦斯的燃烧与爆炸、瓦斯突出、瓦斯的窒息事故、围岩变形等[30]。

1. 瓦斯的燃烧与爆炸

当瓦斯浓度(体积分数)低于5%或高于16%时,瓦斯遇火源只会燃烧。当瓦斯浓度在 5%～16%时,遇到火源则会发生爆炸,5%为下限,16%为上限,见表5.1。

表 5.1 瓦斯爆炸浓度界限

瓦斯浓度/%	爆炸界限
5	瓦斯爆炸下限
16	瓦斯爆炸上限
9.5	爆炸最强烈
低于5或高于16	不爆炸,与火焰接触会燃烧

当瓦斯浓度低于5%时,遇火不爆炸,只在火焰外围形成稳定的燃烧层,呈浅蓝或淡青色。当瓦斯浓度高于16%时,在混合气体内遇火源不爆炸也不燃烧,但若有新鲜空气供入就可以在混合气体与新鲜空气的接触面上进行燃烧。但瓦斯爆炸的浓度上下限并不是固定不变的,当有可燃性气体、煤尘、惰性气体混入时,爆炸的浓度上下限将会随之发生变化。

瓦斯燃烧时,遇到障碍而受到压缩,燃烧可能会转为爆炸。爆炸可以在封闭状态发生(即容积为常数),温度可达 2150～2650℃,亦可向四周自由扩张状态(即压力为常数),温度可达 1850℃。隧道中发生瓦斯爆炸后,隧道中会完全没有氧气,而是充满氮气、二氧化碳及一氧化碳等有毒有害气体。这些有害气体随冲击波很快传至邻近的隧道,凡是来不及躲避的人,都会发生中毒窒息,甚至死亡。瓦斯爆炸时,爆炸产生的冲击波运动造成暴风在前,火焰在后;暴风遇到积存瓦斯,使它先后受压,然后火焰点燃发生爆炸;第二次瓦斯受到的压力比原来的压力更大,因此连环爆炸后的破坏力更大。

大量试验证明,瓦斯爆炸界限随混合气体中氧气浓度的降低而缩小。当氧气浓度降低时,瓦斯爆炸下限缓慢地升高,爆炸上限则迅速下降,氧气浓度降低到12%时,瓦斯混合气体即失去爆炸性。

瓦斯的引火温度一般为650~750℃。明火、煤炭自燃、电气火花、炽热的金属表面、吸烟,甚至撞击或摩擦产生的火花等隧道井下所能遇到的绝大多数火源都足以引燃瓦斯。

2. 瓦斯突出

隧道在瓦斯压力高的地层中施工时,有可能发生煤与瓦斯的突出。所谓瓦斯突出,是指在地应力和瓦斯压力的共同作用下,岩层被压碎并与瓦斯一起向隧道自由空间突然突出。

3. 瓦斯的窒息事故

隧道空气中的瓦斯浓度增加,会造成空气中的氧气浓度降低。当空气中的瓦斯浓度达到43%以上、氧气浓度(体积分数)降到12%以下时,可以导致人员窒息;瓦斯浓度增加到57%以上时,空气中氧气浓度(体积分数)降到9%以下,能使人立即死亡。

瓦斯浓度是窒息事故危险程度的标志,施工中必须将瓦斯浓度控制在安全的范围内,详见表5.2。

表5.2 洞内有害气体最高允许浓度(体积分数)

名　称	最高允许浓度/%
一氧化碳(CO)	0.24
氮氧化物(以 NO_2 计)	0.025
二氧化硫(SO_2)	0.05
硫化氢(H_2S)	0.066
氨气(NH_3)	0.4
瓦斯(CH_4)	1
二氧化碳(CO_2)	1.5

(1)隧道总回风风流或一翼回风中,瓦斯浓度应小于0.75%。

(2)从其他工作面进来的风流中,瓦斯浓度应小于0.5%。

(3)工作面风流中,瓦斯浓度达到1%时,必须停止用电钻打眼;爆破地点附近20m以内,风流中的瓦斯浓度达到1%时,禁止爆破。

(4)开挖工作面风流中瓦斯浓度达到1.5%时,必须停止工作,撤出人员,切断电源,进行处理;电动机或其开关地点附近20m以内,风流中瓦斯浓度达到1.5%时,必须停止运转,撤出人员,切断电源,进行处理。

(5)开挖工作面内,在体积大于0.5m³的空间中,如坍塌洞穴、避车洞等处,其局部体聚瓦斯浓度达到 2% 时,附近 20m 内,必须停止工作,切断电源,撤出人员,进行处理。

(6) 因瓦斯浓度超过规定而切断电源的电气设备,都必须在瓦斯浓度降到 1% 以下时,方可开动机器,使用瓦斯自动检测报警断电装置的掘进工作面,只准人工复电。

(7) 停工或风机停止运转后,在恢复通风前,局部通风机及其附近 10m 以内的风流中,瓦斯浓度都不超过 0.5% 时,方可开动局部通风机。

4. 围岩变形

瓦斯地层岩性较软,当隧道深埋、地层压力较大时,隧道施工会使围岩产生大量的塑性变形,往往给施工与支护带来一定困难。

由于隧道穿过瓦斯地层,将面临防突、防塌、防瓦斯及有害气体等安全问题,如果没有充分的认识和准备,不仅会增加隧道施工的费用,延误工期,而且会发生严重的生产事故。

根据隧道内瓦斯情况及危害程度,瓦斯隧道可分为低瓦斯隧道、高瓦斯隧道以及瓦斯突出隧道三种,表 5.3 为瓦斯隧道的分类。瓦斯隧道的类型应按照隧道内瓦斯工区的最高级确定。瓦斯地段等级划分见表 5.4。

表 5.3　瓦斯隧道的分类

项目	分类	判定指标	备注
瓦斯隧道工区	低瓦斯工区	$<0.5\mathrm{m^3/min}$	按绝对瓦斯涌出量进行判定
	高瓦斯工区	$\geqslant0.5\mathrm{m^3/min}$	
	瓦斯突出工区	判定瓦斯突出必须同时满足下列四个指标:①瓦斯压力 $P\geqslant0.74\mathrm{MPa}$;②瓦斯放散初速度 $\Delta P\geqslant10\mathrm{m/s}$;③煤的坚固系数 $f\leqslant0.5$;④煤的破坏类型为Ⅲ级及以上	按瓦斯压力、瓦斯放散初速度、煤的坚固系数、煤的破坏类型进行判定
瓦斯隧道	低瓦斯隧道	按隧道内瓦斯工区的最高级确定	—
	高瓦斯隧道		

表 5.4　瓦斯地段等级划分

地段等级	吨煤瓦斯含量/(m³/t)	瓦斯压力/MPa
一	—	$\geqslant0.74$
二	$\geqslant0.5$	$\geqslant0.15$ 且 <0.74
三	<0.5	<0.15

5.2　城市公路隧道穿越煤层段结构设计

为了防止隧道施工及运营过程中瓦斯的溢出,隧道通过瓦斯地层时,应根据瓦斯的等级分别采用不同的衬砌结构。一、二级瓦斯地段应采用复合式衬砌,其初期支护和二次衬砌应根据埋置的深度、围岩级别、工程地质和水文地质条件、瓦斯严重程度,采用带仰拱的全封闭设计断面,并视地质情况向瓦斯含量较小、等级较低或不含瓦斯地段延伸 15m 左右。衬砌接缝处应采用膨胀水泥砂浆填塞严密。

瓦斯隧道衬砌结构设计及构造措施[31]要求如下。

(1) 瓦斯隧道的衬砌结构应设有防瓦斯措施,宜按照表 5.5 的规定采用。

表 5.5　瓦斯隧道衬砌结构的防瓦斯措施

封闭措施	瓦斯地段等级			备注
	三	二	一	
围岩注浆	—	—	选用	—
喷射混凝土中掺气密剂	—	选用	采用	透气系数不应大于 10^{-10} cm/s
设置瓦斯隔离层	—	采用	采用	—
模筑混凝土中掺气密剂	采用	采用	采用	透气系数不应大于 10^{-11} cm/s
模筑混凝土中掺钢纤维	—	—	选用	—
施工缝气密处理	采用	采用	采用	封闭瓦斯性能不应小于衬砌本体

(2) 瓦斯地段的复合式衬砌除应满足结构受力要求外,喷射混凝土厚度不应小于 15cm,模筑混凝土衬砌厚度不应小于 40cm。

(3) 掺气密剂的混凝土施工材料应符合下列规定:

① 宜选用强度等级不低于 42.5 级的硅酸盐水泥和普通硅酸盐水泥,不得采用其他水泥。

② 要求砂的细度模数 $M_x \geqslant 2.7$,含泥量(质量分数)不大于 3%,不得采用细砂。

③ 石子的最大粒径 $D_{max} \leqslant 40mm$,级配宜为 2～3 级,含泥量不大于 1%,不应有泥土块或泥土包裹石子表面,针片状颗粒含量(质量分数)不大于 15%。

④ 气密剂掺量应符合设计要求。气密剂为磁灰、粉煤灰及高效减水剂的复合剂。

(4) 当瓦斯隧道衬砌内设置瓦斯隔离层时,其垫层应采用闭孔型泡沫塑料,厚度不应小于 4mm。

(5) 全封闭防瓦斯地段有地下水时,宜在隧道左右边端下部的纵向排水管终点处设置气水分离装置,分离出的瓦斯气体可用管道引出洞外,在高处排放。

(6) 从隧道内引出瓦斯的金属管,其上端管口应高于隧道洞口拱顶高程 5m,并应妥善接地,防止窗击。瓦斯放空管的接地电阻不得大于 5Ω,周围 20m 内禁止有明火火源及易燃易爆物品。

(7) 当隧道内瓦斯地段较长且初始瓦斯压力大于 0.74MPa 时,宜在隧道衬砌背后预埋通向大气的降压管;有平行导坑时,可从平行导坑向正洞施钻降压孔,以防止隧道建成后瓦斯压力回升。

(8) 瓦斯隧道施工期间应进行地质复查工作。对于揭露的煤层,应取样复测煤层的瓦斯含量和其他相关参数,必要时应钻孔埋管实测瓦斯压力,并通过通风和瓦斯检测计算全隧道的瓦斯涌出量。根据检测结果核对施工工区和煤系地层的瓦斯等级,必要时应进行修正,并修改设计。

(9) 隧道通过瓦斯地段时,宜采用超前导坑法开挖,充分利用超前导坑先期释放部分瓦斯,其超前长度应根据瓦斯浓度、通风需要、施工安全及围岩稳定性等进行综合考虑。

(10) 瓦斯隧道可采用超前钻孔、加强通风等措施进行瓦斯排放。瓦斯排放完毕后,可采用小导管超前注浆等措施对煤系地层开挖的隧道外轮廓进行固结。

(11) 当隧道内瓦斯含量可能较高且压力很大时,除采用封闭式衬砌结构外,还应向衬砌背后压注水泥浆或化学浆液,封闭瓦斯通路,并结合隧道防水要求局部或全断面设置防水层,以阻止瓦斯渗入隧道。

(12) 隧道竣工后,应继续对瓦斯渗入及隧道内瓦斯含量进行观测;当已采取封堵措施但仍无法完全隔绝时,应考虑增设运营期间的机械通风设备来降低隧道内的瓦斯浓度。

5.3　城市公路隧道瓦斯突出预测与防突技术

5.3.1　瓦斯突出预测技术

1. 技术研发的意义

穿越在建煤矿复杂地质隧道的瓦斯突出预测技术研究是十分必要的,即在煤矿行业现有技术及装备基础上,提出适用于城市公路大断面隧道应用的煤与瓦斯突出预测技术及方法,不但是有效、准确、可靠地预测大断面隧道煤与瓦斯突出危险性的关键,也是为公路瓦斯隧道行业技术规范的编制提供技术基础的重要依据,并为工程建设提供科学技术依据和安全保障。

2. 技术原理

瓦斯突出预测主要采用物探法和钻探法(图 5.1~图 5.5),结合 FLAC3D 和 Tecplot 软件对不同地质构造的应力集中范围进行数值模拟分析,结合隧道前方地质情况,提前预测是否存在高瓦斯赋存的地质条件,减少瓦斯突出的危险。

图 5.1　隧道内钻孔探测煤层　　　　　图 5.2　瓦斯抽排系统和水气分离设备

图 5.3　超前地质雷达探测　　　　图 5.4　瓦斯、硫化氢、一氧化碳、风速监测工作站

图 5.5　瓦斯钻孔取芯

5.3.2　石门揭煤防突技术

本节依托重庆华岩隧道,对城市公路隧道石门揭煤防突技术方案[32,33]总结如下。

华岩隧道进口端左右幅穿煤层段揭煤均分四个区段进行,每个区段的揭煤防突工艺如下:首先对前方数层煤层进行联合超前预探,精确控制前方煤层层位及产状,防止误揭煤层并为揭煤防突措施提供基础数据。在距本区段第一层煤法线距离不小于 10m 时,对本区段内待揭煤层进行精确探测,并测定待揭煤层瓦斯压力和瓦斯含量,对所揭煤层进行突出危险性预测。若预测本区段内只要有一层煤层有突出危险,则根据煤层突出危险情况编制具体的揭煤方案;若预测本区段内煤层无突出危险,在施工中也应实施瓦斯综合治理的措施,采取加强通风、监测、远距离放炮揭煤等安全防护措施。

对有突出危险性的煤层区段,揭煤时必须采用区域和局部综合防突措施,包括对煤层突出危险性进行预测、防治突出措施、防突措施效果检验和安全防护措施"四位一体"的综合防突措施。

从距本区段第一层煤层垂距 5m 的位置,采用短进尺、弱爆破、强支护的施工技术边探测边预测边掘进至距该煤层最小安全垂距处,通过远距离放炮掘进揭开煤层。揭煤防突工艺流程如图 5.6 所示。

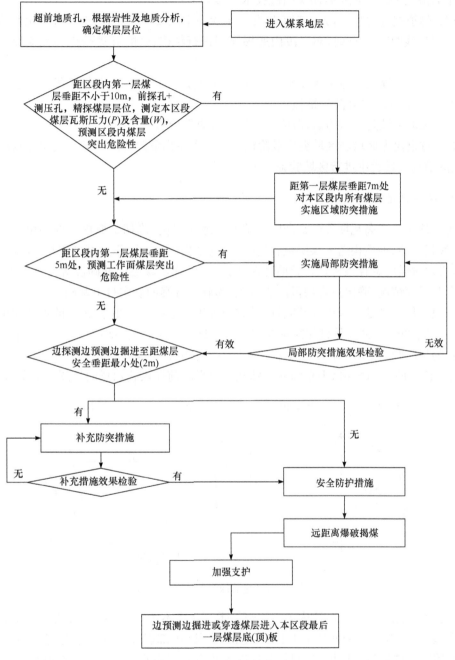

图 5.6　揭煤防突工艺流程
图中"有"表示有瓦斯；"无"表示无瓦斯

1. 区域综合防突措施

根据《防治煤与瓦斯突出规定》，结合隧道施工情况，针对未施工区域所揭煤层，必须采取"四位一体"的区域综合防突措施。

华岩隧道揭煤区域综合防突措施技术方案如下：

（1）隧道掘进过程中，先打超前钻孔初步探明本区段煤层位置，然后掘进至距区段第一层煤层法线距离 10m 时，对区段内所揭煤层进行精确探测，并进行煤与瓦斯突出危险性预测。

（2）隧道揭煤区段经区域突出危险性预测为有突出危险时，在与区段第一层煤层垂直距离 7m 前，采取区域防突措施。

（3）采取区域防突措施后，对区域措施进行效果检验。

（4）隧道揭煤区域经区域突出危险性预测为无突出危险性或区域防突措施检验有效时，在隧道掘进过程中进行区域验证。

2. 煤层的超前探测

为了探明隧道高瓦斯段的瓦斯赋存情况及地质状况，确切掌握煤层的层位、倾角、厚度、顶底板岩性、地质构造等煤层赋存情况，为安全揭煤提供可靠的基础资料，瓦斯隧道揭煤前，必须对煤层赋存条件进行超前物探及钻探，以确定煤层的准确位置及基本参数，准确掌握其赋存情况，确定过煤层段围岩等级，为施工方案的确定打下基础。

隧道工作面开挖过程中，沿隧道前进方向施工一个孔深不小于 50m 的水平超前探煤钻孔，孔径 $\phi 89mm$，钻孔尽可能穿透煤层全厚且进入煤层底板不小于 0.5m。水平超前探煤钻孔的超前距为 20m，即工作面与上一循环水平超前探煤孔终孔点平距为 20m 时，停止开挖，施工下一个循环水平超前探煤钻孔。水平超前探煤孔示意图如图 5.7 所示。

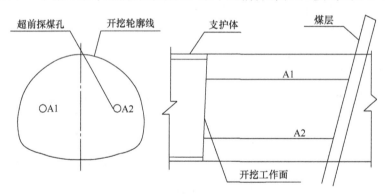

图 5.7　水平超前探煤孔设计示意图

在隧道开挖工作面与区段内第一层煤层垂直距离不小于 10m 处，必须打至少 5 个超前钻孔，以控制本区段内前方煤体上部、左帮、右帮、中部以及下帮。钻孔直径为 89mm，必须穿透区段内最后一层煤层全厚，并且进入底板岩层不小于 0.5m，其终孔位置应控制在开挖轮廓外 6m 左右，并取岩（煤）芯，分析煤层顶、底板岩性。5 个超前钻孔（1 个仰孔、3 个水平孔及 1 个俯孔），仰孔和俯孔起到控制煤层倾角的作用，3 个水平孔起到控制煤层走向的作用。打钻过程中应注意观察孔内排出的浆液、煤屑、瓦斯动力现象等，并做好详细记录。前探孔及测压钻孔布置设计示意图如图 5.8 所示。

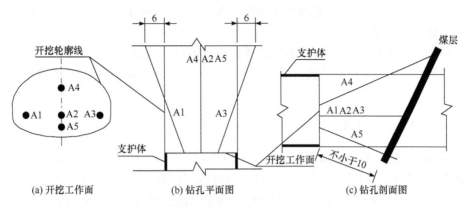

图 5.8　前探孔及测压钻孔设计示意图（单位：m）

3. 煤层突出危险区域预测

隧道石门揭煤工作面区域预测采用瓦斯压力或瓦斯含量指标，并参考其他单项指标。

在开挖面距煤层面垂直距离不小于 10m 处，对煤层突出危险性进行区域预测，预测方法采用测定煤层瓦斯压力法或瓦斯含量法。煤层瓦斯压力或瓦斯含量预测临界值见表 5.6。

表 5.6　煤层瓦斯压力或瓦斯含量预测临界值

瓦斯压力 P/MPa	瓦斯含量 W/(m³/t)	预测结果
$P<0.74$	$W<8$	无突出危险区
其他情况		突出危险区

若煤层预测无突出危险，则在开挖工作面掘进至与煤层面垂直距离不小于 5m 处，对所揭煤层突出危险性进行工作面预测。

若煤层预测有突出危险，则在开挖工作面掘进至与煤层面垂直距离不小于 7m 处，对所揭煤层实施区域防突措施。

4. 区域防突措施

若经区域预测煤层有煤与瓦斯突出危险，则在开挖面掘进至距煤层面垂直距离不小于 7m 处必须采取区域防突技术措施。

针对隧道具体情况，区域防突措施采取预抽煤层瓦斯。根据 JTG/T 3374—2020《公路瓦斯隧道设计与施工技术规范》，区域防突措施应在揭煤工作面与煤层面的最小法向距离为 7m 之前实施（在构造破坏带应适当加大距离）。预抽煤层瓦斯钻孔控制范围为：隧道揭煤处轮廓线外至少 12m（急倾斜煤层底部或下帮 6m），同时还应保证控制范围的外边缘到隧道轮廓线（包括预计前方揭煤段隧道的轮廓线）的距离不小于 5m，且当钻孔不能一次穿透煤层全厚时，应保持钻孔最小超前距 15m。施工完一个抽放钻孔，应立即接入抽放管。瓦斯抽放钻孔封孔时，穿层钻孔的封孔段长度不得小于 5m，顺层钻孔的封孔段长度不得小于 8m。施工过程中注意观察瓦斯动力现象,若某孔施工过程中动力现象严重,应马上停止施工,并上报。

在隧道实际施工过程中,对瓦斯抽放效果进行考察,若抽放效果不理想,再考虑加密钻孔或增加抽放时间;若抽放效果较好,则在下一区段施工抽放钻孔时还可增大终孔间距。

5. 区域措施效果检验

区域防突措施实施后必须进行措施效果检验,以确认防突措施是否有效。区域防突措施效果检验指标采用残余瓦斯含量,检验指标临界值取 8m³/t。检验孔数不得少于 5个,分别位于石门的上部、中部、下部和两侧。为了掌握控制范围内边缘的抽放效果,要求上部、两侧的 3 个检验测试点必须有 1 个位于钻孔控制范围靠边缘部位,即位于边缘线内侧 0~2m 的范围。当多煤层同时抽放瓦斯时,可采取增加效果检验钻孔数目,以便使抽放每层煤层均满足措施效果检验要求。

检验孔布置方法:效果检验孔应置于所在部位防突措施孔密度相对较小、孔间距相对较大的位置,并远离周围的各防突措施钻孔或尽可能与各防突措施钻孔保持等距离,在地质构造复杂地带应根据情况适当增加检验钻孔。若检验结果的各项指标都在突出危险临界值以下且打钻过程中无顶钻、卡钻、喷孔等瓦斯动力现象,则认为措施有效;反之,则认为措施无效,必须采取补救措施,补救措施视具体情况而定,再进行效果检验,直至措施有效,方可继续掘进。区域措施采取分段预抽煤层瓦斯方式,区域措施效果检验也应分段进行。

5.3.3 瓦斯抽放方案

1. 隧道揭煤瓦斯抽放方法及抽放钻孔布置方式

隧道揭煤工作面瓦斯主要采用高负压瓦斯抽放。经区域预测前方煤体有突出危险后,在隧道掘进面与煤层最小法向距离 7m 处施工超前抽放钻孔预抽煤层瓦斯,其瓦斯抽放钻孔的布置如图 5.9 和图 5.10 所示。

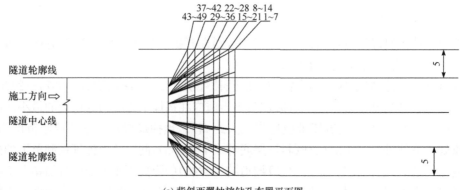

(a) 背斜西翼抽放钻孔布置平面图

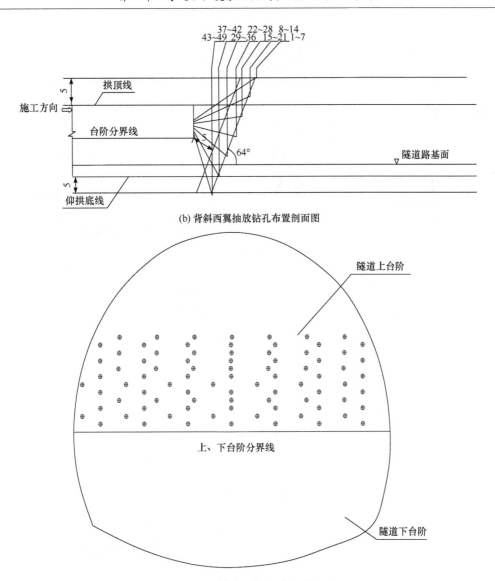

(b) 背斜西翼抽放钻孔布置剖面图

(c) 背斜西翼抽放钻孔布置断面图

图 5.9　背斜西翼局部抽放钻孔布置平面图、剖面图、断面图(单位:m)

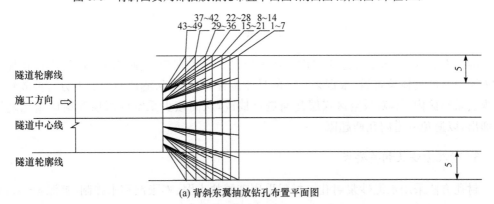

(a) 背斜东翼抽放钻孔布置平面图

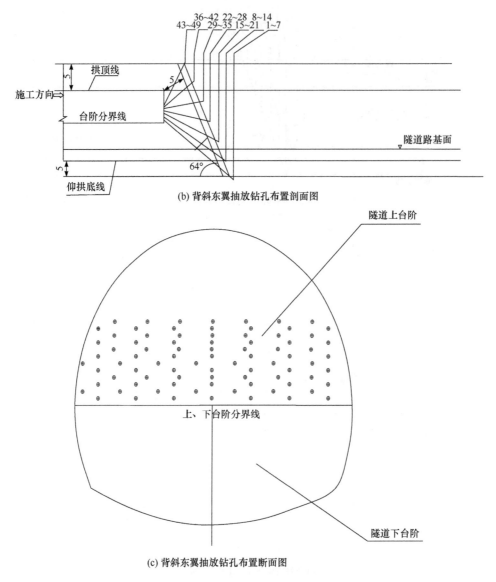

(b) 背斜东翼抽放钻孔布置剖面图

(c) 背斜东翼抽放钻孔布置断面图

图 5.10　背斜东翼局部抽放钻孔布置平面图、剖面图、断面图(单位:m)

2. 隧道施工过煤层采空区瓦斯抽放方法

隧道左、右幅有可能穿过中梁山南矿采空区。隧道在施工掘进时采用超前钻孔探到前方采空区的具体位置后,根据采空区的具体位置和大小,从隧道断面的上方打抽放钻孔至煤层采空区内[34],对采空区煤层瓦斯进行抽放,从而减少采空区煤层瓦斯向施工隧道内涌出,以避免隧道内瓦斯超限。

3. 封孔方法及相关要求

封孔方法采用水泥砂浆封孔。材料采用硅酸盐水泥、膨胀剂和水拌制,封深8～10m。

采用高稠度水泥浆作为介质,能确保封孔的严密性,保证封孔质量,使瓦斯抽放孔口负压在 20kPa 左右。

抽放钻孔密封后,通过孔口连接装置与抽放管路连接,即可进行抽放,孔口设施包括胶管、流量计、放水器与闸门等。密封于钻孔内的套管应采用软管与抽放管连接,以免围岩变形损坏管路。

4. 瓦斯抽放管路系统

根据现场实际情况,隧道掘进面长度较长,且隧道施工穿越煤层较多,考虑瓦斯抽放方式采用集中布置,便于管理,地面瓦斯抽放泵站投资较少,其抽放效果相对较好。因此,采用固定瓦斯抽放系统对隧道施工的瓦斯进行抽放。

在隧道进口端外的地面设一瓦斯抽放站,站内安装 2 台高负压瓦斯抽放泵,对进口端左、右两幅隧道的掘进面进行煤层瓦斯预抽,当掘进面前方遇到采空区时,打抽放钻孔对采空区瓦斯进行抽放。隧道进口端两掘进工作面采用联合抽放,从瓦斯抽放泵房至隧道口铺设一条高负压瓦斯抽放主管,从隧道口分别铺设一条高负压瓦斯抽放支管至左、右两幅施工隧道的掘进工作面。

1) 瓦斯抽放管路的敷设方式

隧道口端从瓦斯抽放泵房至隧道口铺设主管,隧道口至抽放工作面铺设支管,铺于隧道的左侧或右侧地面,接头采用法兰盘加不燃性垫圈连接。

2) 瓦斯抽放管路的附属设施

(1) 控制阀门。在瓦斯抽放泵前后的进出管路上、瓦斯抽放站进出总管上和钻孔的连接处等均安装控制阀门,主要用来调节与控制各个抽放点的抽放负压、瓦斯浓度、抽放量等,同时在修理和更换瓦斯管时起到切断通路的作用。

(2) 测压装置。在瓦斯主管、支管以及钻孔连接装置上设置瓦斯参数测定孔,以便经常观测管内压力。测压嘴的高度一般小于 100mm,其内径为 4～10mm,平常用密封罩罩住或用细胶管套紧捆死,以防漏气。瓦斯参数测定孔还可作为取气样孔,以取出气样进行气体成分分析或测其瓦斯浓度。

(3) 放水器。管路在抽放钻孔、管路拐弯、低洼、温度突变处、出口处应设放水器,放水器间距为 200～300m,最大间距为 500m。

(4) 计量器。在瓦斯抽放站的进出站总管上安装计量器,以便计量瓦斯抽放效果。

(5) 除渣装置。管路上的放水器和水封防爆防回火器具有一定的除渣功能。

3) 瓦斯抽放管路的安全防护措施

(1) 瓦斯管路应保持一定的坡度,避免管路内积水在冬季结冰,影响管路正常运行。

(2) 新敷设的瓦斯管路要按规定进行气密性试验,正常运行的管路要定期巡检,防止管路漏气。

(3) 瓦斯管路上安装的电子仪表等电气设备,必须全部采用矿用防爆型。

(4) 瓦斯抽放管路每隔一定距离接地一次,防止管路上静电的积聚和带电。

(5) 瓦斯管路尽量远离带电设备,防止瓦斯管路带电,如抽放管路在隧道内与电缆应分挂在巷道两侧并且要吊高或垫高,地面敷设的管路应设置防雷电措施。

5.4 城市公路隧道瓦斯超前排放与监测

5.4.1 隧道瓦斯的超前排放

1. 瓦斯排放原则

瓦斯排放应由消防人员执行,瓦斯通过的隧道必须切断电源,且不得在没有熄灭的火区排放瓦斯。为加快瓦斯的排放,应减小隧道内的通风阻力,消除隧道堵塞物。排放瓦斯时,瓦斯流经的隧道必须撤出人员,在横道与平道的交叉口,由救护队站岗,没有戴延期呼吸器的人员,不得进入排放瓦斯的隧道。在洞内总回风道中,排出的瓦斯浓度(体积分数)超过 0.75% 时,必须撤出人员,切断电源。

2. 瓦斯排放技术

瓦斯排放时应充分利用辅助隧道,采用巷道式排放瓦斯,因为这种通风方式风量大,效果好,施工简单。也可利用局扇正压排放瓦斯,局扇安装在新鲜风流中。用风管将新鲜风流引向瓦斯排入地点,若隧道距离长,可采取局扇并联和串联的方法提高风压。还可利用抽放瓦斯系统排放瓦斯,管路中应使用抗静电的塑料管。

瓦斯排放时应加强施工通风,施工通风宜采用压入式或巷道式机械通风,严重、有突出危险的工区必须采用巷道式通风。主扇的能力应满足全工区通风的需要,局扇的能力应满足局部独头巷道的通风需要。主扇应有同等能力的备用风机,每个工区的局扇应有一定数量的备用量,局扇应安装风电闭锁装置,通风管应具备阻燃和抗静电性能。

5.4.2 隧道瓦斯的监测

1. 瓦斯的预测

在高瓦斯地层中,通过工作面向前钻超前探孔,每 25m 施作一循环,每循环至少 3 个孔,每孔长 30m,各循环搭接长度不得小于 5m,其探孔的终孔连线应位于隧道开挖轮廓线外 3m 以上。

在每循环开挖钻眼时,采用加深炮孔补充探测是否有瓦斯、天然气等气体。每个断面加深炮孔的个数不少于 5 个,均匀分布于掌子面,炮眼加深长度不小于 5m。

根据超前探孔和加深炮孔预测前方岩体破碎程度及范围、裂隙及发育情况、岩体孔洞范围及大小、瓦斯富存情况、瓦斯涌出、瓦斯压力、瓦斯含量、突出性喷出等,分析制定施工方案,为施工提供依据。

对于低瓦斯隧道,每一掘进循环,均需加深炮眼检测瓦斯,当确认存在瓦斯时,实施超前钻孔,进一步检测其浓度、涌出量、压力等参数,进行相应处理。

2. 瓦斯检测

在瓦斯地层中进行隧道施工,应建立瓦斯通风监控和检测系统,测定瓦斯浓度、风速、风量等参数。

压入式通风机必须安装在洞外或洞内新鲜风流中,避免污风循环。瓦斯工区的通风机应设两路电源,并应安装风电闭锁装置。当一路电源停止供电时,另一路应在 15min 内接通,以保证风机正常运转。

含瓦斯工区每班应按规定检测,低瓦斯工区每班应检测不少于 2 次;不含瓦斯工区每班应检测 1 次,异常情况时应随时检测。每个断面应检查 6 个点,即拱顶、两侧拱脚、两侧墙角和仰拱底中点,各距隧道周边 20cm,并对隧道风流中瓦斯和一氧化碳进行检查。

瓦斯传感器、风速传感器检测设置地点及范围应覆盖开挖工作面风流、回风流,包括爆破地点附近 20m 内的风流中及局部塌方冒顶处、局扇附近 10m 内的风流中、隧道总回风流中、各种作业台车和机械附近 2m 内的风流中、电动机及开关附近 20m 内的风流中、隧道洞室中(变电所、水泵房、水仓、车洞等处)、上下台阶开挖作业面、仰拱及仰拱填充作业面。

瓦斯检测要能 24h 不间断轮流地检测到隧道内各处瓦斯浓度,瓦斯检测员按要求进行各部位瓦斯浓度检测并做好记录,在洞口瓦斯牌上公布,并及时上报。以上人员及设备应保持固定,不得随意更换,特别应加强"一炮三检"制度,即装药前、放炮前、放炮后必须分别进行瓦斯检测。

5.4.3　瓦斯浓度超限处理及安全措施

1. 瓦斯浓度超限处理

隧道内必须杜绝瓦斯超限作业,当瓦斯浓度超过以下规定时,必须采取相应的措施进行处理。

(1) 瓦斯区任何地点瓦斯浓度超过 0.5% 时,超限处 20m 范围内立即停工、查明原因,并加强通风监测。

(2) 高瓦斯区开挖工作面风流中瓦斯浓度超过 1.0% 时,必须停止钻孔作业。

(3) 高瓦斯区及开挖工作面(包括电动机或其开关附近 20m 以内)风流中瓦斯浓度达到 1.5% 时,必须停止工作,撤出人员,切断电源,进行处理。

(4) 高瓦斯区放炮地点附近 20m 内风流中的瓦斯浓度达 1% 时,严禁装药放炮。

(5) 局部瓦斯积聚(体积大于 0.5m³,浓度超过 2%)点附近 20m 内,必须停止工作,撤出人员,切断电源,进行处理。

(6) 因瓦斯浓度超过规定而切断电源的电气设备,都必须在瓦斯浓度降到 1% 以下时,方可开动。停止运转的局扇附近瓦斯浓度达 0.5% 时,严禁启动。

(7) 制定安全措施,经批准可在隧道内进行电焊、气焊和喷灯焊接等工作地点的风流中,瓦斯浓度不得超过 0.5%。

2. 高瓦斯区施工安全注意事项

(1) 施工作业及管理人员开工前必须进行安全技术培训,爆破、电工、瓦检等特种作业人员须持证上岗。管理人员进入瓦斯隧道时,应携带便携式瓦斯检测报警仪,进行瓦斯检查。

（2）瓦斯浓度的检查次数必须达到每班至少 3 次，瓦斯浓度在 0.5% 以上时，应随时检查，不得离开开挖面，当瓦斯浓度超过规定时，应加强通风稀释，监控系统必须 24h 有人值班。

（3）瓦斯隧道内的爆破材料及打钻、装药、封孔、爆破等作业工序是防止瓦斯事故的重点环节，必须由特种作业人员持证上岗操作。

（4）加强在钻眼、装药、放炮前和放炮后四个环节上的瓦斯巡回检测工作。

（5）开挖应采取光面爆破，开挖周边力求圆顺，尽量避免尤其是顶部出现凹穴、空洞和死角而形成瓦斯积聚。

（6）开挖工作面风流中瓦斯浓度超过 1.0% 时，必须停止电钻作业。

（7）开挖工作面（包括电动机或其开关附近 20m 以内）风流中瓦斯浓度达到 1.5% 时，必须停止工作，撤出人员，切断电源，进行处理。

（8）放炮前和放炮后都必须进行瓦斯检测，放炮地点附近 20m 内风流中的瓦斯浓度达 1% 时，严禁装药放炮。起爆时，停止洞内一切工作，切断电源，人员、机械设备撤离洞内。

（9）配备一套备用通风机和发电机并经常保持良好的使用状态。

（10）局部瓦斯积聚（体积大于 0.5m³，浓度超过 2%）点附近 20m 内，必须停止工作，撤出人员，切断电源，进行处理。

（11）瓦斯隧道在施工期间，应实施连续通风。因检修、停电等原因停风时，必须撤出人员，切断电源。恢复通风前，必须检查瓦斯浓度。

（12）在爆破通风完毕后，还应加强钻孔和装渣期间通风，防止瓦斯浓度积聚。另外，在出渣前后必须进行洒水以降低瓦斯浓度，并始终保持石渣湿润，避免碰撞出现火花。

（13）在瓦斯隧道顶部进行作业时，应随时检测作业范围内的瓦斯浓度，尤其应注意检测塌空区、拱顶、台车顶等易于形成瓦斯积聚且风流不易达到的地方，当瓦斯积聚体积大于 0.5m³，浓度大于 2% 时，附近 20m 范围内必须立即停止作业，撤出人员，切断电源，进行处理。

（14）在隧道爆破时，除加强通风外，放炮前后在开挖工作面附近 20m 内必须喷雾洒水。

（15）钻孔、开挖等作业机械在操作中，防爆开关表面温度过高时应立即停止作业。

（16）在喷射混凝土、二次衬砌混凝土施工中，对瓦斯易于集聚的空间和衬砌模板台车附近区域，均应加大瓦斯检测频率，当瓦斯积聚体积大于 0.5m³ 时，必须立即停止作业，撤出人员，切断电源，加强通风。

（17）洞外排放瓦斯时，在金属管口周围 20m 内禁止有明火和易燃易爆物品，并应设置安全警示牌。

（18）特种防爆设备要符合强制性国家标准、行业标准、企业标准，并由质量技术监督局特种设备检测所检验审批。

（19）救护队员、瓦检员、安全员应佩带自救器，确保检查和救护人员安全。

5.5　城市公路瓦斯隧道施工技术

5.5.1　瓦斯区施工工艺流程

城市隧道瓦斯工区进行隧道开挖时,其施工工艺流程如图 5.11 所示。

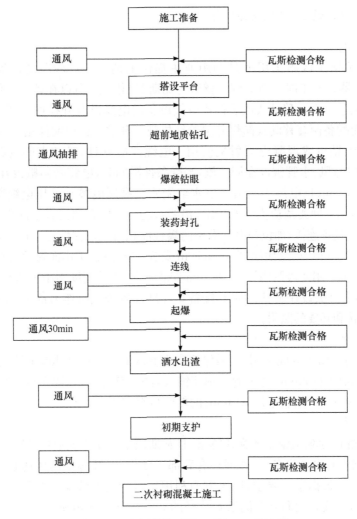

图 5.11　城市隧道瓦斯工区施工工艺流程

5.5.2　瓦斯段施工准备

1. 施工人员安全培训教育

针对瓦斯隧道施工,项目部利用一个月的时间对施工人员进行施工前的安全培训,首先由项目经理召集项目经理部和施工队长进行管理层施工安全培训,其次由施工队长对其管辖范围内管理人员和施工作业队班组长进行瓦斯安全培训,然后由班组长对专业施工人员进行安全培训。同时,邀请煤炭科学研究总院重庆分院(简称重庆煤科院)专家对项目部施工人员进行安全培训和考核,尤其是瓦斯检测人员、爆破员、安全员、电工、钻孔工人、监控系统安全技术人员,必须经考核合格,方可上岗。

经过以上安全培训工作须做到:施工人员安全培训普及率达 95% 以上;全体施工人员了解瓦斯隧道施工基本情况,清楚施工特点及注意事项,明确施工方法,做到心中有数。

2. 水、电、电器设备、机械设备准备

1) 施工用电

华岩隧道瓦斯工区施工用电是利用业主提供的两台 800kVA 变压器和洞内 1 台 1000kVA 变压器。开工时已考虑到本隧道为瓦斯突出隧道,所以在动力电缆上采用铠装防爆电缆,引至掌子面。移动式或手提式电气设备的电缆以及开挖面电缆全采用铜芯电缆,并在掌子面配备两套移动式防爆开关给钻机施工和掌子面照明使用。另外,配备防爆双向开关 1 套给钻机或混凝土喷射机使用。电缆线应悬挂,悬挂点间的距离不得大于 6m,且电缆不应与风、水管敷设在同一侧,当受条件限制时,电缆必须敷设在管子的上方,其间距应大于 0.3m,且电缆不得遭受淋水或滴水。高压电缆与低压电缆敷设在同一侧时,高低压电缆相互间距离应大于 0.1m。沿线每隔一定的距离设置不同直径电缆的接线盒。电缆与电气设备连接,加设与电气设备防爆性能相符合的接线盒。已衬砌地段的固定照明灯具,采用 Exd II 型防爆照明灯,每隔 50m 安装一盏,开挖工作面附近的固定照明灯具,采用施工 Exd I 型矿用防爆照明灯,每隔 20m 安装一盏,架设高度不小于 2.5m,移动照明必须使用防爆矿灯,开关设在洞口。同时,配备 2 台 500kW 发电机作为备用电源,确保停电时通风机 24h 运转和必要的照明。

2) 施工用水

华岩隧道高瓦斯工区施工用水,需修建高山蓄水池。采用高压泵向隧道加压供水,隧道洞内水管均采用 ϕ150mm 高压镀锌钢管铺设,法兰盘连接,每隔 100m 设置一个阀门,接至离掌子面 30m 处,然后采用 ϕ13mm 的软管接至掌子面。

3) 施工通风

由于华岩隧道为独头施工的瓦斯隧道,且瓦斯段采用压入式通风,整个隧道都作为回风流,考虑到洞内有电器设备,工作面还有后部工序作业,故隧道内风速必须将瓦斯浓度降低至 1% 以下。根据这一要求,通风方面利用华岩隧道左线洞外左侧已安装好的 $2\times$355kW 通风机,右线采用洞外右侧已安装好的 $2\times$355kW 通风机,该通风机额定风量为 1500~2250m³/min,风筒布全部采用抗静电、阻燃风筒,每次掘进后确保风管出风口到开挖面的距离小于 5m,风管百米漏风率应不大于 2%。隧道通风方案如图 5.12 所示。另外,配备一台同性能的通风机并保持良好的使用状态。施工时实施 24h 不间断通风,为了确保通风机正常运转,隧道内供电采用双电源线路,一条线路来自洞外的变电站,另外一条来自自备的两台 500kW 柴油发电机。

隧道左右线各配置 4 台 27m³/min 电动空压机,隧道高压供风系统的风管采用 ϕ150mm 高压无缝钢管铺设,布置于隧道的一侧,管路前端至掌子面保持 30m 距离,分风

器至掌子面风管采用 $\phi25mm$ 软管。华岩隧道洞内管线布置如图 5.13 所示。

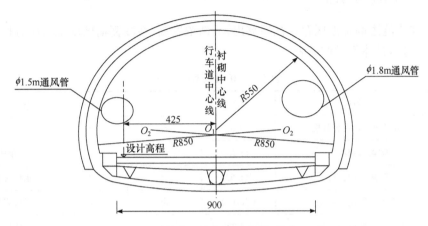

图 5.12　隧道通风布置示意图（单位：cm）

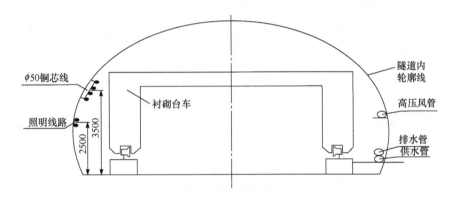

图 5.13　华岩隧道洞内管线布置（单位：mm）

5.5.3　隧道瓦斯监控系统

在华岩隧道左右线内各布置一套瓦斯自动监控系统，配备 4 名安全监测专业技术人员，洞外设安全控制室，配置专用电源，开关设在洞外专人负责控制。人员由重庆煤科院培训，考试合格并有合格证后方可持证上岗，主要对开挖工作面和回风流中的瓦斯浓度进行连续监测并及时分析，确保开挖掌子面施工安全。

1. 应对事故的紧急救援预案准备工作

在瓦斯隧道施工前编制应对事故的紧急救援预案，成立以项目经理为组长的工地救护组，对相关人员进行培训，并组织演练，确保预案的可行性和有效性，储备必要的抢险救援物质、设备，指定专人保管，经常保持其良好状态。在洞内设置灭火器，洞外设置消防水池和消防用沙，并随时与白市驿人民医院 120 保持联系。

2. 主要工程机械配置

由于华岩隧道高瓦斯区存在瓦斯突出,瓦斯浓度高,在高瓦斯区施工时所有机械设备采用防爆改造,具体设备详见表5.7。

表5.7　机械设备配置表

序号	名称	规格	单位	数量	备注(产地)
1	防爆柴油轮式装载机	40型	台	4	—
2	防爆自卸汽车	红岩	台	16	重庆
3	防爆专用钻机	ZT-30	台	40	重庆煤科院
4	光干涉甲烷检定仪	CJG102	台	2	重庆煤科院
5	便携式甲烷检测报警仪	AZJ-2000型	台	4	重庆煤科院
6	挖掘机	Cat220	台	2	—
7	瓦斯安全监控系统	—	套	1	重庆煤科院
8	防爆型超前地质钻机	TK180	台	1	自有
9	空压机	—	台	6	重庆煤科院
10	防爆开关	QC83-80	台	8	—
11	防爆照明灯	Exd Ⅱ	个	800	重庆煤科院
12	矿用防爆照明灯	Exd Ⅰ	个	100	重庆煤科院
13	移动式防爆照明灯	—	个	60	重庆煤科院
14	355kW通风机	—	台	4	—
15	低压铜芯电缆	$\phi 10mm \sim \phi 20mm$	m	1000	—
16	高压铜芯电缆	$\phi 50mm$	m	1000	—
17	防爆型喷锚机	—	台	2	重庆
18	压风自救器	ZY-J	台	4	重庆煤科院
19	瓦斯抽排设备	—	套	1	—
20	防爆接线盒	—	个	40	重庆煤科院
21	发电机	500kW	台	1	备用
22	防静电服装	—	套	200	重庆

3. 劳动力组织安排

本高瓦斯区劳动力组成主要有管理人员、工程技术人员、瓦斯检测员、安全员、开挖工班,钢筋工班、模板工班、二次衬砌工班、运输司机、电工等,详见表5.8。

表 5.8　劳动力组成表

工种	人数	工种	人数
管理人员	10	装载机司机	4
工程技术人员	4	空压机司机	1
安全监测专业技术管理人员	4	开挖工班	48
专职安全员	5	专职电工	2
钢筋工班	22	混凝土工班	20
模板工班	18	运输司机	16
瓦斯检测员	4	钻孔工班	8
专职爆破员	2	机械修理工	2
喷锚班	16	普工	10
挖掘机司机	4	救护队员	8

5.5.4　超前地质钻孔

为准确判断前方地质情况和瓦斯浓度,对华岩隧道左右线施行连续的超前探孔,隧道开挖接近含煤层及煤层采空区前,必须进行超前探测,探定煤层及煤层采空区准确位置,掌握其赋存情况及瓦斯情况。钻孔布置如图 5.14 所示。

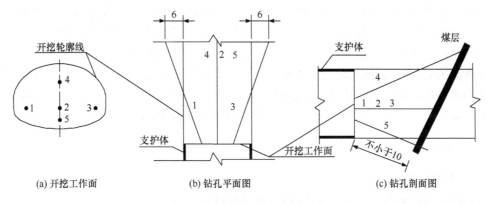

图 5.14　钻孔布置图(单位:m)

钻孔采用中铁十一局集团第五工程有限公司现有的 TK-180 地质钻机,配有 $\phi80mm$ 和 $\phi108mm$ 钻头,通过取芯可准确判断掌子面的地质情况。在接近煤层前,在距地质勘探的煤层位置 20m 处掌子面打超前探孔1 个(1 号孔),初探煤层位置;在距初探煤层位置 10m 处掌子面打 3 个超前孔(2 号、3 号、4 号孔),并取岩(煤)芯;布孔详细位置如图 5.14(a) 所示。通过 1 号、2 号、3 号和 4 号、5 号钻孔内瓦斯浓度和瓦斯压力以及前方裂隙带的地质情况确定爆破方案,如果掌子面前方裂隙带存在大量的瓦斯,且瓦斯压力超过临界值 0.74MPa,需在掌子面增加短距离瓦斯排放孔。

5.5.5 高瓦斯区掌子面开挖

1. 施工原则

隧道通过瓦斯地区的施工方法,宜采用全断面开挖,该方法供需简单、面积大、通风好,随掘进随衬砌,能够很快缩短煤层的瓦斯放出时间,缩小围岩暴露面,有利于排出瓦斯。

上下导坑法开挖,因工序多、岩层暴露面积大、成洞时间长、洞内各工序交错分散,易使瓦斯分处积滞,使其浓度不均。采用这种施工方法,要求工序间距尽量缩短,尽快衬砌封闭瓦斯地段。

采用平行导坑施工时,不使用的横通道应迅速封闭。由于平行导坑一般不衬砌,岩面极不平整,在支撑背后容易集聚瓦斯,虽有强大风流,也不易驱除干净。作为排出瓦斯回风流巷道,应特别注意对瓦斯浓度的检查,不能超过相应的规定。

2. 高瓦斯区掌子面开挖施工方法

根据超前地质钻孔测定瓦斯浓度,如果瓦斯浓度很大,需分批次爆破;如果瓦斯浓度较小,则尽量采用全断面开挖,考虑到煤矿许用电雷管段数只有 5 段,以及高瓦斯区增设仰拱,无法满足全断面开挖施工要求,故高瓦斯区爆破采用三次爆破,仰拱以上采用上、下分部台阶法开挖,仰拱以下一次爆破。裂隙带处围岩稳定较差,容易发生底鼓和底部瓦斯溢出,下部台阶开挖完以后,仰拱必须紧跟,尽量确保边墙与仰拱混凝土同时施工。爆破完及时封闭掌子面和开挖面,如图 5.14 所示。同时,采用光面爆破技术,短进尺、弱爆破,避免扰动围岩,防止瓦斯在地应力和瓦斯压力共同作用下产生瓦斯突出。爆破打眼采用防爆型风动凿岩机湿式钻孔,压入式通风,爆破后掌子面瓦斯浓度小于 0.5%,方可采用机械清除危石,用装载机向自卸汽车内装渣,自卸汽车将渣倒入弃渣场。

3. 钻爆设计

1) 炮眼布置

台阶法开挖炮眼布置如图 5.15 所示;爆破参数见表 5.9。

表 5.9　爆破参数

围岩级别	周边眼间距 E/cm	周边眼抵抗线 W/cm	密集系数 E/W	装药集中度 /(kg/m)
IV	45	65	0.69	0.23

2) 掏槽眼结构

本次爆破掏槽眼采用楔形掏槽,眼面间距 220cm,眼底间距 20cm。掏槽眼钻孔角度为 50°,如图 5.16 所示。

3) 装药结构图

掏槽眼、辅助眼采用标准药卷(ϕ32mm)连续装药结构,周边眼采用小直径药卷

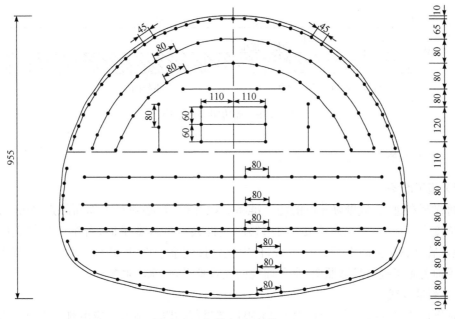

图 5.15　炮眼布置(单位:cm)

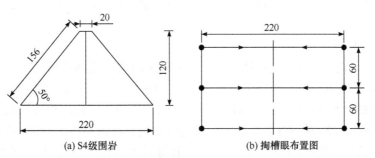

(a) S4级围岩　　　　　　　(b) 掏槽眼布置图

图 5.16　掏槽眼结构(单位:cm)

(φ25mm)连续装药结构,如图 5.17~图 5.19 所示。

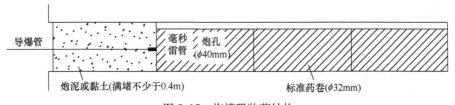

图 5.17　掏槽眼装药结构

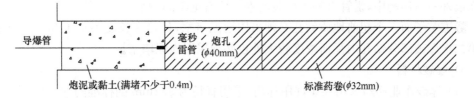

图 5.18　辅助眼装药结构

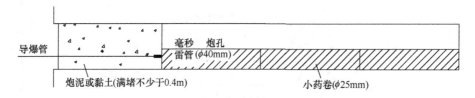

图 5.19　周边眼装药结构

4. 施工工序

1) 施工准备

每循环掘进前,应做好相应的施工准备。在开挖前,必须对工作面附近 20m 风流中瓦斯浓度进行检测,当瓦斯浓度小于 1% 时允许人员进入掌子面,台车用装载机吊装就位;风水管硬管接到离掌子面 50m 处,再用软管接到掌子面;Exd Ⅰ型矿用防爆照明灯接到掌子面为施工提供足够照明,掌子面地面大致整平,排水沟通畅。

2) 测量放线

钻爆作业必须按钻爆设计规定的炮眼位置进行钻眼。钻眼前应由测量人员定出开挖断面中线、水平线、断面轮廓线及炮眼位置,并用红油漆绘出,经检查符合设计要求后方可钻眼。

3) 钻孔及检查

测量放线完成并检查后进行钻孔。钻孔采用风动凿岩机湿式钻孔,钻爆作业必须按钻爆设计规定的位置、角度、深度进行钻眼,钻孔过程中技术人员进行检查,用卷尺检查钻眼位置,对钻眼位置偏差超过 5cm 的进行重钻,用竹竿插入钻孔内检查钻孔角度,拔出后用卷尺检查钻孔深度,对不符合要求的炮眼进行重钻。移挪钻机时,必须切断电源,严禁带电作业;在钻孔过程中,出现顶钻、夹钻、喷孔等动力现象时,应立即停止钻进,撤出人员,加强通风。在钻孔过程中瓦斯检测人员必须在掌子面来回巡查并结合瓦斯监控系统核对瓦斯的检测数据,准确掌握掌子面瓦斯浓度。

4) 清孔装药

(1) 高压风清孔。

钻孔完成并检查合格后,进行清孔装药。清孔采用 φ15mm 镀锌高压风风管插入孔底,用高压风将孔内岩屑、碎石、泥浆吹出。

(2) 装药。

清孔完成后进行装药。装药必须按照钻爆设计进行,采用正向连续装药方式,雷管安放在最外一节炸药中,雷管以外不得装药卷。所有炮眼的剩余部分应用炮泥封堵。

隧道掌子面 3 个超前地质钻孔必须采用炮泥堵塞,且堵塞长度不小于 3m,隧道掌子面第二次爆破部分钻孔内瓦斯浓度较大处也必须采用炮泥堵塞。

5) 爆破材料

(1) 爆破作业炸药采用煤矿许用炸药,采用直径为 φ32mm 的标准药卷。

(2) 使用煤矿许用电雷管,煤矿许用毫秒延期电雷管最后一段的延期时间不得大于 130ms。

6）爆破

钻孔完成检查合格后,进行爆破。爆破作业开始时,必须对爆破点附近进行洒水降尘,并对爆破点 20m 以内风流中的瓦斯浓度进行检测,当风流中瓦斯浓度小于 1% 时才允许装药,连线起爆前要让预先规定的爆破危险区域的人员退避,配置看管员负责禁止人员进入爆破区域。

（1）采用电力起爆,起爆器采用防爆型专用起爆器,在洞外远距离起爆,或通过行车横洞,起爆器电缆长度不小于 1100m,采用阻燃隔爆电缆。起爆时,洞内停止一切工作且必须停电,人员、机械设备撤离洞内。

（2）爆破后立即启动监控系统对掌子面瓦斯浓度进行监测,且连续通风 30min,由爆破员和瓦斯检测员佩带压风自救器进入掌子面,对通风、瓦斯、瞎炮、残炮进行检查,在瓦斯浓度小于 1% 且二氧化碳浓度小于 1.5% 时,允许施工人员进入开挖工作面施工。

5.5.6　高瓦斯区出渣

采用防爆型侧卸式柴油轮式装载机装渣,防爆型自卸式汽车运渣,严禁非防爆型机械进入掌子面。装渣前喷雾洒水、冲刷岩壁,且必须将石渣洗湿,防止摩擦和碰击火花,严禁装载机和运输机械与渣体撞击。

5.5.7　高瓦斯区围岩支护施工方法

掌子面开挖后,为减少工作面瓦斯溢出,必须立即进行喷射混凝土支护,及时封闭瓦斯。喷射混凝土机械必须采用防爆型,所有开挖面采用气密性混凝土封闭,支护参数按照设计 V 级普通支护参数支护,气密剂掺量不小于水泥用量的 10%。工字钢必须在洞外加工组装试拼,严禁在洞内焊接,工字钢在洞内安装时必须对开挖面用气密性混凝土进行初喷,封闭厚度不小于 4cm。喷射混凝土必须保持掌子面连续通风,当风流中瓦斯浓度小于 1% 时才允许喷射混凝土。

5.5.8　高瓦斯区防排水及瓦斯排放施工方法

1. 瓦斯隧道结构衬砌复合防水施工方法

复合式防水卷材采用绑扎安装,环向、纵向排水盲沟埋设时先检查软管是否通畅,检查接头黏结的牢固程度,安装时用 U 型钉在环向定位并紧贴锚喷支护层,与拱脚处纵向汇水盲沟汇合,环向盲沟安装完成后,由于高瓦斯区瓦斯浓度较大,全环铺设复合防水板,采用 1.2mm 厚乙烯-乙酸乙烯酯共聚物（ethylene vinyl acetate copolymer, EVA）高分子复合自粘防水卷材。防水板间搭接宽度为 100mm,焊缝宽度不小于 25mm。复合防水层用绳扣挂在固定点上,固定点之间的防水层不得绷紧,复合防水板有无纺布应密切叠合,整体铺挂,破坏处采用 403 胶进行修补。防水板如采用热熔焊接法进行连接,必须加强通风和瓦斯检测,当风流中瓦斯浓度小于 1% 时才允许使用热熔焊接法进行连接。

2. 瓦斯区施工缝施工方法

高瓦斯区瓦斯浓度大,施工缝是衬砌渗漏的关键,因此必须对施工缝的施工进行加强。施工缝采用 E 型橡胶止水带和背贴式止水带进行复合式止水,并在施工缝处,即在先后浇筑的混凝土界面处掺入界面剂,拆模后在衬砌内表面骑缝涂刷专用涂料。止水带安装方法为:沿设计衬砌轴线每隔 0.5m 钻一 ϕ12mm 的钢筋孔,将制成的钢筋卡,由待灌混凝土一侧穿入另一侧,内侧钢筋卡紧止水带的一半,另一半止水带紧贴在挡头板上。

5.5.9 高瓦斯区气密性混凝土施工

1. 隧道二次衬砌气密性混凝土施工方法

1) 气密性混凝土原材料要求

水泥采用强度等级为 42.5 的硅酸盐水泥和普通硅酸盐水泥,严禁使用其他水泥。

砂采用中砂,含泥量(质量分数)不大于 3%,不得使用细砂。

石子的最大粒径小于 4cm,级配宜为 2～3 级,含泥量不大于 1%,不得有泥土块,针片状颗粒含量(质量分数)不大于 15%。

气密剂透气系数不应大于 1～10cm/s。

2) 气密性混凝土运输和浇筑

二次衬砌混凝土采用液压全断面钢模衬砌台车立模,混凝土混合料采用改装后防爆型混凝土运输车运输,采用防爆型液压混凝土输送泵泵送入模,浇筑顺序从两侧拱脚向拱顶对称、连续进行,两侧边墙采用插入式振捣器振实、拱部混凝土采用附着式振动器振实。确保浇注连续进行,拌和物从搅拌机卸出至灌注混凝土完毕时间为 40～60min。

3) 养护

混凝土浇筑完毕后,连续养护时间不得少于 28d。

2. 隧道空隙回填施工方法

1) 隧道超挖回填

边墙和拱部的局部超挖部分采用气密性喷射混凝土填补圆顺,普遍存在超挖地段。采用衬砌混凝土进行浇筑,增加二次衬砌厚度。

2) 高瓦斯区隧道拱顶间隙的回填

高瓦斯区瓦斯段均采用复合式衬砌,在二次衬砌拱顶部位常有大量空隙,为防止瓦斯聚积,确保拱顶密实,二次衬砌时需预埋注浆管,在拱顶和拱腰两侧每 5m 各预埋一个。待二次衬砌混凝土施工完毕后,用压注水泥浆充填拱顶板后的空隙。

3. 隧道仰拱气密性混凝土施工方法

隧道仰拱气密性混凝土采用木模,支架采用 ϕ50mm 钢管脚手架搭设加固,气密性混凝土采用混凝土搅拌站集中拌制混凝土,混凝土运输车运输混凝土,用插入式振捣器振实施工方法。仰拱气密性混凝土原材料要求与二次衬砌气密性混凝土原材料相同,仰拱必须尽早开挖,尽量确保边墙与仰拱能同步施工,防止底部瓦斯溢出。

5.6　盐岩矿层隧道施工技术

国内外学者针对盐岩地区复杂地质隧道初期支护及二次衬砌施工技术研究较少,而在盐岩地层隧道施工过程中,经常遇到初期支护破坏、二次衬砌开裂,给工程带来质量隐患和经济损失。因此,针对盐岩地质环境对隧道结构的影响因素,在施工各环节研究对应措施具有重要意义。

5.6.1　工程概况

新成昆铁路永仁至广通段站前五标位于云南省楚雄彝族自治州禄丰市黑井镇,标段内骄子山隧道为全线最长、重点控制工程,地质条件复杂。隧道全长 13.406km,双线断面,分进口、出口与 3 个斜井(长度分别是 960m、1740m、959m),施工工期 45 个月。

骄子山隧道位于云南省典型的滇中红层地区,地层特点是富含石膏、芒硝、氯盐、岩盐等(图5.20～图 5.22)。岩盐等对隧道结构耐久性有很大影响。

图 5.20　岩盐

图 5.21　骄子山隧道弃渣

这些影响具体表现在以下三个方面:一是腐蚀作用,硫酸盐等化学物质与水泥水化产物发生化学反应导致混凝土损伤,氯盐渗入混凝土内部导致钢筋锈蚀;二是膨胀破坏作

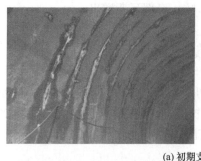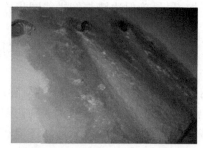

(a) 初期支护排水含盐

(b) 盐结晶体

图 5.22　骄子山隧道围岩与初期支护排水含盐情况

用,硫酸盐等化学物质在混凝土与围岩间隙乃至混凝土内部孔隙中结晶膨胀,导致混凝土破坏;三是硫酸盐在排水管中结晶,堵塞泄水通道,导致衬砌背后积水,水压破坏衬砌结构。所以本隧道针对盐岩的设计和施工措施是控制的重点。

5.6.2　隧道含盐地层分段分类

对于含盐类别不同的地层,相应的处理措施不尽相同。根据掌子面围岩揭示情况、隧道渗水情况、隧道环境作用类别情况,将隧道含盐地层分为三类:

第一类,掌子面围岩岩体完整,盐岩夹层含量少,隧道无渗水,盐类含量少。

第二类,隧道渗水,围岩含盐岩夹层。

第三类,隧道环境作用类别较高,氯盐环境(L)、化学侵蚀环境(H)、盐类结晶破坏作用(Y)中任何一项都达到3级以上。

针对不同类别的含盐地层,采取不同的措施组合。针对第一类情况,主要以增加衬砌结构强度来考虑;针对第二类情况,除增加衬砌结构强度外,还需加强初期支护混凝土强度、加密排水管,加大管径;对于第三类情况,除上述措施外,还需考虑隧道施工的每个环节中侵蚀性影响的前后关系,有针对性地采取措施。后期还会视排水情况增加排水通道。

5.6.3　前期施工阶段调研

(1) 隧道开挖会导致地下水重新分布且具有延迟效应。

案例一:既有成昆铁路巴格勒隧道在开挖初期干燥无水,但隔一段时间后,出现了较大面积呈潮湿状的情况。

案例二：骄子山隧道经常出现开挖时掌子面干燥无水，但施工一段时间后原干燥无水的地段初期支护出现明显渗水的现象，且伴有盐结晶析出，如图 5.23 所示。

(a) 隧道围岩状况

(b) 隧道初期支护渗水及析盐

图 5.23　骄子山隧道 2♯斜井围岩、初期支护后渗水及析盐情况

（2）含盐地层隧道地下水发育程度对侵蚀性的影响表现为股流水比滴水弱、滴水又比渗水弱、一点点慢慢渗出的侵蚀性最强。如图 5.24 所示，左图为常流水口，结晶较少，未堵塞管道；右侧间歇性流水口，大面积结晶堵塞。

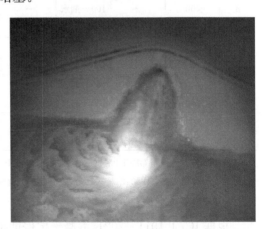

(a) 常流水口　　　　　　　　　　　　　　　　(b) 间歇性流水口

图 5.24　常流水口和间歇性流水口结晶比较

（3）含盐岩围岩本身具有的膨胀性是由其所含硬石膏、无水芒硝水化后体积膨胀引起的，其膨胀性与硫酸盐含量有关。由于含盐量不均匀，膨胀性也是不均匀的。由于衬砌背后富含硫酸根的地下水淤积，石膏、芒硝结晶析出，从而对衬砌结构产生膨胀力，这是一

个长期缓慢发展的过程。该问题应该引起重视,二次衬砌施工措施应对该膨胀力做充分的考虑。

(4)含盐地层隧道纵环向盲管容易发生盐类附着结晶问题,造成盲管堵塞、排水不畅,进一步加剧侵蚀性和膨胀性。特别是在地下水不太发育的渗水地段情况更为严重。

5.6.4 喷射混凝土配合比

1. 凝结时间与抗压强度测试

不同原材料掺量下凝结时间测试结果见表 5.10。

(1)水泥组:水泥+速凝剂(粉剂)、水泥+碱性速凝剂(液剂)、水泥+低碱速凝剂(液剂)。

(2)水泥+防腐剂组:水泥+防腐剂+碱性速凝剂(液剂)、水泥+防腐剂+低碱速凝剂(液剂)。

(3)水泥+粉煤灰组:水泥+粉煤灰+速凝剂(粉剂)、水泥+粉煤灰+碱性速凝剂(液剂)、水泥+粉煤灰+低碱速凝剂(液剂)。

表 5.10　不同原材料掺量凝结时间对比

序号	原材料掺量/(kg/m³)/质量分数/%							凝结时间	
	水泥 (P.O 42.5)	粉煤灰 (Ⅱ级)	水	防腐剂 (粉剂)	速凝剂 (粉剂)	碱性速凝剂(液剂)	低碱速凝剂(液剂)	初凝时间	终凝时间
1	400	—	160	—	20/5	—	—	2′30″	11′30″
2	400	—	160-剂水	—	—	20/5	—	4′	10′20″
3	400	—	160-剂水	—	—	—	20/5	4′50″	12′10″
4	360	—	160	40	20/5	—	—	2′20″	10′53″
5	360	—	160-剂水	40	—	20/5	—	2′20″	6′6″
6	360	—	160-剂水	40	—	—	20/5	4′10″	9′50″
7	280	120/30	160-剂水	—	—	20/5	—	3′30″	6′15″
8	280	120/30	160-剂水	—	—	—	20/5	2′40″	4′10″
9	300	100/25	160-剂水	—	—	20/5	—	2′20″	3′10″
10	300	100/25	160-剂水	—	—	—	20/5	1′30″	2′25″

注:①试验方法采用 GB/T 35159—2017《喷射混凝土用速凝剂》;②使用液剂时,加水量应扣除速凝剂中的用水量;③粉煤灰掺量根据 TB 10424—2018《铁路混凝土工程施工质量验收标准》,满足化学侵蚀、氯盐侵蚀和盐类结晶侵蚀条件,质量分数分别为 25%、30%。

根据 JC/T 1011—2021《混凝土抗侵蚀防腐剂》,防腐剂等量取代水泥,防腐剂按厂家推荐掺量使用。

从表 5.10 可以看出,喷射混凝土在水泥中掺入一定量的粉煤灰、防腐剂,用低碱速凝剂或者普通速凝剂,混凝土的凝结时间都能满足设计及规范要求。从表 5.11 可以得出,掺入低碱性液态速凝剂的胶砂强度的 28d 强度较高,抗压强度比相比掺入普通速凝剂的胶砂强度要高,但 1d 强度相对较低,不利于满足对喷射混凝土 1d 强度要求较高的情况;在速凝剂胶砂试件中加入粉煤灰或者耐腐蚀剂强度相对降低,但抗压强度和抗压强度比满足规范要求。

表 5.11　不同原材料掺量胶砂强度对比

序号	原材料掺量/(kg/m³)/质量分数/%									抗压强度/MPa			28d 抗压强度比/%
	水泥(P.O 42.5)	粉煤灰(Ⅱ级)	防腐剂(粉剂)	标准砂	水	速凝剂(粉剂)	碱性速凝剂(液剂)	低碱速凝剂(液剂)		1d	28d	28d(加速凝剂)	
1	900	—	—	1350	450	45/5				8.4	44.2	37.2	84.2
2	900	—		1350	450一剂水		45/5			11.4	40.8	33.9	83.0
3	900	—		1350	450一剂水			45/5		5.6	42.5	50.5	118.8
4	810		90	1350	450	45/5				7.8	35.1	27.3	77.8
5	810		90	1350	450一剂水		45/5			10.5	33.9	25.7	75.8
6	810		90	1350	450一剂水			45/5		4.9	34.5	45.9	133.0
7	630	270/30		1350	450一剂水		45/5			7.5	27.6	25.3	91.7
8	630	270/30		1350	450一剂水			45/5		5.6	28.1	38.2	136
9	675	225/25		1350	450一剂水		45/5			8.9	41.1	33.6	81.8
10	675	225/25		1350	450一剂水			45/5		4.8	40.4	38.3	94.8

注:①试验方法采用 GB/T 35159—2017《喷射混凝土用速凝剂》;②根据 JC/T 1011—2021《混凝土抗侵蚀防腐剂》,防腐剂等量取代水泥,防腐剂按厂家推荐掺量使用;③粉煤灰质量分数分别为 25%、30%。

2. 胶凝材料抗腐蚀系数检测

研究不同配合比组合方式下胶凝材料(包括速凝剂)抗腐蚀系数,配合比按以下几种方式组合。

(1)水泥组:水泥+速凝剂(粉剂)、水泥+碱性速凝剂(液剂)、水泥+低碱速凝剂(液剂)。

(2)水泥+防腐剂组:水泥+防腐剂+碱性速凝剂(液剂)、水泥+防腐剂+低碱速凝剂(液剂)。

(3)水泥+粉煤灰组:水泥+粉煤灰+速凝剂(粉剂)、水泥+粉煤灰+碱性速凝剂(液剂)、水泥+粉煤灰+低碱速凝剂(液剂)。

从表 5.12 抗腐蚀系数可以看出,胶凝材料加入防腐剂,抗腐蚀系数比普通胶凝材料提高 3.1 个百分点,粉煤灰掺量为 30%时提高 6.8 个百分点,掺量为 25%粉煤灰时提高14.3 个百分点。胶凝材料抗腐蚀系数在粉煤灰掺量为 25%时效果较好。

表 5.12　不同组合胶凝材料抗腐蚀系数检测

序号	原材料比例/%			原材料掺量/(kg/m³)		饮用水中强度/MPa	浸泡液中强度/MPa	抗腐蚀系数/%
	水泥(P.O42.5)	粉煤灰(Ⅱ级)	防腐剂(粉剂)	标准砂	水			
1	100	—	—	250	50	8.1	7.65	94.4
2	90	—	10	250	50	7.09	6.91	97.5
3	70	30		250	50	8.32	8.42	101.2
4	75	25		250	50	8.64	9.39	108.7

3. 硬化混凝土耐久性检测

检测硬化混凝土强度和抗硫酸盐侵蚀能力,配合比组合方式如下。

（1）干喷混凝土:水泥+防腐剂+速凝剂（粉剂）。

（2）湿喷混凝土:①水泥+碱性速凝剂+高效减水剂;②水泥+低碱速凝剂+高效减水剂;③水泥+防腐剂+碱性速凝剂+高效减水剂;④水泥+防腐剂+低碱速凝剂+高效减水剂;⑤水泥+粉煤灰+碱性速凝剂;⑥水泥+粉煤灰+低碱速凝剂。

（3）抗硫酸盐侵蚀试验:检验硬化混凝土抗盐类结晶侵蚀能力。①按 TB 10424—2018《铁路混凝土工程施工质量验收标准》检测;②干喷混凝土坍落度控制在 3～5cm;③湿喷混凝土坍落度控制在 14～18mm;④拌和物性能不符合要求时,砂率和减水剂掺量可调,但应一致。

从表 5.13 各个配合比数据可以看出,喷射混凝土中加入防腐剂抗硫酸盐侵蚀系数比未加防腐剂的高 6%以上。同时,用液态速凝剂比用粉剂速凝剂抗硫酸盐侵蚀系数高,说明现场湿喷比干喷耐腐蚀性强。从加入粉煤灰的几组数据中可以看出,加入粉煤灰的喷射混凝土抗硫酸盐侵蚀系数比未加入粉煤灰的抗硫酸盐侵蚀系数高,粉煤灰掺量为 25%时比掺量为 30%抗硫酸盐侵蚀系数高,掺入粉煤灰的混凝土 178d 强度比未掺粉煤灰的强度整体要高,用低碱的速凝剂后期强度比用碱性速凝剂抗压强度高。

表 5.13　不同配合比硬化混凝土抗硫酸盐侵蚀性能

| 序号 | 原材料掺量/(kg/m³) | | | | | | | | | | 28d 强度/MPa | 178d 养护强度/MPa | 178d 浸泡强度/MPa | 抗硫酸盐侵蚀系数 |
	水泥	粉煤灰（Ⅱ级）	机制砂	碎石	水	防腐剂（粉剂）	减水剂	速凝剂（粉剂）	碱性速凝剂（液剂）	低碱速凝剂（液剂）				
1	470	—	860	860	210	—	—	23.5	—	—	36.1	47.3	31.6	0.67
2	423	—	860	860	210	47	—	23.5	—	—	37.3	47.8	33.8	0.71
3	470	—	885	885	160	—	7.05	—	23.5	—	36.3	48.1	33.4	0.69
4	470	—	885	885	160	—	7.05	—	—	23.5	41.9	53.8	38.4	0.71
5	423	—	885	885	160	47	7.05	—	23.5	—	34.2	50.9	38.6	0.76
6	423	—	885	885	160	47	7.05	—	—	23.5	43.5	57.5	42.7	0.74
7	352	118(25%)	885	885	160	—	7.05	—	23.5	—	38.2	45.1	34.3	0.76
8	352	118(25%)	885	885	160	—	7.05	—	—	23.5	41.3	54.9	41.4	0.75
9	329	141(30%)	885	885	160	—	7.05	—	23.5	—	38.5	50.8	37.4	0.74
10	329	141(30%)	885	885	160	—	7.05	—	—	23.5	44.7	54.6	40.1	0.73

综上所述,从掺粉煤灰和防腐剂的速凝剂凝结时间、28d 抗压强度比、胶凝材料抗腐

蚀系数、水泥喷射混凝土抗硫酸盐侵蚀系数等试验可以得出如下结论:在喷射混凝土中掺入粉煤灰对硫酸盐的侵蚀有抵抗作用,同时提高后期强度,加入防腐剂的混凝土比未加防腐剂的混凝土的抗腐蚀系数提高 3.28%。根据设计及规范要求,在喷射混凝土中掺入25%的粉煤灰和10%的防腐剂对混凝土抗腐蚀性有较好的效果。施工实例:永广铁路骄子山隧道根据设计及规范要求喷射混凝土配合比掺入 $40kg/m^3$ 的防腐剂,采用湿喷工艺,现场一年后在含盐高的地段取芯强度合格,腐蚀较差。

5.6.5　盐岩地层施工措施

针对盐岩地层施工措施,不管在何种环境作用下,最终目的是要保证衬砌结构不被破坏,即保证混凝土结构的耐久性。

1. 设计措施

一是在与围岩接触的初期支护喷射混凝土中添加防腐剂,以减缓结构被腐蚀的时间;二是加密环向盲管数量,增加排水通道,防止氯盐、硫酸盐淤积结晶,及时将含盐地下水排走;三是将二次衬砌混凝土的标号调整至 C50,以提高混凝土的密实度,减少混凝土中的空隙,防止含盐物质进入混凝土内部而发生结晶膨胀,破坏混凝土;四是在二次衬砌混凝土中增设构造钢筋,提高二次衬砌的抗裂能力,以抵抗衬砌背后的盐类结晶膨胀作用力;五是将钢筋的保护层由 5.6cm 提高到 10cm,以减缓氯盐对钢筋的锈蚀作用。

2. 施工措施

盐岩地层对隧道结构的侵蚀性极强、破坏力极大,所以在隧道施工中必须注重关键工序的工艺及质量控制,具体来说有以下几个方面。

1) 对现场围岩进行核查分析

在施工过程中,对围岩要分段核查侵蚀性环境等级,发现与设计不吻合的情况应立即通知参建各方到现场会商,确定处理方案,形成会议纪要。对围岩的核查分为现场勘查和样本检验,现场主要对围岩状况、含盐分布以及是否渗水(渗水量)进行分析;样品检验主要是对岩样进行现场随机提取,然后送到检测单位进行化学分析。骄子山隧道主要含有石膏、芒硝,暴露岩体直观上能判别出含盐类型与含盐岩的分布,在现场勘查阶段就能初步确定。每隔 25m 取岩样与水样,分别化验硫酸根离子与氯离子的含量,然后与规范进行对比,确定实际的侵蚀性等级与范围,如图 5.25 和图 5.26 所示。

2) 做好开挖工艺控制

开挖是隧道施工的龙头,在盐岩隧道中,开挖质量更是重中之重。首先要控制超欠挖,超挖在喷锚工序中可能会存在喷不饱满的情况,这样就提高了初期支护背后形成空洞的概率,从而无形之中给盐类物质形成了汇集的空间;欠挖会造成钢架立不上,或钢架直贴岩面,造成钢架被氯盐提前侵蚀。所以开挖的质量控制尤为重要,要严格控制超欠挖,骄子山隧道全部实行光面爆破,经过多次爆破设计与现场实践,光面爆破效果良好,如图5.27 和图 5.28 所示。

图 5.25　现场踏勘隧道掌子面围岩状况

图 5.26　建设四方现场查看围岩状况

图 5.27　骄子山隧道二号斜井光面爆破后效果　　　图 5.28　骄子山隧道进口光面爆破后效果

3) 重点做好初期支护工序

首先,若开挖后岩面出现渗水情况,一定要安装导流管对渗水进行引流,这一步对后续的喷锚质量起到很重要的作用,以防止喷射混凝土受水压作用提早开裂,降低耐久性;其次,盐岩地层必须要施作初喷工序,这道工序的目的一方面是尽快封闭岩面,防止基岩在空气中快速风化变质掉块,另一方面是起到初期支护钢构件的保护层作用,防止钢构件在氯盐环境中快速锈蚀;最后,要做好喷射混凝土工序控制,严格按照设计要求掺加防腐剂,以减缓初期支护混凝土被腐蚀的时间,喷射混凝土一定要喷饱满,要保证钢架的保护层厚度,初期支护背后不能留有空洞,喷射混凝土表面平整度控制一定要严格,防止防水板与初期支护之间形成空洞。

4) 做好防排水措施

防排水是盐岩隧道施工控制最重要的一个环节。防水板施工作为防水措施的第一关,保证其耐久性至关重要。密闭性是其中一个关键因素,首先应保证防水板的完整性。

(1) 在土工布挂设前,一是对初期支护面上的尖锐突出物应全部进行处理,以免刺穿防水板;二是衬砌钢筋焊接时,对邻近防水板的区域要进行保护,以免烧伤或烧穿防水板,尽量避免对防水板进行粘补。

(2) 防水板的焊接和固定要严格按照施工工艺进行:防水板的搭接和焊接要安排经验丰富的技工来操作,降低二次补焊的概率,搭接宽度严格控制,焊缝顺直,保证双焊缝都能焊上。防水板固定采用超声波焊接(图 5.29),这种焊接方式属于“碾压式”铺展焊接,相比于热熔焊枪从背后熔接,能保证防水板和初期支护面的密贴(图 5.30),减少空洞,还能降低防水板的焊伤率。

图 5.29　防水板超声波焊枪

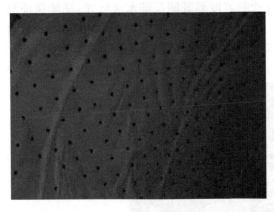

图 5.30　现场热熔垫片安装和防水板挂设

(3) 防水板材料的存储也至关重要,需避免暴晒及高温环境,应单独隔离存放,避免外力损伤,以保证其使用质量。

止水带作为防水措施的第二关,其防水效果主要在其安装质量及成品保护(图 5.31)。

中埋式止水带的安装:一是控制尺寸,止水带的搭接预留长度是封闭成环的保证,一半的外露宽度能达到最佳防水效果;二是固定,仰拱止水带固定于上下两块仰拱钢端模之间,边墙止水带用钢筋卡固定,每米固定一个,这样尺寸和顺直度都能得到保证。二次衬砌由于采用木模封挡,中埋止水带的安装还是需要丰富经验的技工来操作,在定位、尺寸方面控制得好,而且拆模过后外露部分很容易敲出来进行调直。止水带的保护主要是在仰拱开挖过程中,机械开挖精准度低,容易损坏止水带。仰拱开挖端头部位时,安排专人进行旁站指挥,在距离止水带30cm范围内土石采用人工清理。

图 5.31　止水带定位

隧道排水措施主要就是盲管引流。盲管施工(图 5.32)属于隐蔽性工程,往往也是最容易被忽视的一个工序,因为大部分段落在开挖时没有遇到渗水,造成无水的假象,排水措施就成了预防措施,得不到重视。骄子山隧道出口工区就出现二次衬砌施工一年后盲管开始出水的现象,地下水文的改变无法预测,所以必须把排水做好。盐岩地层明显的特点就是遇水结晶,所以关键是要及时排水,不能让水滞留。排水需要注意两方面:一是水流坡度,二是水流量。水流通过盲管导出,盲管的坡度要既能保证水流流速,又能保证流水通畅。纵向盲管提前标识定位线,以保证出水口高度和平顺性,按标线固定盲管及接出位置;台车定位时,采用钢筋环固定和引出盲管,由里向外保证出水口的坡度,避免反坡积水,造成水结晶堵管。水流量由两个因素决定:流速和水流截面积。盲管安装质量好能保

图 5.32　盲管固定支架

证流速,水流截面面积通过升级盲管管径、加设盲管的方式来解决。纵向盲管由 ϕ80mm 换成 ϕ100mm,环向盲管由 10m 一道加密为 5m 一道,边墙水沟至中心水沟盲管由 30m 一道加密为 15m 一道。

5) 做好二次衬砌施工质量控制

盐岩地层对衬砌结构的影响是全方位的,衬砌混凝土受硫酸盐侵害,衬砌钢筋受氯盐腐蚀,衬砌实体受岩体膨胀挤压变形。衬砌作为主要的受力结构,从各个影响层面来说,都是有重大影响的,衬砌受腐蚀将会直接降低隧道的使用寿命。因此,要尤其重视防腐蚀措施和强度保证措施,做好衬砌施工的细节。

首先,要保证材料质量。从钢筋原材料来说,钢筋涂层作为氯盐腐蚀的最后一关,它的质量要严格把控,做好钢筋存放和保护工作。混凝土原材料方面,做好材料进场的检验工作,在规范要求基础上提高检验频次,杜绝不合格材料进场。混凝土拌和要在技术员、试验员参数核对完成后才能进行,混凝土性能的调整必须由实验室通知拌和站才能更改配合比。

其次,二次衬砌施工过程中,要保证结构强度。为了减缓氯盐对钢筋的腐蚀,钢筋保护层厚度加大至 10cm。特别要注意外层钢筋保护层的控制,那是最容易受到腐蚀的位置,如图 5.33 所示,垫块的安装、钢筋下料长度和搭接长度都要控制好。

图 5.33　边墙钢筋保护层控制

再次,混凝土的浇筑过程一般会出现混凝土泵送困难、浇筑间隔时间过长、高处放料离析、振捣不到位的情况,这些都会直接或间接影响结构整体性和混凝土的强度。①混凝土泵送困难造成堵管后,新旧混凝土面极易产生冷缝,导致拱结构承载性能降低。因此,需要混凝土性能保持稳定,每次混凝土拌和前,原材料的指标一定要掌握,第一车混凝土分盘调配,达到泵送要求,技术人员全程跟踪混凝土质量。②混凝土浇筑部位的先后次序、工人换管的熟练程度也会导致在时间间隔上长时间不连续,造成冷缝的产生,强调对称浇筑,在管道的设计上,避免长距离挪管原则,并且安排专人换管。③混凝土台车入料窗口的布设按照混凝土浇筑高度要求来设置,避免因混凝土离析而造成强度降低和分散。浇筑时从底层窗口依次向上,每层逐窗口放料,采用插入式振捣器和附着式振捣器相结合的方式来对混凝土进行振捣,以保证混凝土的密实度,如图 5.34 所示。

图 5.34　二次衬砌台车附着式振捣器

最后,二次衬砌施工过后,养护工作和后期跟踪监测工作要紧跟着进行。项目部给每个洞口都专门配置水车,配备高压喷水设备,专职人员对新施工的衬砌混凝土进行喷洒养护,保证混凝土强度能顺利提升到设计强度。后期跟踪监测工作包括对排水管出水情况的观察记录,仰拱、二次衬砌外观裂纹的观察记录,仰拱、二次衬砌不同龄期的强度检测,综合这些信息建立台账,进行综合分析。这些都是对前期措施是否达到预期效果的一个间接反映,反馈的信息能及时发现和调整措施中不足的地方。

5.6.6　隧道施工质量检验

1. 衬砌开裂排查

衬砌开裂排查采取目测的方式进行。对发现开裂的位置进行初始记录,包括裂缝位置、裂缝宽度、裂缝长度、裂缝延伸方向、是否为贯通裂缝,对于纵向裂缝需要单独列表说明。同时现场进行裂缝标识,标注裂缝端头位置记号,便于观察裂缝的后续发展(图 5.35)。

图 5.35　衬砌裂缝排查

通过排查,骄子山隧道共排查出裂缝 157 道,最长裂缝 15.4m,最大缝宽 1.6mm。未发现全环贯通性裂缝。仰拱贯通性裂缝 15 处,均在仰拱搭接处。竖向裂缝 117 处,通过分析,多为仰拱拉裂缝。纵向裂缝 25 处,全部为施工冷缝,裂缝线型平顺,细部无曲折。其中,有二次发展的裂缝共 15 处,均为竖向裂缝。目前,所有裂缝均稳定,无延伸情况。

2. 渗水情况排查

渗水情况排查主要以目测方式进行。对发现渗水的位置进行初始记录,包括渗水位置、渗水面积、结晶情况、渗水时间,并对渗水原因进行分析。

通过排查,骄子山隧道共发现渗水 15 处。其中进口 2 处,分别为洞口明洞纵向冷缝和仰拱裂缝渗水一处。3♯斜井 8 处,全部集中在同一里程段落,该段落为长流水,其中 1 处为横向冷缝,其他 7 处为竖向裂缝。出口 5 处全部位于施工缝处。

15 处裂缝中,除进口明洞外,其余裂缝均有盐分析出。

3. 盲管堵塞排查

盲管堵塞一般发生在间歇性流水段落,在隧道施工工程中一直重视该问题。盲管堵塞部位一般很明显,周围及地面往往存在大面积的结晶。盲管堵塞排查主要记录盲管堵塞位置、结晶严重程度、晶体松散程度。骄子山隧道排查的所有盲管堵塞均处于间歇性出水段落。

4. 混凝土强度检测

骄子山隧道衬砌混凝土强度等级设计为 C45。混凝土强度检测经过自检和第三方检测,全隧道检测完毕。

主要检测方式为:采用电子回弹仪回弹,每板二次衬砌(10m/12m)检测 10 个区域,每个区域检测 16 个点。

通过第三方检测数据反映,骄子山隧道混凝土强度全部合格。

5. 衬砌地质雷达检测

隧道地质雷达对隐蔽性隧道结构缺陷进行检测,主要有以下几个方面:

(1)衬砌混凝土厚度检测。包括拱顶中线及中线两侧 2m 处,仰拱中线两侧 2m 处。

(2)衬砌混凝土密实度检测。

(3)初期支护钢架分布检测。

(4)衬砌钢筋间距、层数、钢筋型号检测。

(5)衬砌背后空洞检测。

从骄子山隧道已检测的段落来看,检测结果如下。

(1)衬砌背后空洞情况:共检测拱顶空洞 99 处,拱腰空洞 1 处。

(2)钢筋间距偏大:共 122m。

(3)混凝土密实度不足:仰拱填充不密实,共 62m。

(4)钢架分布情况:钢架间距全部合格。

第6章 城市交通隧道邻近既有隧道施工技术

6.1 概　述

随着城市经济发展和人口数量的剧增,用于货物运输和人们出行的汽车数量呈指数级增长。为了缓解地面道路交通压力,提高交通输送能力和效率,城市交通工程(市政道路、轨道交通、高速公路)建设得到快速发展。由于重庆主城区属于典型的山地城市,被"四山两江"(缙云山山脉、中梁山山脉、铜锣山山脉、明月山山脉和嘉陵江、长江)分割,地形地貌复杂,地面土地资源紧张。城市交通工程建设时需要修建大量的隧道工程,经常出现新建隧道平面上或立面上与既有隧道近邻,甚至部分隧道与既有隧道近接距离不足0.5m。例如,重庆大坪隧道穿越多个市区主城区,其子工程中高九路 I、J 匝道隧道上穿大坪隧道。两条匝道隧道与大坪隧道空间上形成立交状态,两者最小距离约 1.7m,为国内最小净距的市政地下隧道交叉工程。近距离施工将对既有隧道周边围岩、既有隧道结构,以及地表建(构)筑物等均产生较大的影响。目前,可直接利用借鉴的参考案例非常有限,施工技术并不成熟,新建隧道邻近既有隧道施工必然造成既有隧道周边围岩应力重组,若围岩承载力超限便会引起既有隧道结构变形和内应力增加,超过其结构自身承载力会对结构造成损伤,进而影响车辆运营安全。因此,新建隧道施工时必须依据既有的规范要求,制定科学、有效的施工方案,来降低对邻近既有隧道围岩结构的破坏,及时采取措施对围岩加强支护,并做好施工信息化智能监测与反馈,确保既有隧道结构的安全。

6.2 城市隧道工程邻近施工分类及影响分区

6.2.1 城市隧道工程邻近施工分类

城市隧道工程邻近施工最主要的问题是新建隧道工程的施工将会对既有隧道工程原有的稳定性产生影响。这种影响最本质的原因是新建隧道工程的施工会引起围岩应力状态再次重分布,从而导致一系列的力学行为变化。因此,需按邻近隧道施工引起的力学行为变化特征(即受力特征)进行分类。这种受力特征与隧道工程修建的空间位置关系及其施工方法有关,如加载效应、卸载效应、横向效应、纵向效应及空间效应等。本节仅考虑空间因素影响下的受力特征。

新建隧道工程邻近既有隧道施工分为五种基本类型[35],详见表 6.1。

表 6.1　新建隧道工程邻近既有隧道施工的分类和影响

分类	受力特征图示	工程背景	对既有隧道的影响
隧道并列	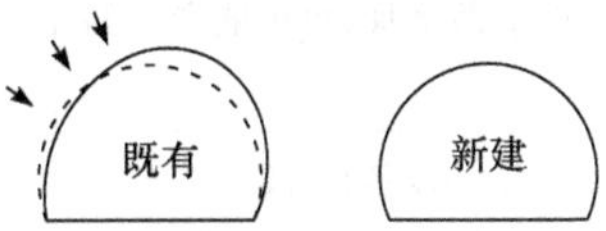 既有　新建	与既有隧道平行新建隧道,增建二线时多出现此情况	既有隧道向邻近的新建隧道方向发生位移;既有隧道周边围岩发生松弛,而使作用在衬砌上的荷载增加
隧道重叠	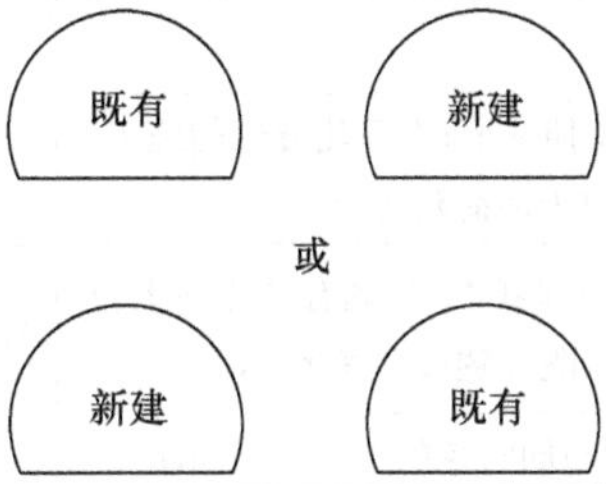 既有　新建　或　新建　既有	因条件限制,两条隧道近距离重叠修建	上穿时,对浅埋隧道,有卸载作用,衬砌荷载减小,既有隧道结构产生上浮;下穿时,既有隧道会发生下沉,产生差异沉降,内力发生变化
隧道交错	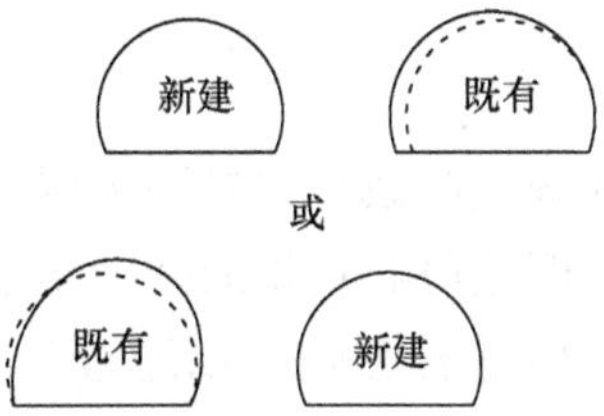 新建　既有　或　既有　新建	因条件限制,两条隧道近距离交错平行修建	介于隧道并列和隧道重叠之间
隧道交叉	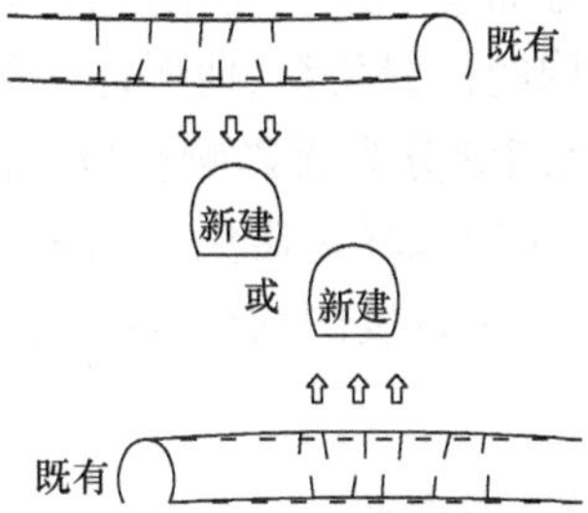 既有　新建　或　新建　既有	从既有隧道上部或下部穿越既有隧道	与隧道重叠的情况相同
隧道空间交叉、扭转	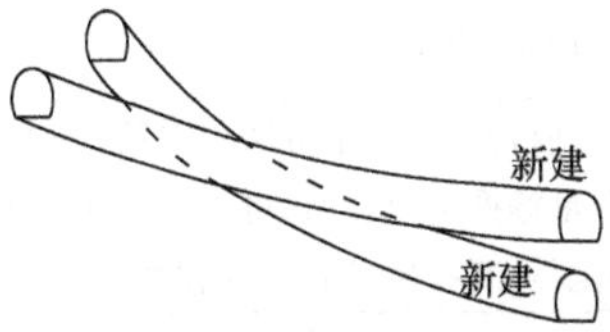 新建　新建	因条件限制、两条隧道空间交叉、扭转修建	与隧道重叠的情况相同

各类邻近施工的受力特征和力学模型归纳总结见表 6.2。

表 6.2 各类邻近施工的受力特征和力学模型

邻近施工类型	受力特征	力学模型
新旧隧道并列	既有隧道向邻近的隧道方向发生拉伸变形;因并列隧道施工,既有隧道周边围岩松弛,而使作用在衬砌上的荷载增加,也可能产生偏压现象	横向效应的平面模型
新旧隧道重叠	新建隧道在既有隧道上方平行通过时,既有隧道随新建隧道的开挖不断向上方变形,围岩成拱作用受到损伤,而使衬砌上的荷载增加;新建隧道在既有隧道下方平行通过时,既有隧道随新建隧道的开挖不断发生下沉	
新旧隧道交错	既有隧道向邻近的新建隧道方向发生拉伸变形;因新建隧道的施工,既有隧道周边围岩松弛,而使作用在衬砌上的荷载增加	
新旧隧道交叉	新建隧道在既有隧道上部通过时,由于卸载作用,既有隧道向上方变形;新建隧道在既有隧道下部通过时,既有隧道会发生下沉	纵向效应的平面模型
隧道空间交叉、扭转	因两隧道同时修建,所以存在先挖后挖与同时挖的工法优化问题	空间建模

6.2.2 城市隧道工程邻近施工影响分区

邻近隧道开挖时会引起地层的应力重分布(加载或卸载),并导致地层移动,从而产生对既有结构的影响。这个影响与距离直接相关,新旧建(构)筑物的间距越小,影响程度就越大;反之,则越小。这种邻近影响程度称为邻近度,这种影响可以通过工程措施减小或消除。因此,需要对隧道邻近施工影响程度和对策进行研究。

地下工程开挖对其周围影响的程度随距离远近而发生强弱变化,用邻近程度来表示。主要根据新工程的规模、设计施工方法、与既有结构的位置关系、地形地质条件、既有结构的力学性能和对策的可能性,将新线施工的影响范围划分为无影响范围、注意范围、需采取措施范围和慎重范围四类。其中,慎重范围内施工应该尽量避免。除无影响范围外,都应该根据对既有结构的检查、量测等进行设计。根据邻近度的划分,应采取措施的内容见表 6.3。

表 6.3 邻近度的划分与措施内容

邻近度划分	划分内容	措施内容
无影响范围	不考虑新线施工对既有结构影响的范围	一般不需采取措施
注意范围	通常不会产生有害影响,但有一定的影响范围	一般以采取合适的施工方法为对策,并根据既有结构的位移、变形量等推定允许值,再决定是否采取其他措施,为施工安全,要对既有建(构)筑物和新线进行量测管理
需采取措施范围	产生有害影响的范围	必须在施工方法上采取措施并根据既有结构的位移、变形量决定影响程度,然后采取相应措施。同时,对既有建(构)筑物和新线进行量测管理
慎重范围	对隧道结构有重大有害影响	应尽量避免该种情况,如果不能避免,则除了按“需采取措施范围”外还应特别注意新线施工振动的影响

在新线穿越既有线的情况下,其邻近度的划分如图 6.1 所示,邻近度划分基准见表 6.4。

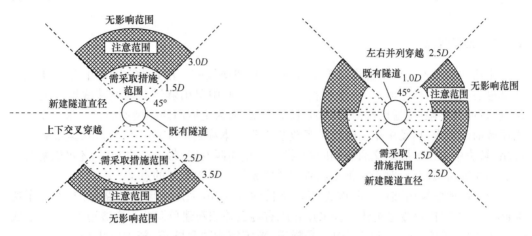

图 6.1 新建隧道穿越既有隧道邻近度的划分图

D 为新建隧道直径

表 6.4 穿越方式及邻近度划分

穿越方式及两座隧道的位置关系		隧道间隔	邻近度划分
隧道并列	新建隧道比既有隧道高	$<0.5D$	慎重范围
		$0.5D\sim D$	需采取措施范围
		$D\sim 2.5D$	注意范围
		$>2.5D$	无影响范围
	新建隧道比既有隧道低	$<0.5D$	慎重范围
		$0.5D\sim 1.5D$	需采取措施范围
		$1.5D\sim 2.5D$	注意范围
		$>2.5D$	无影响范围
隧道交叉(上穿)		$<5m$	慎重范围
		$5m\sim 1.5D$	需采取措施范围
		$1.5D\sim 3.0D$	注意范围
		$>3.0D$	无影响范围
隧道交叉(下穿)		$<5m$	慎重范围
		$5m\sim 2.0D$	需采取措施范围
		$2.0D\sim 3.5D$	注意范围
		$>3.5D$	无影响范围

6.3　城市交通隧道邻近施工开挖方案

6.3.1　工程概况

重庆成渝高速中梁山隧道位于主城西部，是四横线的一段，横穿中梁山，串联主城与西部槽谷地带，西接成渝高速，辐射范围广。由于原中梁山隧道及两侧接线段车道数不足、通行能力有限，交通已经严重饱和、长期拥堵，成为主城向西拓展的瓶颈。根据重庆市人民政府的要求，启动中梁山隧道扩容改造工程。本项目的实施不仅可以快速缓解交通拥堵，解决中梁山山脉的交通瓶颈问题，推动主城向西发展，带动沿线开发，还可以解决内环交通快速疏散问题，对于完善主城骨架道路系统有极为重要的意义。

成渝高速中梁山隧道扩容改造工程全长约 8.8km，采用城市快速路标准，设计车速80km/h。本次扩容改造主体工程采用在既有隧道外侧新建单洞 2 车道隧道的方式，形成3 个隧道组成的隧道群（新宋家沟一号隧道、新宋家沟二号隧道、新中梁山特长隧道）；其中，北侧新建隧道 2 座，原洞拓宽隧道 1 座；南侧新建隧道 3 座。两侧接线采用对称拓宽方式，标准路幅宽度由 24.5m 拓宽为 35.5m，形成双向 8 车道。

新中梁山隧道左线位于既有中梁山隧道左线北侧，与既有左线间距 25～68m，新中梁山隧道左线与既有中梁山隧道左线间新建 3 处车行横通道，3 处人行横通道，2 座变电所；新中梁山隧道右线位于既有中梁山隧道右线南侧，与既有右线间距 31～53m，新中梁山隧道右线与既有中梁山隧道右线间新建 3 处车行横通道，3 处人行横通道，2 座变电所。采用钻爆法施工，最大埋深 280m。

6.3.2　既有隧道加固

当既有隧道衬砌厚度不大于 85% 设计厚度或者衬砌强度不大于 85% 设计强度的衬砌断面，采用钢筋混凝土套衬进行补强。隧道衬砌加固施工时，需将加固段原二次衬砌表面凿毛，用高压水或压缩空气将凿毛面吹洗干净并涂上水泥基渗透结晶涂料，以利于套衬与原有混凝土紧密结合，保证加固后的整体受力。沿着隧道表面采用 ϕ22mm 钢筋环向布置，纵向间距 0.6m，ϕ22mm 钢筋采用锚钉锚固，锚钉长 0.4m，沿主筋环向布置间距1.0m，纵向间距 0.6m，植入深度 20cm，要求结合力大于 50kN。锚钉尾部做成 90°弯钩，并与钢筋网和环向主筋焊接，然后重新浇筑衬砌混凝土。

6.3.3　邻近既有线隧道洞身施工

1. 开挖工法

根据断面尺寸和围岩级别，Ⅲ级围岩采用全断面法或台阶法开挖，Ⅳ级围岩采用台阶法开挖，Ⅴ级围岩采用中隔壁法（center diaphragm，CD）开挖。此外，根据隧道实际情况调整施工工法，特殊地段可采用机械开挖、控制爆破。在保证施工安全的前提下，根据地质情况合理确定施工工法，优化施工步距，加快施工进度，以"弱爆破、短进尺、强支护、早封闭、勤量测"的原则，合理利用围岩的自承能力，达到科学施工、高效生产的目的。

　　新建隧道与既有隧道结构距离 $d<15m$ 时采用机械开挖,当 $15m<d<30m$ 时采取控制爆破,当$30m<d<60m$ 时采取多分部弱爆破,采用多打眼少装药的原则,预留部分不装药的空孔,并减少一次起爆的炸药总量。

　　2. 施工工艺流程

　　隧道开挖施工坚持"弱爆破、短进尺、强支护、早封闭、勤量测"的原则,采用微振爆破、小炮、机械或人工开挖,严格控制装药量,以减小对围岩的扰动,工序变化处钢架(临时钢架)设锁脚锚杆,以确保钢架基础稳定。隧道断面开挖施工工艺流程如图 6.2 所示,施工方案见表 6.5。

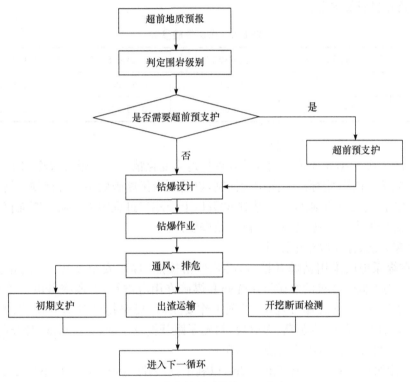

图 6.2　隧道断面开挖施工工艺流程

表 6.5　隧道施工方案

围岩级别	隧道类别			
	双车道隧道	紧急停车带	车行、人行横通道	变电所
Ⅲ级	全断面法或二台阶法	二台阶法	全断面法	全断面法
Ⅳ级	二台阶法	弧顶导坑法	二、三台阶法	台阶法
Ⅴ级	二、三台阶法	—	二、三台阶法	—
特殊地段	CD法	CRD法	—	—
Ⅴ级围岩扩挖	CD法	—	—	—

注:CRD(cross diaghragm)法为交叉中隔壁法。

3. 隧洞开挖钻爆设计

1）一般隧道钻爆设计

V级、Ⅳ级围岩隧道开挖施工坚持"弱爆破、短进尺、强支护、早封闭、勤量测"的原则。为减少爆破振动，确保施工安全，采用微振爆破；特殊地段采用机械开挖或人工开挖。严格控制装药量，以减小对围岩的扰动，工序变化处的钢架（临时钢架）设锁脚锚杆，以确保钢架基础稳定；导坑开挖孔径及台阶高度可根据施工机具、人员安排进行适当调整。

Ⅲ级围岩台阶法按光面爆破和预裂控制爆破布眼，风动凿岩机钻眼，塑料导爆管非电起爆、毫秒微差爆破。通过爆破试验确定爆破参数，试验时参照表6.6实施，并根据地质情况及时修正其钻爆参数。

表6.6 光面爆破参数

岩石类别	周边眼间距 E/cm	周边眼抵抗线 W/cm	相对距离 E/W	装药集中度 q/(kg/m)
硬岩	35～45	50～54	0.8～0.85	0.15～0.25
软质岩	30～35	40～56	0.75～0.8	0.07～0.12

掏槽方式：开挖采用楔形掏槽。

在施工中，要根据光面爆破设计结合现场地质变化情况进行爆破试验，不断修正爆破参数，实行定人、定岗、定标准的岗位责任制，以达到最优爆破效果。确保硬岩炮眼残留率达到80%以上；中硬岩炮眼残留率达到60%以上。施工过程中采用激光断面仪对开挖轮廓线进行跟踪检测，并根据检测结果修正钻爆设计。

2）穿越煤层、瓦斯段钻爆设计

（1）在煤系地层采用钻爆开挖时，必须严格按照《煤矿安全规程》[36]的相关规定进行。严格采用不低于3级的煤矿许用炸药和煤矿许用电雷管，五段毫秒电雷管总延期时间不得超过130ms。在穿煤过程中，护顶工作要及时，要坚持做到短开挖、弱爆破、强支护、抢支护，采用密钻眼、少装药、多分段，衬砌紧跟开挖掌子面，尽量形成封闭环。

（2）周边眼布置在巷道轮廓线内0.05m。

（3）底眼眼口比巷道底板高出0.2m，以利于钻眼，眼底位于底板以下0.1m。

（4）掏槽眼，每眼装药0.60kg；辅助眼，每眼装药0.45kg；周边眼，每眼装药0.15kg；底板眼，每眼装药0.6kg。

（5）掏槽方式：开挖采用楔形掏槽。

在施工中要根据光面爆破设计结合现场地质变化情况进行爆破试验，不断修正爆破参数，实行定人、定岗、定标准的岗位责任制，以达到最优爆破效果。确保硬岩炮眼残留率达到80%以上；中硬岩炮眼残留率达到60%以上。施工过程中采用激光断面仪对开挖轮廓线进行跟踪检测，并根据检测结果修正钻爆设计。

4. 开挖施工

主要采用钻孔台架配合风动凿岩机钻孔、非电毫秒雷管光面爆破技术；特殊地段（如邻近既有线）采用机械开挖或人工开挖。

1）测量放线

钻孔前测量放样，准确绘出开挖轮廓线及周边眼、掏槽眼和辅助眼的位置，用激光铅直仪控制边线。距开挖面 50m 处埋设中线桩，每 100m 设置临时水准点。每次测量放线的同时，要对上次爆破断面进行检查，利用隧道开挖断面量测系统对测量数据进行处理，及时调整爆破参数，以达到最佳爆破效果。

2）钻孔作业

钻眼前，钻工要熟悉炮眼布置图，严格按钻爆设计实施。特别是周边眼和掏槽眼的位置、间距及数量，未经主管工程师同意不得随意改动。

定人、定位，周边眼、掏槽眼由经验丰富的司钻工司钻。准确定位凿岩机钻杆，使钻孔位置误差不大于 5cm，保持钻孔方向平行，严禁相互交错。同类炮眼钻孔深度要达到钻爆设计要求，眼底保持在一个铅垂面上。

钻眼完毕，按炮眼布置图进行检查，并做好记录。对不符合要求的炮眼应重钻，检查合格后方可装药爆破。

3）周边眼的装药结构

周边眼的装药结构是实现光面爆破的重要条件，严格控制周边眼装药量，采用合理的装药结构，尽量使炸药沿孔深均匀分布。施工时采用不耦合装药结构，不偶合装药系数一般控制在 1.4～2.0 范围内。

4）围岩爆破

根据岩石强度选用不同猛度爆速的炸药，有水地段选用乳化炸药，其余均用 2 号岩石硝铵炸药。周边眼采用 ϕ22mm 小药卷，空气柱状装药结构，其余炮眼采用 ϕ32mm 药卷。采用塑料导爆管非电起爆。

5）爆破作业管理控制

按"一标准、两要求、三控制、四保证"的原则进行光面爆破施工。"一标准"即一个控制标准。"两要求"即钻眼作业要求和装药连线作业要求。"三控制"即控制钻眼角度、深度、密度，控制装药量和装药结构，控制测量放线精度。"四保证"即做好思想保证，端正态度，纠正"宁超勿欠"等错误思想；做好技术保证，及时根据爆破实际情况调整钻爆设计参数；做好施工保证，落实岗位责任制，组织质量控制小组活动，严格工序自检、互检、交接检；做好经济保证，落实经济责任制。

装药作业采取定人、定位、定段别，做到装药按顺序进行；装药前，所有炮眼全部用高压风吹洗；严格按爆破设计的装药结构和药量施作。

严格按设计的连接网络实施，控制导爆索连接方向和连接点牢固性。

6）控制爆破

新建中梁山隧道位于既有隧道的两侧，四条隧道近乎平行，路面高程基本一致。左线隧道出口段距离既有隧道约 19.0m，右线隧道出口距离既有隧道约 22.5m；隧道洞身距离既有隧道最远约 57.0m。新建隧道与既有隧道结构距离 $d<15$m 时采用机械开挖，当 $15\text{m}<d<30\text{m}$ 时采取控制爆破，当 $30\text{m}<d<60\text{m}$ 时采取多分部弱爆破，隧道出口段应采取控制爆破施工。

控制爆破选择主频率小于 20Hz，选取允许爆破振动速度 2.5cm/s 作为控制基准。

6.3.4　与既有隧道间横通道施工

1. 施工流程

施工流程为:测量放线→交叉口段钢架加固→水磨钻及机械开挖→自进式管棚施工、初期支护、防排水及二次衬砌施工。

2. 施工方法[37]

1）测量放线

测量人员测量放线,用红油漆准确划出开挖断面的中线和轮廓线,标出周边的位置。

2）交叉口段钢架加固

为解决车行横通道贯通时主洞初期支护型钢拱架的落点问题,于车行横通道拱部开挖轮廓线外缘设一道 22 槽钢托梁,与横通道轮廓线外边墙两侧的 I18 弧形立柱焊接,形成整体框架,并及时施工锁角锚杆,锚喷封闭。

3）水磨钻及机械开挖

（1）开挖顺序。

水磨钻钻孔孔位可沿轮廓线连续布置,如图 6.3 所示。由于水磨钻行程仅有 60cm,有效成孔深度在 50cm 左右,需多次钻孔才能达到非爆区的设计循环进尺。

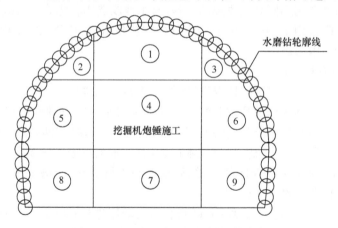

图 6.3　取芯施工布置及机械破除顺序

（2）搭设简易台架。

用于钻孔的台架采用脚手架搭设,步骤为:垫三角木楔(板)→放置纵向扫地杆→逐根竖立杆→搭设第一层横向水平杆→铺设脚手板→搭设第二层横向水平杆→铺设脚手板→加设剪刀撑→加设斜撑。

（3）水磨钻机周边钻孔取芯。

沿测量布置点取芯点,芯点中心位于设计内径基线上,取芯直径为 170mm,依次向外倾角 15°向前钻取外周的岩芯,取出的岩芯长约 600mm,外周岩芯取完后中间岩体便形成一个环形临空面。

（4）挖掘机炮锤施工。

炮机开始凿打作业,炮机凿打作业分层分台阶进行,按照顺序依次破除,每层控制在 2m 左右。

（5）出渣。

凿打后的岩石应采用挖掘机、自卸车及时进行清理。

4）自进式管棚施工、初期支护、防排水及二次衬砌施工

（1）自进式管棚施工。

适用于Ⅳ级车行加强段与既有隧道交叉口处,采用 $\phi76mm$ 壁厚 4.5mm 自进式中管棚,中管棚长度 $L=9m$,环向间距 40cm,外插角 $10°\sim15°$。$\phi76mm$ 自进式中管棚超前支护纵向布置示意图如图 6.4 所示。

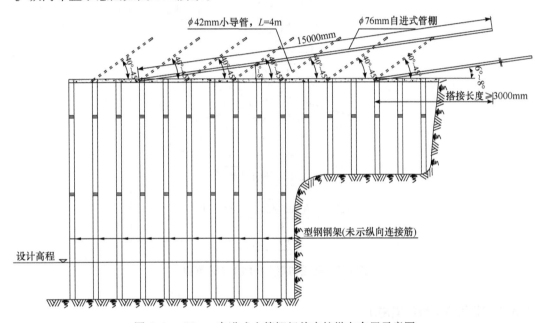

图 6.4　$\phi76mm$ 自进式中管棚超前支护纵向布置示意图

（2）初期支护。

隧道初期支护施工工艺流程如图 6.5 所示。按照原设计图纸及规范要求施工,严格保证施工质量及安全。

（3）防排水施工。

采用"防、排、堵、截结合,因地制宜,综合治理"的原则;对于隧道穿过断裂破碎带,预计地下水流量较大,如果采用以排为主可能会影响生态环境时,则根据实际情况采用"以堵为主,限量排放"的原则,从而达到堵水有效、防水可靠、经济合理的目的。

防排水设施施工工艺流程如图 6.6 所示。

（4）二次衬砌施工。

小型洞室二次衬砌采用仰拱(底板)先行、整体式钢模衬砌台车衬砌,拱墙一次模筑成型。混凝土采用商品混凝土,混凝土输送车运输,泵送入模灌筑施工,振动棒振捣密实。

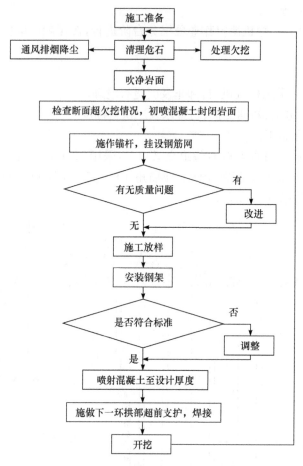

图 6.5 隧道初期支护施工工艺流程

6.3.5 紧急停车带加固施工

施工前应确定影响施工的固定设备,并对其进行临时拆除或临时改移。

1. 基层处理

隧道衬砌加固施工时,需将原二次衬砌表面凿毛,用高压水或压缩空气将凿毛面吹洗干净并涂上 2cm 厚水泥基渗透结晶涂料,以利于套衬与原有混凝土紧密结合。

2. 钢架安装

钢架按设计要求预先在结构件厂加工成型,运至施工现场。紧急停车带加固采用 I14 工字钢环向布置,间距 1m,钢架纵向采用 ϕ22mm 钢筋连接,连接钢筋环向设置间距 1m。

钢架按设计位置安设,在安设过程中,当钢架和初喷层之间有较大间隙时,应设混凝土垫块或橡胶垫块,钢架与围岩接触间距不应大于 50mm。

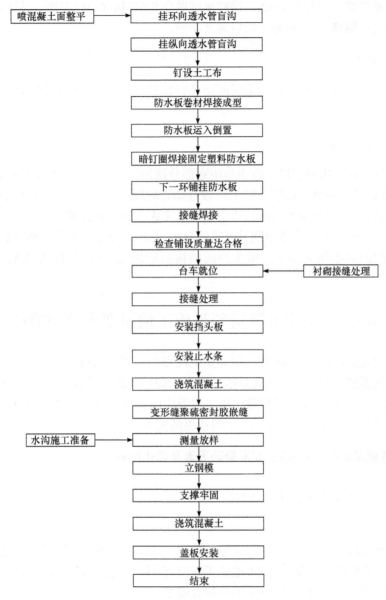

图 6.6　防排水设施施工工艺流程

3. 钢筋网制作与安装

钢筋网根据初喷混凝土面的实际起伏状铺设,并与受喷面间隙为 3cm。钢筋网与钢筋网、钢筋网与锚杆、钢筋网与钢架连接筋点焊在一起,使钢筋网在喷射时不晃动。钢筋网在构件加工厂加工成片,洞内焊接形成整体。

4. 钢筋锚钉施工

锚钉采用 40cm 长 $\phi16$mm 钢筋,沿主筋环向布置间距 1m,纵向间距 1m 施作。植入深度20cm,要求结合力大于50kN。锚钉尾部做成90°弯钩并与钢筋网焊接牢固。当原隧道二次衬砌内有钢筋时,锚钉施工时应避开钢筋。

5. 锚喷支护

喷射混凝土前,按照规范和标准对断面进行检验,采用混凝土湿喷机,用湿喷工艺复喷至设计厚度。

6. 路面铣刨罩面

确保成渝高速本次改造段原路面与拓宽部分路面形象上保持一致,并对原老路路面进行提档升级,原老路路面加铺一层4cm改性沥青玛蹄脂SMA-13。需铣刨、开镗后清除槽底、槽壁的松动部分及粉尘、杂物,透层油铺撒完成后进行沥青施工。

施工时应根据承载力等效原则补强罩面厚度,按照车道宽度纵向铣刨,以确保最底层(修补找平层)的最小压实厚度。每步路面结构层铺筑完毕后,其顶面必须为一个横坡界面。

6.4 城市交通隧道邻近施工地层变形控制措施

隧道邻近施工,既有土工环境结构的安全性影响主要来自施工所导致的原始应力状态的改变。隧道产生的应力与应变是通过媒介物即中间地层传递来影响既有环境结构。要想保证邻近施工安全,必须控制隧道施工以及中间地层变形在允许范围内。因此,隧道邻近施工的关键在于控制隧道施工与中间地层的变形。

6.4.1 隧道施工变形、中间地层变形影响因素及优化措施

1. 隧道施工变形影响因素及优化措施

1) 隧道结构型式

从受力和变形最优化控制分析,变形自小到大依次为:圆形→椭圆形→曲线型→曲拱直墙型→平顶直墙型。例如,就城市地铁工程而言,浅埋暗挖法地铁区间隧道多采用马蹄曲线型隧道断面,特殊环境条件下采用平顶直墙型。

2) 隧道施工方法

隧道施工方法引起的变形从大到小依次为:普通台阶法→环形开挖留核心土正台阶法→临时仰拱正台阶法→侧壁导坑法→双侧壁导坑法→眼镜法→侧洞法→中洞法→洞桩法(pile-beam-arc approach,PBA)。其中,地铁区间隧道多采用正台阶法,有特殊要求时,采用临时仰拱正台阶法、CD法和CRD法等。跨度小于10m的隧道多采用CD法、CRD法和眼镜法。地铁车站施工多采用侧洞法、中洞法和PBA法。对于侧洞法和中洞法,就理论分析而言,中洞法优于侧洞法;但就工程实践而言,侧洞法较中洞法更易控制沉降。这表明隧道施工变形控制并不是由单一因素主导的,而是多因素相互作用的最终体现。对于邻近施工,根据不同的邻近度,实施隧道大跨变小跨,始终是控制变形最有效的手段。

3）导洞（群）施工顺序与开挖参数

对于单一导洞，为实施变形最优控制，减小开挖空间效应，确保核心土的留设有挡土墙效果，台阶长度宜控制在 D，自核心土上方至拱顶的最大高度不宜大于 1.7m，核心土长度不宜小于 2m，且上台阶应打设锁脚注浆锚管。

对于多导洞群施工，两相邻或相平行导洞施工错距最小宜控制在 15m，以控制在 30m 为宜。对于两个结构相互独立的相邻平行隧道施工，其间隔土体小于或等于 0.5D 时，在控制 30m 错距的同时，超前施工的隧道还应对间隔土体进行注浆加固或对拉措施，并根据变形进行多次补注浆以填充孔隙、裂隙；上下导洞施工错距最小宜控制在 10m，以控制在 15m 为宜。对两个结构相互独立的重叠隧道施工，不宜控制其间隔土体的尺寸，隧道施工宜先施工下方隧道而后施工上覆隧道，且不宜先行施工二次衬砌结构。最小施工错距宜控制在 30m，并对间隔土体实施加固。

对变形有特殊要求的邻近施工，进行多导洞或两个及以上相互独立结构的隧道施工时，应先行施工一侧导洞群或单一的隧道，待其邻近施工完成后，再进行另一侧导洞群或其他隧道的施工，必要时可考虑先行施工二次衬砌结构。

另外，由工作面稳定与失稳分析可知，从开挖参数分析来看，减少工作面无支护空间范围的开挖步距无疑是在跨度由大变小后的又一个控制变形的最有效措施。也就是说，在同样的参数条件下，短进尺是控制隧道工作面变形最关键的措施。

4）二次衬砌结构施工

在施作方式上，跳仓法施工的变形控制优于连续式施工；从临时支护拆除上，分段拆除的变形控制优于一次拆除。在临时支护分段拆除施工上，又以间隔式拆除施工为变形的最优控制。

2. 中间地层变形影响因素及优化措施

隧道施工产生的应力、应变都是通过中间岩土体作为媒介传递或扩散给邻近既有土工环境结构体的。由前述分析可知，若对中间岩土体（尤其是工作面松弛带土体）采取措施人为改变或减弱来自隧道施工造成的影响，则可显著减少因邻近施工而造成的对既有结构的风险，从而达到最优化控制。

对于浅埋暗挖法隧道，减弱变形影响的方法一般是采取对中间地层（松弛带）进行改良，如注浆加固、冻结法等；改变隔断影响的方法可采取钻孔灌注桩、钢管桩、地下连续墙（搅拌桩、旋喷桩）或连续注浆墙等。

1）地层（松弛带）改良

在隧道内实施，按控制地层变形的作用效果从小到大依次为：拱部超前小导管→拱部超前小导管注浆→上半断面拱部超前小导管注浆→双排（层）超前小导管注浆→大管棚→超前小导管注浆＋正面土体注浆→双排（层）超前小导管注浆＋正面土体注浆→后退式超前深孔注浆（半断面或全断面）→水平旋喷→前进式超前深孔注浆（半断面或全断面）→袖阀管超前深孔注浆（半断面或全断面）。

尽管大管棚技术有减少差异沉降的作用效果，但因受施工作业条件限制，最重要的是其施工过程中自身所带来的沉降问题始终未能彻底解决，因此在邻近施工中大管棚技术应用有减少趋势。

双排(层)超前小导管注浆,克服了单排小导管加固厚度以及刚度不足的问题,同时又没有大管棚施工的特殊要求,且克服了大管棚在施工中自身产生沉降的问题,所以广泛应用于对沉降有特殊要求的邻近施工。

前进式深孔注浆尽管是为克服砂卵石地层成孔问题而提出的,但通过工程实践,发现因其较常规采用的后退式深孔注浆具有永久加固的特性,目前已成为应用于各类地层邻近施工的重要技术手段。

水平袖阀管注浆,理论上适合所有的水平注浆施工,但由于施工成本较高(相比较一般注浆施工成本增加一倍以上)和施工速度较慢,一般仅在特别困难的地层或特别重大风险源注浆加固工程中采用。

2) 隔断控制技术

当浅埋暗挖法隧道在强烈影响区侧穿建(构)筑物施工时,往往采用隔断控制技术。根据环境条件的要求,控制变形作用效果,自强而弱的控制措施有:钻孔灌注桩→钢管桩→搅拌桩或垂直旋喷桩→连续注浆墙→地表锚杆等。

在工程实践中,多采用钻孔灌注桩、钢管桩和注浆墙。邻近施工不允许降水条件下与搅拌桩或旋喷桩配合采用。

6.4.2　超前小导管注浆控制技术

1. 超前小导管注浆工艺原理及特点

1) 工艺原理

超前小导管注浆的基本原理是在工作面周边按一定角度将小导管打(钻、压)入地层中,借助注浆泵的压力,使浆液通过小导管渗透、扩散到地层孔隙或裂隙中,以改善土体物理力学性能,这样既可以止水又可以在工作面周围形成一个承载壳——地层自承拱,同时管体又可以起到超前锚杆的作用,从而达到增加土体的自稳时间、提高开挖面地层自稳能力、限制地层松弛变形的目的。通过小导管向岩土体内注入浆液,不但提高了岩土体的力学性能指标,还起到了防水的作用。因此,超前小导管注浆技术的支护机理从两方面来考虑:小导管的注浆加固机理和结构作用。超前小导管注浆技术的原理、组成及工作状态如图6.7所示。

超前小导管注浆固结原理可归纳为以下两点:

(1) 渗入性注浆。对于具有一定孔隙或裂隙受扰动或破坏的围岩,在注浆压力作用下,浆液克服流动的各种阻力渗入围岩的孔隙或裂隙中,达到地层加固的目的。

(2) 劈裂、压密注浆。对于致密的土质地层,在较高的浆液压力作用下,裂隙被挤开,使浆液得以渗入,形成脉状水泥浆脉。浆液在围岩分布形成以钢管为主干的树枝,凝固后的浆液挟持、网罩被压密的土体,起到固结作用。

超前小导管注浆的作用:小导管随着注浆后围岩强度的增长,起到锚杆、棚架和锚杆桩等多重作用,使得被加固区围岩密实,整体稳定性增强,可达到理想的开挖条件。

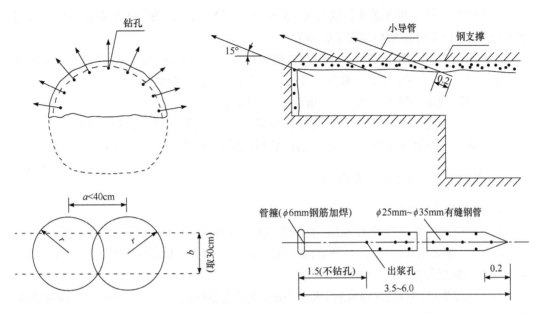

图 6.7　超前小导管注浆技术的原理、组成及工作状态（单位：m）

（1）锚杆作用。小导管的锚杆作用机理如同锚杆的锚固机理，主要有连接原理、组合梁原理和均匀压缩拱原理三种。在隧道的超前支护中，三种作用原理同时存在，但究竟以哪种原理为主，要根据地质条件、工艺和小导管的布置方式等进行综合分析，往往是两种或三种原理的综合作用。

（2）棚架作用。小导管的棚架作用是指小导管施作完成后，进行隧道开挖施工时，小导管以靠近掌子面的钢支撑和前方未开挖的部分岩土体为支点，在纵向支撑起中间部分的岩土体，起纵向梁作用。

（3）锚杆桩作用。超前注浆小导管支护中，小导管的一端与钢拱架固定连接，通过注浆，小导管全长与岩土体胶结咬合，并且形成"壳状"加固圈。当加固圈承受围岩松散压力时，小导管便起到锚杆桩的作用。

2）工艺特点

（1）形成了管棚与固结联合的超前支护体系，从而提高岩体自身的稳定性，抑制围岩松弛变形，增强了施工的安全性。

（2）加固效果稳妥可靠，注浆质量易于控制。

（3）采用超前支护手段，通过调整凝固时间，可显著缩短暗挖工序时间。

（4）采用常用小型机械施作，无须配备专用设备，工艺操作简便，一般工地都可掌握。

2. 超前小导管注浆设计参数

（1）超前小导管规格。采用 $\phi 32mm$ 的焊接钢花管或 $\phi 40mm$ 的无缝钢花管。钻孔直径：比管径大 20mm 以上；长度：3～6m，前端尖锥。

（2）小导管环向间距一般为 20～50cm。

（3）倾角。外插角普通地段倾角为 10°～30°，一般取 15°。加强地段双层小导管采用水平小导管与 45°外插角小导管交替布置。

（4）纵向间距。纵向间距 2.2m 左右，搭接长度不小于 1m；双层小导管长度 4.5m，纵向间距 1.2m，双层小导管采用水平小导管与 45°外插角小导管交替布置。

（5）前端管壁每隔 10～20cm 交错钻眼，眼孔直径 6～8mm。

（6）小导管应外露一定长度，以连接注浆管，并用塑胶泥封堵导管周围孔隙。

（7）极破碎或处理塌方、地下水丰富的软弱地层、大断面等可用双排管。

3. 超前小导管注浆材料及要求

1）种类及适用条件

（1）断层破碎带及砂卵石地层：裂隙宽度（或粒径）大于 1mm 或渗透系数大于 5×10^{-4} m/s 时，应采用来源广、价格便宜的注浆材料。一般无水松散地层优选单液水泥浆；无水强渗透地层优选水泥-水玻璃双液浆。

（2）断层带：裂隙宽度（或粒径）大于 1mm 或渗透系数大于 1×10^{-4} m/s 时，应优选水玻璃类或木胺类浆液。

（3）细砂层、粉砂层、细小裂隙岩层及断层弱透水地层：应选渗透性好、低毒及遇水膨胀的化学浆液，如聚氨酯类或超细水泥类。

（4）不透水黏土地层：应选水泥浆、水泥-水玻璃双液浆，用高压劈裂注浆。

2）注浆材料配合比

（1）水泥浆水灰比为 0.5：1～1：1，需缩短凝结时间时加入速凝剂。

（2）水泥-水玻璃：水泥浆水灰比为 0.5：1～1：1，水玻璃浓度为 25～400°Bé，水泥与水玻璃体积比为 1：1～1：0.3。

3）注浆要求

（1）注浆设备良好，工作压力满足压力要求，并进行现场试运转。

（2）注浆压力：一般为 0.5～1.0MPa。

（3）要求单管注浆扩散到管周 0.5～1.0MPa 的半径范围。

（4）控制注浆量。

（5）注浆效果检查：钻孔检查或超声波探测。

（6）注浆后开挖时间：水泥-水玻璃浆 4h，水泥浆 8h。

（7）开挖长度应保留一定长度的止浆墙。

4. 施工工艺及操作要求

超前小导管注浆包括施工准备工作、喷混凝土封闭开挖面、钻孔、安装小导管、密封及注浆等工序，施工工艺流程如图 6.8 所示。

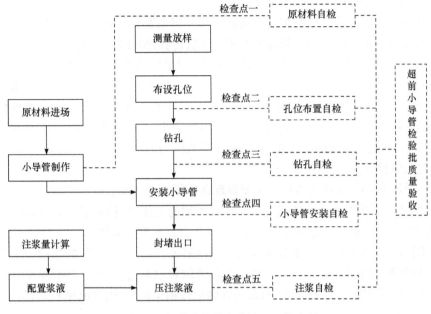

图 6.8　超前小导管注浆施工工艺流程

6.4.3　双排(层)超前小导管注浆控制技术

　　根据地层和环境条件,双排(层)小导管的第一排打设角度为 7°~10°,第二排打设角度为 30°~60°,环向间距为 0.3~0.4m,然后向小导管注浆,待注浆土体达到强度后,再开挖土体。该方法可根据邻近施工要求,灵活实施对地层的超前加固和改良,在原有第一排小导管加固壳体的基础上形成第二层缓冲壳体,进一步减缓或避免地层破坏后的沉降及建(构)筑物的损坏。

　　相比于其他方法,双排(层)超前小导管注浆控制技术具有如下特点:

　　(1) 地层的适应性强,可发挥打设小导管的高度灵活性。

　　(2) 可操作性强。不需要操作工作空间,如大管棚、水平旋喷和超前深孔注浆等只需留置最小的作业空间。

　　(3) 浆液选择的灵活性。可针对工程地质与水文地质条件,在同一个断面上灵活选择对地层适应性强的两种或两种以上的浆液,这是其他方法所不可比拟的。

　　(4) 可及时调整加固范围。这是基于双排(层)小导管的两个特性:角度和长度的可调节性。

6.4.4　管棚控制变形技术

　　1. 管棚控制变形原理

　　当地铁隧道开挖通过自稳能力很差的地层或车站,以及双线隧道大断面施工或地表通过车辆荷载过大,威胁施工安全或邻近有重要建(构)筑物时,为防止由地铁施工造成超量的不均匀下沉,往往采用管棚控制变形技术。

所谓管棚,实质上其结构及布置形式基本与小导管相同。区别是管棚所用的钢管直径较大,为 $\phi100\text{mm}\sim\phi600\text{mm}$,长度也较长,一般都在 20m 左右,且其外插角不能过大(一般小于等于 5°)。与小导管相比,其刚度更大,对地层的预加固效果也更理想。

管棚在隧道施工中作为超前预支护的手段,其作用主要是限制土体应力释放,减小因开挖而产生的土体体积损失,主要是对消除施工前期的土体变形起到积极的控制作用。研究认为,管棚预支护结构在隧道纵轴方向上可视为梁,在横向上可视为拱,且梁、拱主要承受压力。由于这一结构的支撑作用,限制了围岩应力的释放,从而保证隧道工作面的稳定,这便是大管棚控制变形的基本原理。

在施工控制效果上,管棚的作用主要表现在以下几个方面:

(1)控制大面积塌方。管棚减小了工作面上覆的土压力,稳定了围岩,即便有一定程度的沉降引起塌方,也不会造成大面积塌方,不会引发灾难性事故。

(2)隔(阻)断变形效应。工程实践表明,管棚(尤其是注浆管棚)的超前预支护作用,对地表沉降的控制可达 30%～35%,对拱顶沉降的控制高达 40%。对于浅埋隧道,一般情况下,拱顶沉降要大于地表沉降,而采用管棚进行预支护后,因其刚度较大,使得拱顶沉降量远小于地表沉降量。

(3)均匀沉降(减少差异沉降)曲线。管棚的承托作用,使得沉降槽沉降集中的程度大幅度减小,沉降总量在减小的同时有向两端均匀分布的趋势。这个作用是在邻近施工中,选择采用大管棚的重要原因。

(4)提高土层物理参数,增大地层自稳能力。实际施工中,为增大管棚的刚度和管棚与围岩的黏结力,常常在管棚内注入水泥浆,使得管棚与其周围的土体成为一个整体,从而极大地增强土层的自稳能力。

2. 管棚设计

1)管棚设计应遵循的原则

(1)系统性原则。管棚的设计要考虑多方面因素,如场区土层条件、水文地质条件、地面荷载条件、隧道埋深以及隧道结构断面各项参数、施工方法等,都对管棚的工作状态有或多或少的影响,而且长管棚属一次打设,所以应按场区内最不利区段的最不利工作状态设计管棚,以保证施工安全。

(2)安全性原则。但凡使用管棚作为预支护手段的隧道工程,大都是软弱土层条件下隧道的重要区段,有时对沉降的控制要求非常严格,如隧道穿越房屋、公路或铁路线等。所以,此类工程必须在确保地表结构安全使用的同时,保证施工的安全。在管棚设计时,应综合利用各种因素条件,使管棚的设计偏于安全。

(3)工艺可行原则。随着隧道工程的增多,产生了很多复杂环境条件下隧道施工的问题,对管棚的长度、管棚施工的精度等有很高的要求。因此,在设计管棚时,必须考虑工艺的可行性,以满足施工要求,保证工程进度。

(4)挠度控制原则。在预支护结构设计时,大都以结构容许强度作为设计的上限,但在长管棚穿越施工中,大多对沉降有严格的要求;而且由于管棚的作用在于将开挖面影响区段内的荷载转移到其前后土层和结构中去,材料使用应力较低,管棚强度绝大部分得不到发挥。基于以上两点,应以挠度作为管棚设计的控制指标。

2) 管棚设计流程

管棚设计流程主要包括以下几个方面:

(1) 获取基本参数。

(2) 分析土层条件,判断地层结构的稳定性。

(3) 结合地表房屋等荷载条件,确定管棚作用荷载。

(4) 初步确定管径、管间距、管棚长度。

(5) 计算管棚挠度,以确定是否符合要求。

(6) 对工作面稳定件进行计算评价。

(7) 最终获得管棚参数。

3) 管棚的设计描述

(1) 获取基本参数。根据系统性原则,在设计管棚之前,必须全面了解各土层分布厚度、层位、隧道设计参数,作为判断土层结构稳定性的依据,所需要的土层参数包括重度、弹性抗力系数、弹性模量、泊松比、内摩擦角、黏聚力等。如果进行注浆加固,应对加固后的土层参数进行测试,所需要的隧道设计参数包括隧道埋深,初期支护与二次衬砌的设计参数等。

(2) 针对土层条件,进行地层结构稳定性判断。

(3) 根据上步的判断结果,区分情况,采用半拱法、全拱法或全土柱法计算土层荷载,结合地表荷载最终确定管棚作用荷载。

(4) 初步确定钢管直径、钢管间距和管棚长度,利用以上参数建立模型进行计算,对得到的管棚挠度与容许挠度进行对比,反复试算后,得到符合要求的初步参数。

(5) 计算工作面扰动范围内土体抗力(即管棚接触应力),作为工作面稳定分析模型的输入数据,计算工作面最小临界高度值并与工作面高度值进行对比。若满足条件 $H \leqslant H_{cr}$,则所得设计参数可行;若不满足,则检查初步设计参数是否合理。若不合理,则重新试算;若合理,则应考虑改变台阶高度和核心土参数。

3. 管棚布设方式、施工工艺及控制

1) 大管棚布设方式

在应用形式上,大管棚布设方式有单管间隔布置与多管连续铰链布置两种方式。对管棚直径小于 $\phi 300mm$ 的,一般多采用单管间隔布置;但对有特殊要求的,直径大于 $\phi 300mm$,且以发挥其隔断和承载能力为主要功能的管棚,多采用多管连续铰链方式。

2) 大管棚施工工艺及控制

大管棚施工工艺流程如图 6.9 所示。

大管棚施工控制要点如下:

(1) 为便于连接,一般钢管两端要加工成丝扣连接。

(2) 每一根钻杆在钻进过程中都必须严格控制钻进参数。

(3) 严格遵守测量技术规范,准确测量各项参数(深度、轨迹方向等),及时与司钻人

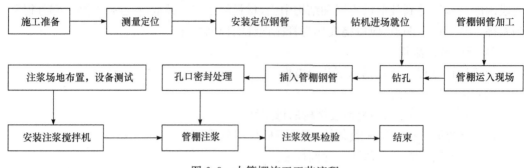

图 6.9 大管棚施工工艺流程

员联系沟通,以确保钻孔施工准确无误。

(4) 为防止打设管棚对土体扰动的影响,采取间隔孔位钻进。

(5) 钻机就位时,水平方向有选择地调设 $1°\sim2°$ 的上仰角,以抵消钢管因自重而产生的垂头效应。

(6) 注浆控制:为充填管孔空隙及增加管棚刚度,管棚内采用水泥浆注浆充填,注浆压力不小于 $0.3\sim0.5MPa$。

6.4.5 超前深孔注浆控制变形技术

1. 浅埋暗挖法注浆控制变形技术

在城市复杂环境条件下,对浅埋暗挖法隧道施工的安全性评价应当有两方面的指标:一是隧道工作面的稳定性指标,即隧道在开挖过程中围岩不发生局部坍落或塌垮,内空变位量在容许范围内且其达到稳定的时间不能过长;二是地表下沉量指标,即隧道在施工过程中地表下沉量应控制在容许值范围内。大量的工程实践表明,在第四纪软土中利用浅埋暗挖法修建城市各类隧道,为保证隧道开挖工作面的稳定以及控制地表沉降,对地层采取预加固处理措施是浅埋暗挖法过程中不可缺少的重要环节。其中,注浆是控制地层变形的重要措施。

在浅埋暗挖法隧道注浆施工中,按照开挖施工的先后顺序主要分为两大类:第一类为在隧道开挖施工之前对即将开挖的土(岩)体进行注浆加固,称为超前预注浆;第二类为在隧道开挖施工之后对隧道周围土(岩)体进行环向打孔注浆加固,称为径向补偿注浆。

第一类注浆能有效降低城市复杂环境条件下浅埋暗挖法隧道的施工风险。常见的注浆工艺有超前小导管注浆、双重管注浆、水平旋喷注浆和水平袖阀管注浆四种;注浆材料主要采用改性水玻璃浆、普通水泥单液浆、水泥-水玻璃双液浆、超细水泥四种。各种超前预注浆工艺特点如下:

(1) 超前小导管注浆的优点是能配套使用多种注浆材料,施工速度快,施工机械简单,工序交换容易;缺点是注浆加固范围小,注浆效果不均匀,注浆管 2m 以后不能有效形成加固范围。超前小导管注浆是浅埋暗挖隧道的常规施工工艺,在地层较稳定、无特别风险源的情况下可大量采用。

(2) 双重管注浆的优点是实现了长距离的深孔注浆,相对于传统的超前小导管注浆工艺扩大了注浆加固范围;缺点是该工艺采用钻杆注浆,钻杆与注浆孔之间必然会存在间隙,注浆时极易造成浆液回流,这样既浪费材料也不能保证注浆效果。因此,双重管注浆工艺采用的注浆材料为速凝的水泥-水玻璃双液浆(凝结时间在 1min 内),以防止浆液回流,但双液浆固结体的有效强度只能维持 1 周左右,所以双重管注浆只适用于对注浆加固效果要求时间不长的临时性注浆加固,不适用于对沉降要求较高的建(构)筑物穿越注浆加固项目。

(3) 水平旋喷注浆是在竖直旋喷注浆工艺基础上发展而来的一种注浆工艺,其原理是浆液在高压作用下(20MPa 以上)剪切置换地层,在隧道前方形成浆土加固混合体。水平旋喷注浆的优点是加固效果直观、浆液固结体强度高;缺点是仅能适用于软土地层,注浆工作压力很高,对地层破坏剪切严重,浆液回流损失率高(50% 以上),施工成本较高,施工环境差。水平旋喷注浆适合在隧道周围没有重要建(构)筑物情况下的软土地层加固,不适合在压缩性小的卵砾石地层和砂性地层中使用。

(4) 水平袖阀管注浆是一种精细的注浆方法,即先施作袖阀管,在袖阀管内插入止浆塞(水囊、气囊或皮碗式)进行分段注浆。其优点是能实现真正意义上的定域、定压、定量、往复精细注浆,注浆施工质量有保证;缺点是对机械设备要求高,如果地层情况恶劣则需要使用水平套管钻机、恒压低流速大流量注浆泵等比较昂贵的施工机械,同时往复注浆需要的注浆工期较长(是正常注浆施工工期的 2 倍)。理论上,水平袖阀管注浆适合所有的水平注浆施工,但由于施工成本较高(相比较一般注浆施工成本增加 1 倍以上)和施工速度较慢,一般仅在特别困难的地层或特别重大风险源注浆加固中采用。

2. TGRM 分段前进式深孔注浆技术

分段前进式深孔注浆是钻、注交替作业的一种注浆方式,即在施工中,实施钻一段、注一段,再钻一段、再注一段的钻、注交替方式进行钻孔注浆施工。每次钻孔注浆分段长度为 2~3m。止浆方式采用孔口管法兰盘止浆。

该工艺最初是为解决砂卵石地层深孔注浆工艺难以成孔问题而提出的,经过应用中的不断改进和完善,这种注浆施工方法解决了复杂环境条件下城市暗挖隧道不同地层施工的多个注浆技术难题。在这个过程中,与其注浆工艺配套开发了 TGRM 注浆料。TGRM 注浆料是随着我国注浆工程技术的发展研发的专用于地下工程注浆施工的注浆材料,具有早强性、耐久性、微膨胀性等特点。

1) 注浆工艺的特点

(1) 前进式分段注浆采用静压力控制,且注浆力要求较小(1MPa 以下),压力反映真实,规避了双重管注浆或水平旋喷注浆有可能产生的瞬时高压对隧道结构或隧道近接建(构)筑物的破坏。

(2) 浆液配制简单。所有的浆材配制都在出厂之前完成,施工现场仅需控制浆液的水灰比即可保证浆液的凝结时间、扩散半径、浆液黏度等。

(3) 解决了卵砾石堆积地层的注浆加固问题。采用潜孔锤冲击成孔工艺,能将卵砾石敲击粉碎后成孔,克服了双重管注浆等其他注浆工艺难以有效成孔和注浆加固的问题。

(4) 绿色施工。钻孔的动力为压缩空气,不需要使用传统的泥浆护壁成孔,不排水、排泥,工作面干燥清洁。

2) 注浆材料的特点

作为 TGRM 水泥基系列特种注浆材料(TGRM 注浆料),具有以下特点:

(1)早强性。浆液在水灰比 1：1 的使用条件下,初凝时间为 20min。30min 后浆液固结强度可达到 0.3MPa,2h 的强度可达到 2MPa,24h 的强度可达到 10MPa 以上,使隧道被注浆加固后,不需要等待凝固即可实现开挖施工。与普通水泥浆相比,它可有效提高施工效率。

(2)耐久性。该浆液主要成分为 P.O52.5 水泥,外加多种特种外加剂,为永久性注浆加固浆材,浆块与混凝土块耐久性相当,可满足工程 50～100a 的使用寿命要求。与水泥-水玻璃双液浆相比,既达到了双液浆早期凝固的要求,又解决了双液浆没有耐久性的问题。

(3)微膨胀性。与一般浆材液凝结固化体积收缩相比,TGRM 注浆料在注入地层固化的过程中,浆块具有 1‰～2‰ 的膨胀率,能有效地阻止钻孔注浆施工过程中对土体的扰动而引起的隧道围岩变形。

(4)针对性。经过多年发展,针对不同地层 TGRM 注浆料开发出了一系列产品,如针对地下水丰富的防水型、粉细砂层的超细型、疏松地层的发泡型及普通早强型等。

(5)综合性。TGRM 注浆料同时具有早强性和耐久性的特点,解决了双液浆早强但不耐久、普通水泥浆液扩散无法有效控制、在固化时浆块收缩、注浆后的隧道开挖施工等待等问题。

3) 注浆工艺步骤

(1)隧道开挖至需要进行加固范围时停止开挖,封闭掌子面,施作止浆墙。

(2)按照需预加固范围设定好钻孔角度、长度、位置和数量:角度为 4°～10°,总长度为12～14m,注浆孔间距为 0.6～1m,数量和位置依据隧道尺寸和需要加固范围确定,并按设定要求在止浆墙上进行钻孔位置放线。

(3)根据现场地层状况将总状况注浆长度分为若干段,每段控制在 1.0～2.0m;使用分体式水平地质钻机按照设定好的角度在钻孔位置进行钻孔,钻头采用冲击钻头,钻进深度为0.5～1m。

(4)达到钻进深度后,退出钻具,在钻孔内安装预先加工好的装有法兰盘的孔口管,并用快凝水泥封填孔口与周围地层的空隙。

(5)待封填的快凝水泥达到一定强度后,更换小于孔口管直径的钻头,通过孔口管进行第一段钻进,钻进深度为 1.0～2.0m,达到钻进深度后停止钻进,退出钻具。

(6)在孔口管上安装注浆配套设备;拌制 TGRM 水泥基特种注浆材料,通过注浆泵将搅拌均匀的注浆材料注入地层中。

(7)待注浆体达到一定强度后,拆除注浆法兰盘配套设备,通过孔口管再进行第二阶段钻进,钻进深度为 1.0～2.0m,达到钻进深度后,停止钻进,退出钻具。

(8)按照步骤(6)、步骤(7)重复进行,如此循环,直至达到设定孔深,完成最后一段注浆,则该注浆孔施工完成。

(9)换另外一个孔位,均按照步骤(3)～步骤(8)进行,直至完成设定要求的所有注浆孔。

（10）所有注浆孔注浆完成后，即完成范围要求内的地层加固，然后进行止浆墙破除，按照规范要求进行开挖，随挖随安装隧道与支护结构，直至开挖到设定的地层加固开挖长度。

3. 双重管无收缩双液注浆技术

双重管无收缩双液注浆技术是采用双重管钻机钻孔至预定深度后注浆，浆液有两种，即 A 液和 B 液（或 C 液）。两种浆液通过双重管端头的浆液混合器充分混合。注浆时采用电子监控手段实施定向、定量、定压注浆，使岩土层的空隙或孔隙间充满浆液并固化，改变岩土层的性状。

1）双重管无收缩双液注浆技术的特点

（1）钻机采用的双重管直接作为钻杆钻孔达到预定深度或地点；同时，双重管可以用来直接注浆，管头装有 30cm 混合器，用来使双液充分混合。

（2）注浆过程中，注浆管可以旋转（正反均可），不会发生钻杆卡死及浆液溢流现象，节省了其他注浆管一次性投入的费用，还有利于保护环境不受污染。

（3）浆液分为溶液型（A、B 液组成）和悬浊型（A、C 液组成），浆液对土层有很强的渗透性，采用调节浆液配合比和注浆压力的方法可人为控制注浆范围；凝结时间可以调节，并可以复合注入施工，满足不同的要求。

（4）双重管端头的浆液混合器可使两种浆液在出管时完全混合，这样既能使浆液均匀，又不会出现常规方法容易出现的堵管现象。

（5）平常的加固可从地面垂直注浆，对于隧道的周边也可倾斜注浆，调整好注浆压力，也可进行水平超前注浆。

（6）从钻孔至注浆完毕，可连续作业。

（7）注浆材料包括水泥、水玻璃、冰乙酸、二氧化硅系胶负体等，材料来源普遍。

（8）钻机体型较小，移动方便，适用于较困难的施工环境。

（9）该工艺适用范围广，可用于各种土层。岩层也可适用，前提是需要用另外的钻机进行提前引孔。

2）双重管无收缩双液注浆技术的适用范围

（1）盾构、隧道及地下工程，如盾构隧道及地下工程周围土层改良盾构、隧道及地下工程掘进竖井洞口地层加固，地下管线保护、隧道通过地面建（构）筑物基础的跟踪注浆等。

（2）深基坑工程，如防止基坑底面隆起止水帷幕，保护基坑外地下管线和建（构）筑物的注浆加固。

（3）既有建（构）筑物或拟建建（构）筑物基础加固工程，如注浆改良地基提高地基载荷能力，控制沉降量、沉降差和沉降速率。

3）双重管无收缩双液注浆技术的施工方法

（1）钻孔。钻孔位置及孔间距根据工程实际确定，孔间距一般为 1～1.5m。

（2）注浆系统设置。钻孔机将钻杆（注浆管）设于预定深度后，连接好注浆系统，注入清水,并从浆液混合器端部流出。

（3）后盘调制好浆液,并保证连续供应。

（4）注浆。施加压力注浆时,必须精心操作,控制压力。在某点上的压力达到预定值时,缓缓提升钻杆（注浆管）,以压力减小或 30～50cm 为宜。根据施工需要,每孔可以由上至下,也可以由下至上分段进行。多孔时,要分孔序,以间隔注浆为原则。

（5）注浆结束。注浆完毕后将注浆管冲洗干净并全部收回,对注浆孔进行密封,恢复原状。

（6）浆液强度、硬化时间、渗透性能可根据工程实际需要进行调整。

（7）浆液不流失,固结后不收缩,硬化剂无毒,对周围环境及地下水资源不造成污染。

4）工程质量的保证措施

（1）钻孔。

① 布孔。严格按照施工设计图布孔并进行复核。

② 钻机定位。定位准确,钻头点位误差小于等于 20mm,钻杆垂直度误差小于等于 1°。

③ 钻孔。密切观察钻进尺度及溢水出水情况,出现涌水时,立即停钻,先行注浆止水,再分析原因。确认止水效果后,方可继续钻孔。

（2）配料计量工具必须经过检验合格,然后按照设计配方配料。

（3）注浆按照设计的注浆程序施工。进浆量必须准确,严格控制注浆压力、注浆方向,并由专人操作,当压力突然上升或从孔壁、地面溢浆以及跑浆时,立即停止注浆,应采取措施解决并确保注浆量。

（4）注浆完毕后,需采取措施保证不溢浆、不跑浆。

（5）由专人负责每道工序的操作记录。

（6）注浆全过程应加强施工检查和监测,防止地面出水溢浆、隆起和施工地段的地面沉降。

4. 水平旋喷注浆技术

水平旋喷的原理和竖直旋喷一样,只是将钻杆水平钻进进行旋喷注浆。它利用钻机钻孔,把带有喷头的喷浆管放到地层预定的位置,用从喷嘴出口喷出的射流（浆或水）冲击和破坏地层。剥离的土颗粒细小部分随着浆液排出,其余土粒在喷射流的冲击力、离心力和重力作用下,与注入的浆液掺搅混合,并按一定的浆土比例和质量大小有规律地重新排列,在土体中形成固结体。水平旋喷适用于软土、黏性土、黄土、砂类土、砂砾卵石层等。水平旋喷直接用射流破碎土层,在破碎范围内固结体质量能够得到保证。

根据计算和以往的工程经验,旋喷桩的主要参数如下:

（1）旋喷桩直径 ϕ600mm。

（2）桩间距 400mm,桩间咬合 100mm。

（3）每循环施作长度 11.5m,开挖 10.5m。

（4）喷射压力,高压水 25～30MPa,浆液 0.5～0.7MPa。

（5）注浆后退速度 15～20cm/min,外插角 5°～8°。

　　纵向施工和水平旋喷注浆孔分布分别如图 6.10 和图 6.11 所示,加固方法为:大跨以上施作 $\phi600$mm 水平旋喷桩,咬合宽度 100mm,并插入 $\phi42$mm 钢管(增加其刚度)作为超前支护;大跨以下用 $\phi600$mm 水平旋喷桩加固。加固后的开挖按原围岩级别和原施工方法(分部开挖法)施工,如发现渗漏水应及时采取堵水措施。水平旋喷施工流程如图 6.12 所示。

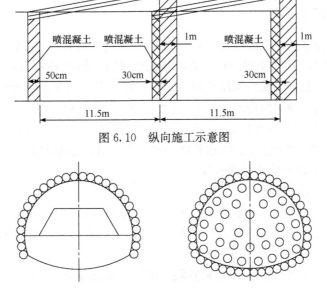

图 6.10　纵向施工示意图

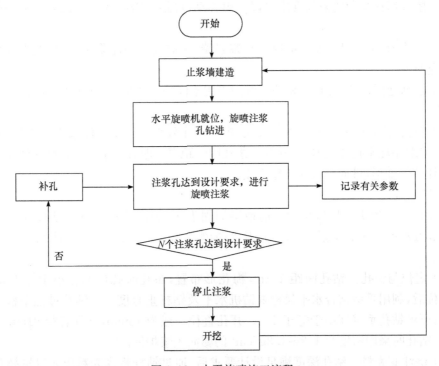

图 6.11　水平旋喷注浆孔分布图

图 6.12　水平旋喷施工流程

水平旋喷过程中有20%～30%的泥浆被置换出来,给文明施工带来困难,解决的办法,一是孔口进行恰当的密封,二是选择合适的浆液凝胶时间。在施工工法、数值模型、理论研究和机械选型配套方面还有大量的工作要做。

在实际施工中,如果将水平搅拌和超前小导管注浆结合起来则效果更好,能更充分地利用水平旋喷桩体的刚度和强度以及小导管的灵活性,使两者的优势互补。

5. 水平袖阀管注浆技术

袖阀管注浆技术是在浆液经过注浆泵加压后,通过连通管进入注浆管,聚集到袖阀管注浆管段,然后通过钻有直径为6mm的泄浆孔的PVC管(即袖阀管),在内压力的作用下,将包裹在PVC管外的橡胶圈胀开和套壳料挤碎。当压力逐渐增大到一定程度时,被加压的浆液就会沿着地层结构产生充填、渗透、压密、劈裂流动。此时,由于供浆量小于进入量,压力会自动恢复到平衡状态,后续的浆液在压力作用下,使得劈裂裂缝不断向外延伸,最后浆液在土体中形成固结体,达到增加地层强度、降低地层渗透性的目的。逐次提升或降低注浆内管,即可实现分段注浆。

1) 袖阀管注浆技术特点

袖阀管注浆技术同其他注浆技术相比,具有以下特点:

(1) 一般适用于50m以内的地表注浆,经过深入研究,该技术已经拓展到可以在洞内进行水平注浆。

(2) 具有上下两个阻塞器,能将浆液限定在注浆区域的任一段范围内进行灌注,达到分段注浆的目的。

(3) 阻塞器在光滑的袖阀管中可以自由移动,可根据需要在注浆区域内某一段反复注浆。

(4) 注浆前,不必设较厚的混凝土止浆岩墙;采取较大的注浆压力时,发生冒浆和串浆的可能性小。

(5) 根据地层特点,可在一根注浆管内采用不同的注浆材料,选用不同的注浆参数进行注浆。

(6) 钻孔、注浆可采取平行作业方式,提高工作效率。由于受注浆管材质的影响,研究表明,采取钻注平行作业时,钻孔和注浆孔间隔距离一般宜大于6m,否则注浆作用可能会引起注浆管变形,进而导致注浆管报废。

2) 工艺流程

以某区间隧道更换盾构机刀具前地层加固为例,加固范围为隧道顶板以上6m、底板下1m,刀盘前方2.4m,后部1.2m,刀盘两侧各1.2m。采用袖阀管注浆工法工艺流程如下:

(1) 定位与钻孔。钻孔间距1.2m,梅花形布置,布孔时孔位偏差小于等于50mm。钻机就位后,利用垂球结合水平尺检查钻机水平及钻杆垂直度。在钻孔过程中检查钻孔垂直度,要求钻孔垂直度小于等于1%。开孔直径一般为13mm,终孔直径91mm。为防止塌孔,钻孔时采用密度为$1.2～1.3g/cm^3$的膨润土浆护壁。

(2) 浇注套壳料。钻孔深度满足设计要求后,通过钻杆将套壳料压入以置换孔内泥浆。套壳料 7d 无侧限抗压强度宜为 0.3~0.5MPa,浆液黏度 0.08~0.09Pa·s,配合比为水泥∶膨润土∶水=1∶1.53∶1.94。

(3) 插入袖阀管。袖阀管采用 ϕ48mm、壁厚 4mm 的 PVC 管,分节长度为 4m,相邻两节袖阀管用套箍连接。第一节袖阀管底部安好堵头封闭,下放袖阀管时在管中加入清水,减少袖阀管的弯曲,依次下放袖阀管至孔底,尽量使袖阀管位于钻孔中心。袖阀管接至地面以上 0.3m 后用彩条布包裹孔口,防止杂物进入管内。套壳料浆液初凝后,孔口 0.7~1.0m 用 C15 细石混凝土(掺入 3‰ 的速凝剂)封堵,防止注浆时浆液窜至地面。

(4) 安装注浆芯管。封孔 24h 后下放注浆芯管。注浆芯管用 2m 一节的 ϕ20mm 镀锌钢管制成,节间用螺纹套管连接。注浆芯管下放时,应采取措施防止地面泥浆回灌入袖阀管内造成注浆芯管下放及提管困难。

3) 注浆

(1) 注浆参数。注浆用水泥-水玻璃双液浆。水泥浆与水灰比为 1∶1~1.2∶1,水泥浆液与水玻璃浆液体积比为 1∶1。注浆压力为 1.5~2.0MPa,注浆速度为 10~20L/min,注浆步距为 0.5m,凝胶时间为 100~120s。

每步距注浆量为

$$Q = \pi R^2 Ln\alpha(1+\beta) \times 1000 \tag{6.1}$$

式中,Q 为每步距注浆量,L;R 为浆液扩散半径,m,取 0.7~0.9m;L 为注浆步距,m,取 0.5m;n 为岩层空隙率,因加固区域地层破碎,取 20%;α 为浆液在地层中的有效充填系数,一般为 0.3~0.9;β 为注浆损耗系数,一般为 0.1~0.4。

(2) 配制水泥浆液。拌浆桶体积 280L,根据水灰比和缓凝剂掺量计算出每桶需加水 210L、水泥 210kg、缓凝剂 4.0kg。加入缓凝剂,和水搅拌至少 2min,待缓凝剂充分溶解后,加入水泥继续搅拌。

(3) 配制水玻璃浆液。往浓水玻璃中加水稀释,边加水边搅拌,直至测定水玻璃浆液浓度达到 34~42°Bé。

(4) 注双液浆。注浆时采用先外围、后内部的注浆顺序。为防止窜浆,提高钻孔利用率,施工时跳孔间隔注浆。有流动的地下水时,从水头高的一端开始注浆。在粉质泥岩、含砾砂岩中宜采用较小的压力进行渗透注浆,断层破碎带及风化岩层中宜采用较大压力进行裂隙充填和压密注浆。先注水泥浆,再注水泥-水玻璃双液浆。外围孔注浆控制以限制注浆量为主,内部孔注浆至不进浆为止。注浆过程中,若出现每步距注浆量能满足要求但注浆压力太低的情况,可能是浆液外溢或土层中有大的空洞,应采取间歇注浆和减小浆液胶凝时间的方法处理。注浆中出现注浆压力满足设计要求但注浆量小于设计量时,若是外围孔注浆,则该步距上下两段各增加 1 倍的注浆量;若是后续孔注浆,则改用凝胶时间 120~150s 的双液浆,到不进浆为止。

6.5 城市交通隧道邻近施工监控与反馈控制

邻近施工的首要管理目标是保证既有结构的安全。为此,必须首先界定出既有土工环境结构安全使用所需的各种指标的控制值,即控制基准。之后,才能在施工中以此为标尺,对各施工步序进行有效管理。换言之,只要各项控制指标符合预先制定的控制基准,就可以保证既有土工环境结构处于安全使用状态。为此,本章在前述各章节内容的基础上,确定既有土工环境结构安全使用的控制基准、监测内容及如何有效反馈指导施工。

6.5.1　城市交通隧道邻近施工影响控制标准

邻近施工必须尽量避免对既有建(构)筑物造成损害,因此首先要确定隧道邻近施工建(构)筑物变形及损伤控制标准。影响控制标准定量地表示了建(构)筑物对损伤的承受程度,一般来说,建(构)筑物的影响控制标准主要是参照建(构)筑物的管理维护来确定。如果既有建(构)筑物存在一个确定的容许值标准,则应当尽量予以满足;对于没有确定容许值的建(构)筑物,一般与建(构)筑物的管理者协商确定。在确定其影响控制标准时,一般考虑以下两个因素。

(1) 建(构)筑物的使用功能,包括建(构)筑物的基本功能和使用舒适性。建(构)筑物的使用功能,首先是建(构)筑物的基本功能,这是最基本的要求,如公路和轨道交通的行驶功能、建筑物的居住功能、水渠的过水功能等。建(构)筑物的使用舒适性是参与建(构)筑物功能评价的一个指标,如公路路面的平整度、轨道交通的轨距及平顺性等,它们虽然不影响基本功能,但会影响其运行的舒适度。

(2) 确保建(构)筑物的安全性。确定影响控制标准的目的就是用以指导施工,确保建(构)筑物的安全性。包括建(构)筑物的剩余承载力和正常使用极限状态的要求,建(构)筑物的裂隙、倾斜及偏移等指标需要重点考虑。

在确定建(构)筑物的影响控制标准时,既要保证建(构)筑物的功能又要保证建(构)筑物的安全,在实际施工过程中,应当考虑施工控制误差,施工中的容许值控制为略小于确定的标准。

可以按照分区、分级的原则来制定沉降的控制标准。分区是指依据桥梁上部结构的不同形式采用不同的控制指标;分级是指把建(构)筑物保护等级统一划分为若干等级。

6.5.2　城市交通隧道邻近施工主要控制指标

为了保证既有环境结构的使用安全,在新建隧道工程的施工过程中,必须保证一些指标不超过基准。这些指标不仅能表明结构安全与否,在施工过程中还须易于监测,而且它的变化与施工阶段的关系紧密,这些指标称为控制指标。为了便于既有结构的安全管理,控制指标的极限允许值称为控制基准。

1. 邻近既有线施工控制指标与基准现状

对邻近既有铁路施工,目前其控制基准值大多由国家铁路集团提供,如日本的筑波、三之轮隧道纵向下穿地表既有线时,所规定的地表铁路线沿轨道纵向 10m 内变位控制基准值分别见表 6.7 和表 6.8。

表 6.7　日本铁道公司集团货运线规定控制基准值　　　　（单位:mm）

项目	轨间距增量	沿轨道纵向沉降量	轨道侧向平移	两轨道高差
警戒值	±5.0	±9.0	±9.0	±7.0
停工值	±9.0	±13.0	±13.0	±12.0

表 6.8　JR 常磐线规定控制基准值　　　　（单位:mm）

项目	轨间距增量	沿轨道纵向沉降量	轨道侧向平移	两轨道高差
警戒值	±5.0	±5.0	±6.0	±7.0
停工值	±9.0	±10.0	±10.0	±12.0
限界值	±14.0	±15.0	±15.0	±18.0

在意大利横向下穿 RAVONE 铁路站场的隧道施工中,根据意大利国家铁路规范要求,在速度达 80km/h 的铁路线下进行隧道施工时,既有铁路轨道变位控制基准值规定见表 6.9。

表 6.9　既有铁路轨道变位控制基准值

项目	纵向 40m 长度内轨道沉降/mm	轨道差异沉降/‰		
		纵向 3m 长度内	纵向 7m 长度内	纵向 10m 长度内
警戒值	20	2.5	2.0	1.0
报警值	30	5.0	4.0	3.0

(1) 日本在一个近距穿越山岭隧道的施工中,按照以下四步确定控制基准。

第一步:根据隧道衬砌的设计基准,确定目前状态的既有隧道混凝土衬砌的最大允许拉应力增量为 0.72MPa(表 6.10)。因为混凝土衬砌承受压应力的能力有限,所以允许拉应力增量是非常重要的指标。

第二步:如表 6.11 所示,基于受拉强度限制 0.72MPa,设定拉应力增长的三个管理阶段。

表 6.10　既有隧道允许拉应力增量

既有隧道衬砌健全度	压应力增量/MPa	拉应力增量/MPa	备注
B,C,S	5.40	1.08	衬砌健全度 AA 是指位移速率为 3～10mm/a;对于健全度为 A 的混凝土衬砌,是指位移速率为 1～3mm/a
A2,A1	3.60	0.72	
AA	1.80	0.36	

表 6.11　设定拉应力增长的三个管理阶段

管理阶段	拉应力增量/MPa	允许应力的安全系数
T	0.36	2.0(50%的允许应力)
U	0.54	1.3(75%的允许应力)
V	0.72	1.0(100%的允许应力)

第三步:用有限元算法确定新隧道施工(边墙位移)与既有隧道混凝土衬砌拉应力增长间的关系。

第四步:根据第三步中计算得出的关系,确定每个管理阶段新隧道的边墙位移。

(2) 俄罗斯《地铁线路和接触轨日常维护细则》的第 2.1.4～2.1.6 条中,允许在轨道和横向坡度位置的高程上与规定基准有 4mm 的偏差。

(3) 中国铁路线路维护基准较为严格,达到作业验收的基准为线路轨距:+6mm、−2mm,水平:4mm,高低:4mm;道岔轨距:+3mm、−2mm,水平:4mm,高低:4mm。

(4) 日本某一两车道高速公路近距穿越运营铁路时,新线施工的控制基准按如下方法确定。

① 主要监测项目中,拱顶沉降和边墙绝对位移的控制基准可用式(6.2)表示:

$$C_v = \left(\frac{\sigma_{ba}}{\sigma_b}\right)S \tag{6.2}$$

式中,C_v 为控制基准;σ_{ba} 为允许弯曲拉应力;σ_b 为最大弯曲拉应力;S 为位移。

② 主要监测项目中的相对位移。根据线路维护手册的规定,确定纵向相对沉降的控制基准值为每 10m 沉降 7mm。边墙径向变形的相对位移值由式(6.2)算得左右边墙的位移值,再求两者之差得到。

③ 主要监测项目二次衬砌混凝土裂缝宽度。纵向裂缝比横向裂缝更重要,裂缝宽度的控制基准值为 3mm。

④ 次要监测项目中的绝对位移。考虑浅埋情况,认为地表沉降与拱顶沉降相等。地中位移用设置在既有隧道与新建隧道中点处的倾斜计来监测。因此,地中沉降的控制值可用倾斜计的数值代入式(6.2)来确定。

⑤ 次要监测项目中的相对位移。横向相对沉降的控制值可由式(6.2)确定,为左右边墙处的沉降差。

⑥ 次要监测项目中的二次衬砌混凝土平面应变。二次衬砌混凝土平面应变值可用式(6.3)来确定:

$$\varepsilon = \frac{\sigma_a}{E_c} \tag{6.3}$$

式中,E_c 为混凝土弹性模量。

由以上所确定的控制基准值见表 6.12,管理级别见表 6.13。

表 6.12　日本某新线施工的控制基准值

监测项目			控制基准值
主要监测项目	绝对位移	拱顶、边墙	7mm
	相对位移	纵向	7mm/10m
		边墙径向变形	3mm
	二次衬砌混凝土裂缝宽度	—	3mm
次要监测项目	绝对位移	地表沉降	7mm
		地中位移(新旧中间位置)	9mm
	相对位移	横向	4mm
	二次衬砌混凝土平面应变	压缩	81×10^{-5}
		拉伸	12×10^{-5}

表 6.13　管理级别

管理级别	监测值 M_v	控制措施
Ⅰ	$50\%C_v > M_v$	安全,不必采取特别措施
Ⅱ	$50\%C_v \leqslant M_v$ 且 $70\%C_v > M_v$	引起注意,后续施工步序对既有隧道实行更加严格的监测
Ⅲ	$70\%C_v \leqslant M_v$	紧急,施工暂停,采取补救措施

注:C_v 为控制基准值。

2. 确定控制基准的原则

(1) 控制基准值必须在监控量测工作实施前,由建设、设计、监理、施工、市政、监控量测等有关部门,根据当地水文地质、地下地上结构特点共同商定,列入监控量测方案。

(2) 近距穿越既有隧道工程,应该从轨道变形、隧道结构稳定、建筑限界三个方面制定相应的控制指标及控制基准值,以确保既有线的安全运营。

(3) 制定控制指标和基准时,新建隧道的建设单位应与既有线的所有者或运营单位一起共同完成,制定好的控制指标和基准应得到运营单位的认可。

(4) 控制基准的制定应参照相关基准、类似工程,并根据现状评估结果和影响预测分析综合确定。

(5) 轨道变形以不超过轨道管理基准值为基准。

(6) 隧道结构稳定。严密进行隧道结构稳定性评价,在技术上是很难的,目前可参照相关规范进行。

① 结构裂缝。根据 GB 50157—2013《地铁设计规范》最大裂缝宽度允许取值:迎土面 0.2mm,非迎土面 0.3mm。

② 结构强度控制。应按既有线设计时参照的规范进行验算。例如,结构设计遵循当时的规范 TJ 10—1974《钢筋混凝土结构设计规范》,因此在核算车站结构承载能力时,也按照该规范进行验算。强度设计安全系数:受弯构件取 1.40,轴心受压构件取 1.55。

(7) 建筑限界,以不侵入规定的建筑限界为基准。

(8) 考虑到隧道结构和道床之间的变形不协调,可能产生脱离,应规定相应的基准。隧道结构如果有沉降缝存在,可能会对轨道结构、防水产生不利影响,应规定相应的控制基准。

(9) 对于变形控制指标不仅要重视其绝对值,还要重视变形的速率。

(10) 控制基准值应具有工程施工可行性,在满足安全的前提下,应考虑提高施工速度和减少施工费用。

(11) 控制基准值应有利于补充和完善现行的相关设计、施工法规、规范和规程。

3. 主要控制指标与控制基准的确定

1) 主要控制指标的确定

由于对第四纪地层采用浅埋暗挖法施工,围岩及结构内部应力量测目前尚不具备制定控制基准的条件,而净空位移量测值在一定程度上反映了支护结构的受力特点,故不对围岩及支护结构内部应力(位移)量测进行施工控制管理。在既有线这个大的结构系统中,位移包括既有线结构位移、道床位移和轨道位移。轨道结构允许变形制约既有线结构允许位移,而通过结构计算可以根据既有线结构位移确定道床与轨道结构位移,因此确定将结构位移作为控制指标。轨道结构变形允许值包括变形速率和累计变形允许值。变形速率即日变形允许值,就是允许轨道结构每天在地铁运营时段内发生的变形值。结合《北京地铁工务维修规则》中规定的正线轨道静态几何尺寸的精度要求,轨道结构日允许值确定见表6.14。表中结构沉降差表示结构沉降缝两端轨道结构的日沉降差允许值。累计变形允许值就是通过增加扣件零部件种类和加厚铁垫板等方法,使钢轨方向和轨面高程基本复原的轨道结构变形累积值。对于扣件类型为弹性分开式DTI型的扣件,根据扣件的特点,轨道结构竖直方向累计变形允许值为±40mm;轨道结构水平方向累计变形允许值为±6mm。根据各个穿越方式的受影响特点、各个指标与施工阶段和其他指标的相关程度、施工中可操作性,建议在既有线穿越工程中采用既有地铁结构底板沉降量(隆起量)和沉降速率(隆起速率)作为控制指标。

表 6.14　轨道结构变形的预警值、允许值及处理措施　　　　(单位:mm)

变形类别		沉降	上拱	平移	沉降差	道床开裂	超限防护措施
预警值	每日	3	3	1	2	0.5	限速 10km/h,加强观测
	累计	30	30	4	—	1	停止施工,查明原因,排除隐患
允许值	每日	4	4	2	3	0.5	临时停运抢修,从施工中查原因
	累计	40	40	6	—	1	启用应急防护方案

2) 控制基准的确定

目前控制基准仍只能在经验和统计的基础上加以制定。控制基准的确定主要依据实测统计资料、施工经验及常规隧道基准给出。基准以允许变形值为上限,同时应该考虑变形持续的特点,并本着严格管理、为控制措施留出时间(余量)的原则给出。在既有线为地下铁道线路的情况下,对于既有线的监测和管理不仅包括轨道,还包括既有隧道结构。对于既有线的管理,包括变形与受力两个方面。综合来说,应该根据调查情况、影响预测分析、类似工程经验、工程要求综合制定控制基准。

控制基准确定的步骤通常可分为以下四步:

(1) 按照拟定或可能的隧道施工方法,将施工对结构的附加影响分为不同的模式和类型,包括在结构中的变形量及其分布规律。

(2) 将不同的变形量及其分布形式施加到相应的结构上,根据结构的响应状况,在变形累计递增的过程中找出结构发生破坏的临界值,即给出相应模式下的广义变形极限值。

(3) 针对不同指标,按照小值优先的原则,给出破坏极限值,考虑一定的安全储备系数后即为控制基准。

(4) 结合类似工程经验、工程的特殊要求等调整控制基准,得出控制基准的最终值。

6.5.3　城市交通隧道邻近施工监控量测措施

1. 邻近既有线施工监控量测主要内容

邻近既有线施工监控量测内容如下,具体应用时可根据要求进行选择。

（1）隧道结构的沉降：在隧道结构两侧墙上分别布设静力水准测点。

（2）道床结构的沉降：在整体道床中间排水沟位置布设静力水准测点。

（3）轨道水平间距：量测两轨道水平间距。

（4）轨道横向断面的倾斜：量测两轨道的相对高差，即轨道横向的不平顺程度。

（5）沉降缝张开情况的量测：用测缝计量测结构沉降缝的张开情况。

（6）既有地铁二次衬砌结构（边墙、顶板）混凝土裂缝的监测。

（7）道床与结构脱离的观测。

（8）隧道净空的监控量测。

（9）道床表面裂缝、道床底面与洞体结构间裂缝监测。

（10）既有线振动的监测。

2. 邻近既有线施工监测方法与布置

为不影响既有地铁的正常运营，邻近既有线施工的现场监测，一般应采用远程监测与常规监测相结合的方法。在既有地铁受施工影响的轨道上同时埋设应变片和水准测点（不影响列车正常通过），当隧道开挖至轨道附近时，利用远程监测系统连续对轨道进行监测；每天深夜（列车停运时）采用水准测量对轨道进行监测，两者结合来监测轨道的变位情况。

监测布点应考虑新建车站施工引起的沉降槽情况，同时考虑既有线隧道结构、轨道结构的特点。隧道结构刚度较大，但沉降缝处易发生差异沉降，应为监测和关注的重点，道床刚度较小，且道床与隧道结构无连接，易脱开，为柔性结构，应加密测点。既有隧道结构在横断面产生倾斜的量一般较小，走行轨设置了轨距拉杆防护，故两走行轨的横向差异沉降监测和水平距离变化监测布点可以相对稀疏。

既有线隧道主要监测项目、监测仪器、监测频率及测点布置等见表 6.15。

表 6.15　既有线隧道主要监测项目、监测仪器、监测频率及测点布置

序号	监测项目	监测仪器	监测频率	测点布置
1	隧道结构沉降监测	静力水准系统		在两侧墙每隔 9m 处设置 1 个沉降监测点
2	沉降缝差异沉降监测	静力水准系统		左右线各选择 3 条沉降缝，每 1 道沉降缝在结构底设置 1 个测点
3	沉降缝胀缩监测	测缝针	施工关键期：1 次/20min 一般施工状态：1 次/2h	左右线各选择 3 条沉降缝，每 1 道沉降缝在两侧墙各设置 1 个测点
4	轨道结构纵向变形监测	静力水准系统		车站对应范围每 2.5～3m 布置 1 个测点，其他范围每 4.5m 布置 1 个测点
5	两走行轨横向差异沉降监测	梁式倾斜仪		从一端以间距 15m、15m、10m、5m、5m、5m、5m、10m、15m、15m 布点，车站对应范围布点密，两侧疏

6.5.4 城市交通隧道邻近施工监控量测与反馈控制技术

1. 监控量测管理

监控量测数据一般按三个阶段进行管理(表 6.16),根据监测状态调整反馈施工措施。其中,把邻近施工允许的最大变形值,即控制基准值的 60% 作为预警值;把邻近施工允许的最大变形值的 80% 作为报警值。如果某一施工阶段的控制标准超标,则调整或加强后续施工措施,以保证控制指标总量不超过控制基准。

表 6.16 监控量测管理阶段

管理阶段	管理值 $G=$ 控制指标值/控制基准值	监测状态	施工状态
Ⅲ	$G \leqslant 0.6$	一般状态	正常施工
Ⅱ	$0.6 < G \leqslant 0.8$	预警状态	加强监测
Ⅰ	$0.8 < G \leqslant 1.0$	报警状态	加强监测并采取相应工程措施

2. 监测数据的反馈

为确保邻近施工的安全,真正实现信息化施工,必须加快信息反馈速度,针对每一测点的监测结果要根据控制基准和三个阶段的管理等综合判断邻近施工的安全状况。全部监测数据(数据采集及数据分析)均由计算机管理,准时提供监测日报、周报和月报。一旦监测有异常现象(如在报警状态时),必须及时通知施工、设计、监理、产权单位和建设单位,研究采取控制措施。

3. 大断面暗挖隧道邻近既有地铁施工控制技术的监控量测与数据分析

1) 监控量测

施工期间,通过监控量测及对其结果的反馈处理,应及时调整开挖方法及支护参数,确保结构与周边管线的安全稳定。

2) 数据分析

取得监测数据后,及时整理并绘制时态散点图,根据散点图的数据分布状况,选择合适的函数,对监测结果进行回归分析,以预测该测点可能出现的最大位移或应力,预测结构和建(构)筑物的安全状况。全部监测数据均由计算机进行管理。

4. 既有隧道监控量测与数据反馈

1) 既有隧道监控量测项目

根据隧道工程的地形地质条件、支护类型和施工方法等特点,确定既有隧道拱顶下沉、收敛、裂缝监测,既有隧道重要设施运行状态监测,既有隧道评价报告中提到的隧道病害发育情况监测等作为主要的监测项目。

2）信息处理与反馈

（1）正常信息反馈。

根据隧道工程特点、各土建标段划分状态、自然地理和交通等条件，建立有效可行的监控量测工作汇报制度，将通信汇报与定期会议相结合，口头通报与书面报告相衔接，以有效地为工程施工服务。

① 阶段工作会议：实施月会或双月会制度，以工作会议的形式总结每阶段内的工作，并做好汇报。

② 月报：汇总本月的监控量测工作情况，分析监控量测成果，采用纸质材料和相应电子文档的形式，在每月 2 号前报送业主、监理单位。

③ 成果报告：全部监控量测工作完成后，由隧道监控量测提交《隧道施工动态监控量测工作总报告》。

（2）异常信息反馈。

① 监控项目组发现监测数据异常或其他紧急情况时，应及时用电话通知业主、监理单位，随后用纸质材料向有关单位通报。

② 监控项目组应协助建设方组织现场工作会，必要时需及时提交当日监测数据和相关工作日志记录，以便组织解决发生的问题。

第7章　山地城市轨道交通暗挖区间隧道施工技术

7.1　概　述

为了提高城市的运转效率,缓解城市拥堵,节约能源,减少碳排放量,大量城市逐渐开始了地铁的规划和修建。然而,随着地铁修建工作的进行,越来越多的后续问题被发现。例如,城市轨道交通隧道开挖引起的环境安全问题越来越受到人们的广泛关注,如何减小区间隧道暗挖施工对既有地表建(构)筑物的影响非常重要,尤其是地表(超)高层建(构)筑物在结构上更具有复杂性和特殊性,对变形更敏感,破坏机制也更复杂,一旦发生破坏后果非常严重。

重庆市南岸区地铁涂山站—莲花村站区间隧道就是一个非常典型的案例,邻近涂山车站范围沿线穿越大量建(构)筑物,以多层砖房为主,且地下管线埋设较多,本章主要以涂山站—莲花村站区间隧道为案例来分析建筑密集区城市轨道交通暗挖区间隧道施工技术。

涂山站—莲花村站区间穿越莲花村及涂山镇,大致呈南北走向,靠近莲花村站范围内南北两侧均为山地,山地附近有较多村庄,现已拆除,邻近涂山车站范围沿线穿越大量建(构)筑物,以多层砖房为主,位于涂山车辆范围内的房屋已拆除,区间下穿涂山路,地下管线较多,由于区间埋设较深,地层较好,区间隧道施工时对房屋及管线影响较小。

莲花村区间隧道(单洞四线)设计范围内右线起点里程:YDK29+435.000,终点里程:YDK29+739.859,全长 304.859m;左线起点里程:ZDK29+449.001,终点里程:YDK29+739.859,长链 14.001m,全长 304.859m。洞顶中等风化岩体厚 37~62m,开挖断面为直墙圆拱形,为深埋隧道,采用双侧壁导坑法施工。区间采用矿山法施工,利用施工通道出渣进料。区间隧道围岩为砂质泥岩,地下水为基岩裂隙水,水量小,多呈脉状或滴状,围岩等级为Ⅳ级。

7.2　山地城市轨道交通区间隧道结构设计

根据 TB 10003—2016《铁路隧道设计规范》[38] 推荐的方法,对区间隧道进行结构设计主要有以下六个步骤:

(1) 根据给定的隧道埋深和围岩等级判断结构是深埋还是浅埋。

(2) 计算作用在结构上的荷载。

(3) 进行荷载组合,确定承载能力极限状态和正常使用极限状态下的荷载大小。

（4）使用计算软件进行结构内力计算。

（5）根据计算结果取最不利截面配筋。

（6）根据配筋进行承载力和裂缝验算。

经过计算和配筋，涂山站—莲花村站区间隧道衬砌断面结构确定为 A 型和 B 型（表 7.1 和表 7.2）两种断面形式，YDK29＋495.000～YDK29＋739.846 范围采用 A 型断面，该断面开挖宽度为 23.421m，开挖高度为 18.520m；YDK29＋435.000～YDK29＋495.000 范围采用 B 型断面，该断面开挖宽度为 23.440m，开挖高度为 20.810m。A 型断面开挖面积为 376.89m²，B 型断面开挖面积为 427.5m²（图 7.1～图 7.7）。

表 7.1　区间隧道衬砌断面长度统计表

围岩等级	类型	长度/m
IV	A 型	244.846
	B 型	60

表 7.2　区间隧道衬砌断面支护参数

支护类型		应用范围	初期支护		
			喷射混凝土	锚杆	钢架间距
A 型	深埋段	YDK29＋495.000～YDK29＋739.846	C25 喷射混凝土 30cm 厚双层 ϕ8mm 钢筋网 @20cm×20cm	ϕ25mm 砂浆锚杆 L 为 4.5～6m，@1m×0.75(0.5)m 梅花形布置	钢拱架 @ 0.75(0.5)m
B 型	深埋段	YDK29＋435.000～YDK29＋495.000	C25 喷射混凝土 30cm 厚双层 ϕ8mm 钢筋网 @20cm×20cm	ϕ25mm 砂浆锚杆 L 为 4.5～6m，@1m×0.75(0.5)m 梅花形布置	钢拱架 @ 0.75(0.5)m

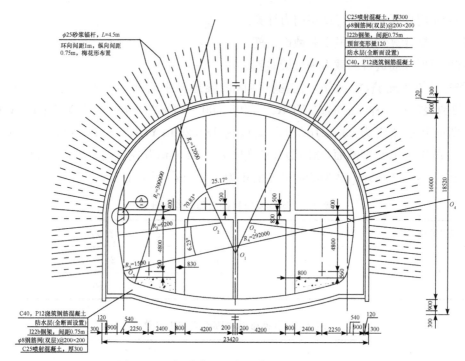

图 7.1　区间隧道 A 型衬砌断面图(单位:mm)

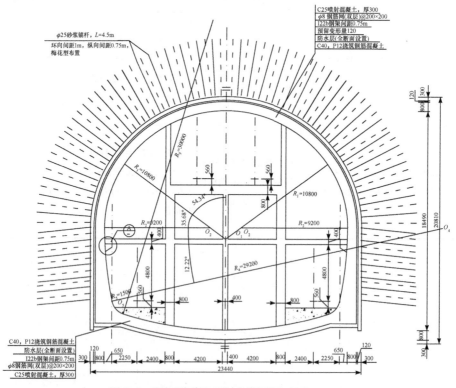

图 7.2　区间隧道 B 型衬砌断面图(单位:mm)

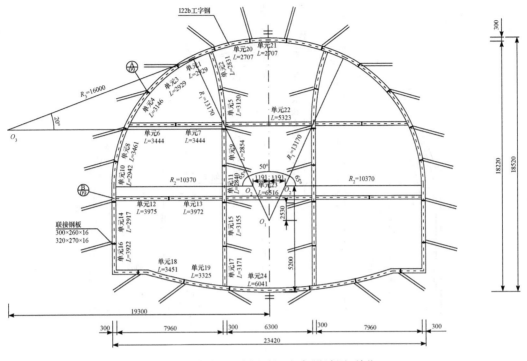

图 7.3　区间隧道 A 型衬砌断面钢架设计图（单位：mm）

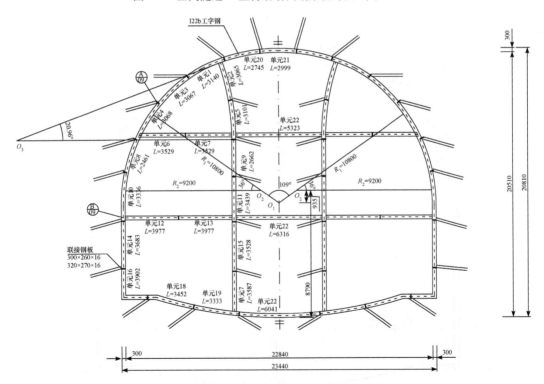

图 7.4　区间隧道 B 型衬砌断面钢架设计图（单位：mm）

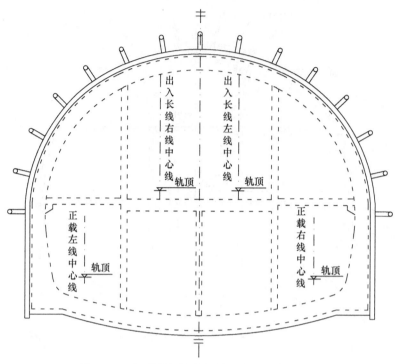

图 7.5　区间隧道初期支护衬砌背后注浆设计图

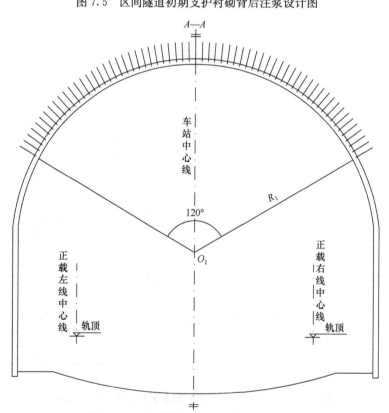

图 7.6　区间隧道超前小导管支护设计图

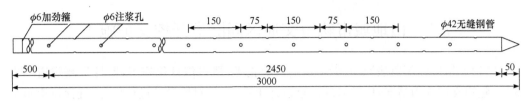

(a) 钢花管大样图

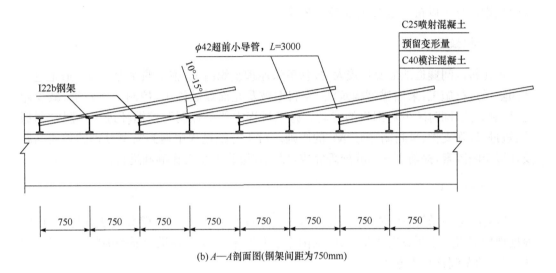

(b) A—A 剖面图(钢架间距为750mm)

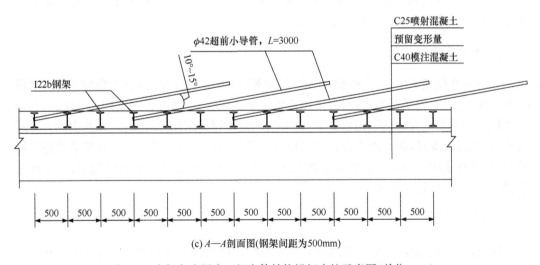

(c) A—A 剖面图(钢架间距为500mm)

图 7.7　大倾角岩层中区间主体结构锚杆支护示意图(单位:mm)

7.3　山地城市轨道交通区间隧道开挖支护施工

隧道严格按照新奥法原理、无轨运输组织施工,严格信息化施工,监控量测隧道围岩变形、隧道支护受力情况,应及时反馈给设计单位,以便对原设计进行优化,确保隧道施工安全和隧道结构的稳定。坚持"以预防为主",做好预防的施工措施,加强围岩监控量测,及时反馈信息用以指导施工,保证施工安全[39,40]。

1. 开挖掘进

莲花村区间隧道地形变化较大,按新奥法原理组织施工,施工顺序为从施工通道进入区间隧道进行施工,采用锚喷构筑法,控制爆破及光面爆破施工,控制开挖轮廓,减少超挖,控制欠挖,同时减少对围岩的扰动。施工过程中严格控制开挖循环进尺,遵从"弱振动、短进尺、强支护、早封闭、勤量测"的原则。对于开挖过程中遇到需要处理的地质问题及环境影响因素,提前15~30d处理完成,以确保隧道开挖工作顺利进行。

2. 开挖方法

区间隧道遵循新奥法原理组织施工,在施工过程中,首选双侧壁导坑法开挖,也可以根据现场围岩及监测数据情况,以信息化施工为指导,并结合轨道交通类似隧道施工的成功经验,动态调整开挖方式。

区间隧道开挖及支护施工顺序:测量放线→打眼、装药、连线→放炮→通风除尘→排危→初喷→出渣→初期支护→下一循环施工。

3. 支护系统

在隧道开挖施工中,认真按设计做好初期支护和辅助施工措施,并严格按设计和规范做好超前预支护、钢拱架的安设,保证围岩稳定和施工安全;做好锚喷支护,保证喷射混凝土的厚度和质量;初期支护、超前支护、临时支护应紧跟开挖面及时施作,以减少围岩暴露时间,抑制围岩变形,防止围岩在短期内松弛剥落。锚杆钻机或锚杆台车及凿岩机施作锚杆,喷射机械手配合泵式喷射机喷射混凝土。钢架、钢筋网和锚杆由洞外加工,人工配合机械安装钢架、挂设钢筋网。

4. 洞身开挖

区间隧道通过地段地层主要为较完整的块状镶嵌结构砂质泥岩、砂岩,地下水状态为Ⅰ级,围岩等级为Ⅳ级,洞顶中等风化岩体厚37~62m,为深埋隧道。隧道开挖施工工法的改变须根据监控量测的结果及地质条件,并经专题会讨论通过后予以实施。各开挖方法如下。

1) 双侧壁导坑法开挖

施工步骤如下:

(1) 左部导洞1的开挖,施工该部初期支护;临时中隔墙支护Ⅰ、临时型钢支撑a。

(2) 左部导洞 2 的开挖,施工该部初期支护;临时中隔墙支护Ⅰ、临时型钢支撑 b。

(3) 左部导洞 3 的开挖,施工该部初期支护;临时中隔墙支护Ⅲ。

(4) 右部导洞 4 的开挖,施工该部初期支护;临时中隔墙支护Ⅳ、临时型钢支撑 c。

(5) 右部导洞 5 的开挖,施工该部初期支护;临时中隔墙支护Ⅴ、临时型钢支撑 d。

(6) 右部导洞 6 的开挖,施工该部初期支护;临时中隔墙支护Ⅵ。

(7) 核心土上部 7 开挖,施工该部初期支护;临时型钢支撑 e。

(8) 核心土中部 8 开挖,临时型钢支撑 f。

(9) 核心土下部 9 开挖,施工仰拱初期支护钢架。

(10) 分阶段拆除内部临时支撑,施作仰拱钢筋混凝土浇筑。

(11) 分阶段拆除内部临时支撑,施工侧墙及拱顶二次衬砌。

注意:施工中一次进尺长度可根据围岩稳定程度适当进行调整。

双侧壁导坑法施工(图 7.8)时,同一层左右两侧两部纵向间距不小于 10m,同侧上下部纵向间距 5~10m(图 7.9),临时支护分段拆除,拆除长度根据监控量测分析结果确定,一次拆除长度不大于 5m。双侧壁导坑法开挖、支护施工顺序:左侧导坑上部开挖、锚喷支护、钢架支撑、临时支护、横撑→左侧导坑中部开挖、锚喷支护、钢架支撑、临时支护、横撑→左侧导坑下部开挖、锚喷支护、钢架支撑、临时支护→右侧导坑上部开挖、锚喷支护、钢架支撑、临时支护、横撑→右侧导坑中部开挖、锚喷支护、钢架支撑、临时支护、横撑→右侧导坑下部开挖、锚喷支护、钢架支撑、临时支护→核心土上部开挖、锚喷支护、钢架支撑、横撑→核

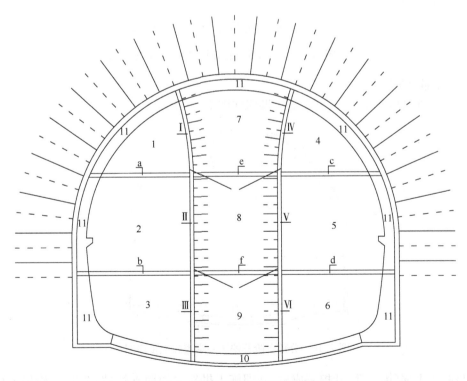

图 7.8 双侧壁导坑法施工步序图

心土中部开挖→核心土下部开挖→仰拱混凝土浇筑→侧墙及拱顶二次衬砌。施工过程中,隧道通过不同的围岩地段,要求钻爆技术人员能根据围岩的变化情况,及时调整好控爆参数,将爆破对隧道围岩扰动减到最小,每循环爆破拟开挖1m。根据开挖断面尺寸、地质情况、开挖方式及控制爆破"三害"的措施进行爆破设计。

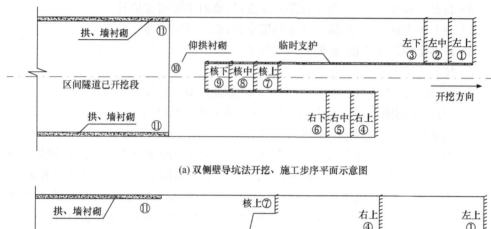

(a) 双侧壁导坑法开挖、施工步序平面示意图

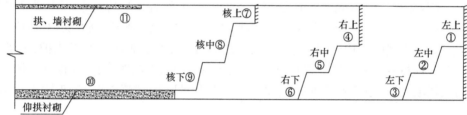

(b) 双侧壁导坑法开挖、施工步序立面示意图

图7.9　双侧壁导坑法开挖、施工步序图

2) 分部台阶法

(1) 分部台阶开挖法一,隧道施工顺序如图7.10所示。

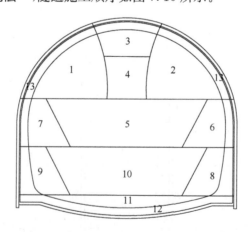

图7.10　分部台阶开挖法一隧道施工步序图

　　核心土上部(第3部)开挖完成后,立即施工拱部的初期支护(图7.11),确保上台阶初期支护及时形成环向连接,同时加强该部位的监控量测,及时反馈监控数据、分析数据,

坚持信息化施工。若监测数据变化值正常,则进行下步工序施工;若监测数据变化超警戒值,应立即采取加强支护措施。在第 4 部岩顶用 I25 工字钢作为竖向支撑,稳定围岩,然后调整开挖方法,尽快使初期支护封闭成环、施工二次衬砌。

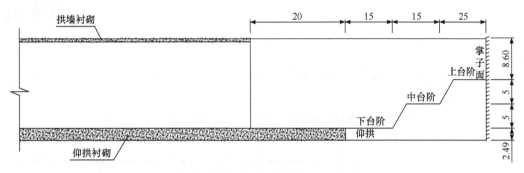

(a) 分部台阶开挖法一施工步序纵断面示意图

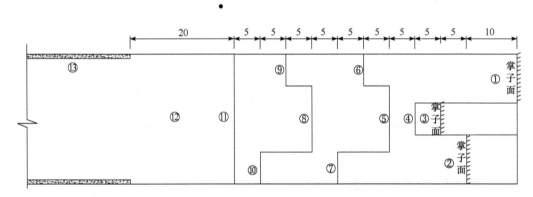

(b) 分部台阶开挖法一施工步序平面示意图

图 7.11　分部台阶开挖法一施工步序图(单位:m)

(2) 分部台阶开挖法二,隧道施工顺序如图 7.12～图 7.14 所示。

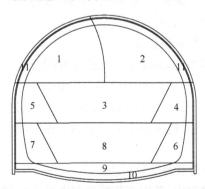

图 7.12　分部台阶开挖法二隧道施工步序图

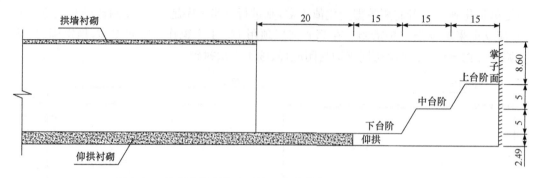

图 7.13　分部台阶开挖法二施工步序纵断面示意图(单位:m)

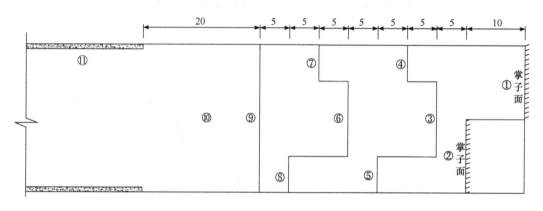

图 7.14　分部台阶开挖法二施工步序平面示意图(单位:m)

3）预留核心土的施工工艺

双侧壁导坑核心土起点距右导坑第 6 部开挖面 10m 时，开始进行核心土的开挖，预留核心土分三步开挖，即核心土上部开挖、核心土中部开挖、核心土下部开挖，其施工工艺流程如图 7.15 所示。核心土施工需搭设操作平台，利用该平台进行打眼、装药、连线及初期支护。核心土施工作业平台采用简易钢管脚手架，该脚手架不属于承重结构。

4）各施工方法相互转换施工步骤

（1）双侧壁导坑法转换为分部台阶法。

根据现场实际揭示地质条件，为保证施工进度并结合监控量测反馈的数据，以信息化施工为前提，拟将本隧道开挖方法调整为分部台阶法（图 7.16）。具体施工方法为：首先停止双侧壁导坑法左 1、2 部、右 4、5 部的掌子面施工，然后进行第 7 部掌子面开挖，连接左右侧壁 1、4 部导坑拱架，当开挖至左 1 部掌子面里程时，按照分部台阶法流程进行下一步施工。

（2）分部台阶法一转换为双侧壁导坑法。

在分部台阶法一施工过程中，若拱部监控量测数据变化较大且不稳定时，停止分部台阶法一第 3 部施工，并在第 4 部掌子面距第 3 部开挖掌子面区域立临时工字钢，必要时浇筑临时核心土以加强支撑，并加强该部位的监控量测频率，保证后期施工安全，然后采用双侧壁导坑法流程进行下一步施工。

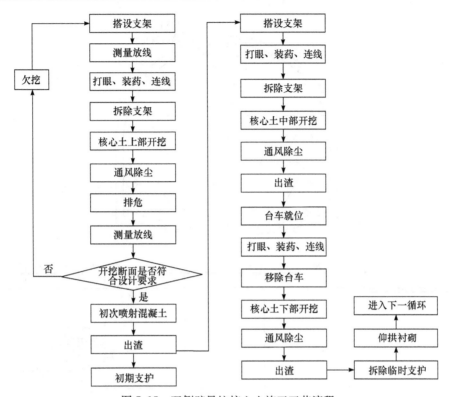

图 7.15　双侧壁导坑核心土施工工艺流程

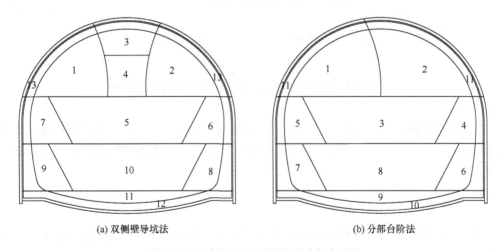

(a) 双侧壁导坑法　　　　　　　　　(b) 分部台阶法

图 7.16　双侧壁导坑法转换为分部台阶法

（3）分部台阶法二转换为双侧壁导坑法。

在分部台阶法二施工过程中（图 7.17），若拱部监控量测数据变化较大且不稳定时，停止分部台阶法二第 1、2 部施工，并在第 1、2 部之间浇筑临时核心土加强支撑，并加强该部位的监控量测频率，保证后期施工安全，然后采用双侧壁导坑法流程进行下一步施工。

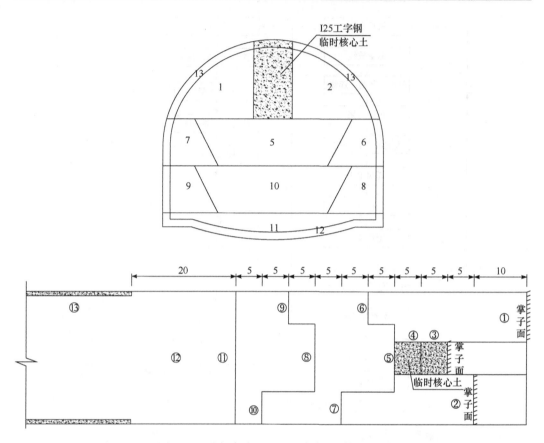

图 7.17　分部台阶法二施工步序图(单位:m)

7.4　山地城市轨道交通区间隧道衬砌施工

7.3 节主要阐述了山地城市轨道交通区间隧道的开挖技术,开挖后需要根据变形监测及时进行支护,本节以凤天路站—天星桥站区间隧道为例来说明区间隧道的支护施工步骤。

7.4.1　工程概况

本标段凤天路站—天星桥站区间为马家岩出入场线接轨区间,正线与马家岩出入场线采用四线并行;首先展开左线,由单洞四线断面形成单洞三线断面+单洞单线小净距隧道;然后展开右线,形成单洞双线与单洞单线小净距隧道;最后正线下行接入天星桥站,出入场线上行出地面。本段区间隧道衬砌及防排水施工方案包含单洞四线隧道断面(A1、A2)和单洞三线隧道断面(B1、B2);设计起讫里程为 DK5+183.516~DK5+412.000。本工程重要性等级为一级,抗震场地等级为二级。

7.4.2 衬砌结构设计参数

区间隧道二次衬砌断面为马蹄形,主要分为 4 种类型:A1 型、A2 型、B1 型、B2 型。区间隧道二次衬砌采用防水混凝土,混凝土强度等级为 C40,防水抗渗等级为 P12,主要参数见表 7.3。

表 7.3 二次衬砌设计参数

部位	应用范围	二次衬砌		
		净空尺寸/(m×m)	主要参数	防水抗渗等级
A1 型断面	DK5+183.516～DK5+249.472	净高 12.06×净宽 23	拱墙 100cm、仰拱 100cm 厚 C40 防水钢筋混凝土	P12
A2 型断面	DK5+249.472～DK5+306.629	净高 14.11×净宽 26.472	拱墙 100cm、仰拱 100cm 厚 C40 防水钢筋混凝土	P12
B1 型断面	DK5+306.629～DK5+358.350	净高 11.5×净宽 16.5	拱墙 80cm、仰拱 80cm 厚 C40 防水钢筋混凝土	P12
B2 型断面	DK5+358.350～DK5+412.000	净高 12.7×净宽 19.4	拱墙 80cm、仰拱 80cm 厚 C40 防水钢筋混凝土	P12

7.4.3 施工总体部署及安排

本区间隧道复合式衬砌施工根据"仰拱先行,曲墙紧跟"的总体施工原则进行衬砌施工,隧道曲墙采用多功能衬砌台车加组合模板的方式进行衬砌施工,仰拱衬砌采用组合模板进行施工。二次衬砌施工时先施作 20m 长的仰拱,施工里程为 DK5+183.516～DK5+203.516,待仰拱施工完毕且混凝土强度达到设计强度后,再在已施作好的仰拱段进行多功能衬砌台车的组装,台车组装完毕后可随隧道衬砌半径和高度进行灵活调动。根据衬砌台车实际长度,曲墙每段衬砌长度为 6.0m,首段曲墙衬砌施工里程定为 DK5+183.516～DK5+189.516。仰拱和曲墙衬砌先由起始衬砌位置向大里程方向衬砌,然后根据大里程隧道开挖进尺情况,在安全距离之外紧跟隧道开挖进行衬砌施工。

7.4.4 施工方案

本工程隧道二次衬砌采用组合模板配合衬砌台车进行施工。施工按照先仰拱、后拱墙的顺序实施二次衬砌,拱墙衬砌一次成形,以减少施工缝,提高二次衬砌自防水能力。仰拱与拱墙纵向施工缝设于设计轨面标高上 200mm 处,二次衬砌采用纵向分段施工方法,仰拱分段长度 6～10m,拱墙分段长度依据各断面的长度按 6.0m 分段。

二次衬砌施工项目包括初期支护背后回填注浆、基面处理、防水层铺设、钢筋绑扎、支模、拆模及混凝土浇筑[41]。

(1)初期支护背后回填注浆、基面处理拟采取全断面一次性施作完成。拱墙初期支护背后回填注浆、基面处理、防水层铺设及钢筋绑扎拟采取搭设轮走移动式多功能简易钢构台架,按分组循环连续施作。

(2)防水层铺设:先铺设仰拱部位防水板,并在环、纵方向按要求预留搭接长度,待曲墙衬砌前,利用多功能简易台车一次性铺设好剩余环向曲墙防水板。

（3）钢筋绑扎:每环分两次施作完成,先绑扎仰拱钢筋(由下向上),待仰拱混凝土浇筑完成、拆模且混凝土强度满足要求后,利用多功能简易台架绑扎拱墙钢筋(由外向内)。

（4）支模及混凝土浇筑。

① 每环分两次施作完成,先进行仰拱支模并浇筑混凝土,待仰拱混凝土浇筑完成、拆模且混凝土强度满足要求后,进行拱墙支模及混凝土浇筑。

② 仰拱:区间隧道仰拱浇筑采取一次性成型或按实际情况循环成型两种浇筑方式(图7.18),采取I16预弯工字钢作衬砌拱架＋200mm宽钢模板＋I16型钢作连接纵梁＋φ48mm钢管扣接支架组成联合支模体系。

③ 仰拱回填:待仰拱混凝土浇筑完成、拆模且强度满足要求后,进行仰拱回填,回填采用C35素混凝土浇筑,浇筑到轨顶以下560mm。

④ 拱墙:按设计断面定制专项衬砌台车,现场组装成型,经验收合格后,投入施工。每组衬砌施工脱模后,衬砌台车面板必须清理干净,并涂刷专用脱模剂,以备下一循环使用。

⑤ 混凝土浇捣:采取输送泵泵送入模,附着式振捣器和插入式捣固棒结合施工,振捣密实,确保二次衬砌成型效果[42,43]。

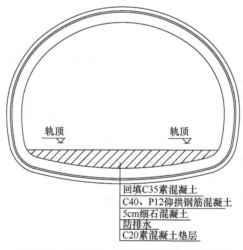

图 7.18　区间隧道仰拱及回填施工构造图

7.4.5　主要施工工艺

初期支护封闭成环,根据监测值拱顶沉降趋于稳定,经测量检查隧道净空满足要求后,在防水板铺设前需进行基面处理,基面处理应达到坚实、平整、圆顺、无明显凹凸物。施工工艺如下:初期支护背后回填注浆密实、堵水→引水堵塞→欠挖处理→补喷→基面突出尖锐物的割除或混凝土鼓包的凿平等。

1）初期支护背后回填注浆密实、堵水

初期支护背后回填注浆分为系统注浆和集中注浆两个步骤。

（1）系统注浆。

利用初期支护背后预埋回填注浆管进行系统连续回填注浆,注浆材料采用 0.6∶1 水泥浆,注浆压力 0.5～1MPa,注浆量控制采取每环每孔满注且单孔注浆量不超过 20t 或注浆压力大于 2MPa,注浆方向采取沿隧道纵向从低向高依次进行,完成一个循环即可。

（2）集中注浆。

系统注浆完成后,若仍存在局部渗漏水现象,应专门对渗漏水点进行集中注浆。

注浆完成后用棉纱临时堵塞注浆管下端口,以防止浆液流出。

2）引水堵塞

注浆完成后,若仍存在个别滴水、股流水等散水现象,采取直接堵塞和引管堵塞。

（1）直接堵塞。

当基面滴水或明流水水流较小、水压不大时,以出水点为中心,人工凿除喷射混凝土成孔槽,孔槽直径 2～4cm,深 3～5cm,凿完后,用水将槽内冲洗干净,随即用堵漏灵堵塞于槽内,并用力向槽壁四周挤压密实,使之与槽壁紧密结合。经过 1～2min 后,检查外观是否还出现渗漏,若有则重新施作。

（2）引管堵塞。

引管堵塞用于点漏水较大、有明流水时,先用人工凿除漏水点周围松散层,凿成一个锥形槽,凿完后把槽内清洗干净,将胶管插入槽内,用快硬水泥胶浆将胶管四周封严,使水顺胶管流出,并在铺防水板前将胶管堵塞。

当初期支护结构通过堵漏达到初期支护内表面没有滴水只有少见湿渍时,方可施作防水层。

3）超欠挖处理

经断面检查,初期支护欠挖大于 5cm 的需进行欠挖处理,欠挖小于 5cm 的不处理。对于欠挖大于 5cm 的,采取换拱外移以满足净空要求;对于大面积超挖且初期支护面基本平顺部分,采用二次衬砌混凝土回填。

4）补喷

对于拱架割除、换拱、拱架钢筋外露及混凝土表面下凹明显部分,采取喷射混凝土补喷平顺。

5）基面突出尖锐物的割除

对于穿出基层的金属构件,如钢筋头、锚杆头等构件,应切除并用砂浆抹平;不能切除的金属构件如锚索头等,必须采用喷射混凝土或砂浆将其覆盖,其圆弧半径 R 大于 200mm。对于凸出鼓包混凝土,采用风镐凿平,以满足净空和圆顺要求。

7.5　山地城市轨道交通区间隧道防排水施工

7.5.1　防水板及盲管铺设

防水板铺设采取全断面从拱墙至仰拱一次性铺设成型,防水板铺设如图 7.19 所示。

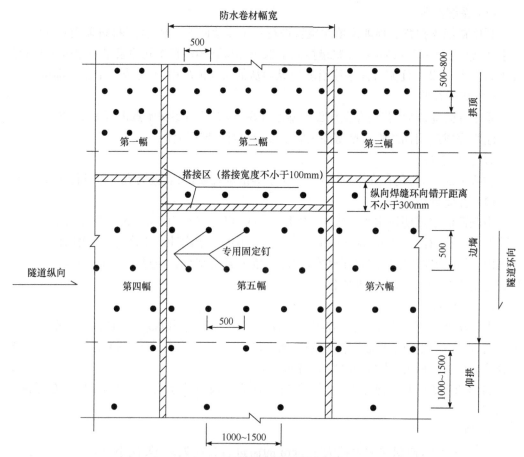

(a) 铺设示意图(单位: mm)

(b) 现场铺设

图 7.19　防水板铺设

（1）防水板的固定：本工程中防水板采用 2.0mm 厚预铺防水卷材 P 类。铺设时，在清理好的喷射混凝土隧道拱顶部标出隧道纵向的中心线，将按要求尺寸裁剪好的防水卷材中心线与喷射混凝土上的标志重合，用冲击钻在喷射混凝土面成孔，再将木楔嵌入孔内，在确定牢固后，将防水卷材无纺布保护层一面固定在带射钉的木楔上，最终形成稳固无钉孔铺设的防水层体系。同时，铺设时应注意与混凝土面密贴，且不能拉得太紧，一定要留出余量。防水板铺设前，应将卷材与缓冲层进行满粘复合，缓冲层朝向初期支护混凝土，材料采用单位质量不小于 $400g/m^2$ 的短纤无纺布。

（2）防水板的固定及连接：防水层采用机械固定法固定于基层表面，固定点距卷材边缘 2cm。钉距为 50cm，钉长为 4cm，配合垫片将防水层牢固固定在基层表面，垫片直径为 2cm。在施工前准备焊接机、热风枪、电闸箱等，并应在工作前做好检查和调整。卷材间搭接采用卷材上下叠层实现，并用焊接机热熔搭接牢固。对于焊接机不便于操作处，采用热风枪焊接牢固，且应达到焊接要求，以保证工程质量。

（3）铺设顺序：在铺设前进行精确放样，弹出标准线进行试铺后确定防水板一环的尺寸，尽量减少接头。施工时先在隧道拱顶处标出隧道纵向的中心线，按基准线铺设防水板，从拱顶部开始向两侧下垂铺设。

（4）防水板的搭接长度：防水板搭接长度严格按照设计操作。

（5）铺设防水板注意事项如下：

① 铺设防水板前对初期支护表面进行锤击声检查，必要时辅以其他物探手段，发现空洞应及时进行处理。对初期支护的渗漏水情况进行检查，并采用注浆或引排等措施进行处理。彻底清除各种异物（如石子等），做到现场平整、干净。

② 基面应平整，不能出现酥松、起砂、无大的明显的凹凸起伏。不平处用喷射混凝土（或砂浆）对基面进行找平处理，确保初期支护表面平整，无空鼓、裂缝、酥松。

③ 铲除各类尖锐突出物体（如钢筋头、铁丝、凸出在作业面上的各种尖锐物体等），并且清除地面积水。

④ 根据图纸标高尺寸定好基准线，准确无误地按线下料。

⑤ 在二次衬砌前，严禁在铺设防水层的地段进行爆破作业；模筑混凝土时，严禁模板、堵头等损坏防水层。

⑥ 防水层铺设完毕后进行钢筋绑扎与焊接。在进行钢筋绑扎与焊接时，必须采用铁皮和石棉垫对防水板进行保护，以免刺穿防水板。

⑦ 为避免对防水板的损伤，防水板铺设采用无钉铺设施工工艺。防水板制作时应安装吊绳，施工时采用电钻在初期支护面钻孔，内设木楔，木楔外面钉铁钉固定塑料垫块，将防水板黏结在塑料垫块上。

⑧ 防水板焊接采用双重焊，其搭接长度应满足设计要求，并采用现场热焊，防水板焊接后必须对其焊缝质量进行检查。

⑨ 严格控制防水材料质量，不合格材料禁止采购使用。防水层铺设完毕后，需对防水层的质量进行严格检查，发现问题及时进行修补、返工或重做。

⑩ 配备专业防水作业人员，选用有防水施工经验和操作细致认真的施工人员从事防水施工作业。

（6）排水盲管安装。

将纵向、环向排水盲管安装为一体，形成完整的排水系统。尤其是纵向排水盲管，它是整个隧道排水系统的中间环节，起着承上启下的作用，因此是关键环节。隧道拱墙环向设 ϕ50mm 盲管，间距按 5～8m 设置，其位置处于无纺布后，紧贴初期支护表面。墙脚纵向设 ϕ80mm 盲管，ϕ80mm 盲管的安装高度为轨顶面以下 26cm，盲管采用 5cm 长的锚固钉及防水板窄条（8cm×30cm）锚固在初期支护表面上，锚固钉按照 50cm 间距布置。所有纵向盲管每 10m 设置一道连接三通与边墙横向排水管连接。横向排水管长度可根据排水沟位置适当调整，但预留长度不得小于 50cm，且排水管在排水沟一侧的安装高度为轨顶面以下 37cm。盲管布置和盲管连接分别如图 7.20 和图 7.21 所示。

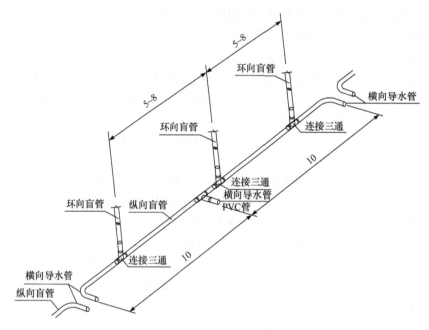

图 7.20　盲管布置（单位：m）

7.5.2　细石混凝土保护层施工

在仰拱施工中，为防止仰拱钢筋施工过程中对仰拱防水板的损伤，特在仰拱防水板上方铺设一层 50mm 厚的细石混凝土，待细石混凝土达到设计强度后，再开始上部仰拱钢筋施工。

7.5.3　特殊部位防水施工

1. 施工缝防水

本工程隧道施工缝分为纵向施工缝和环向施工缝，环向、纵向施工缝均设置一处防水加强层，纵向施工缝设置全断面出浆的注浆管＋遇水膨胀止水胶＋水泥基渗透结晶防水涂料止水，同样，环向施工缝也设置全断面出浆的注浆管＋遇水膨胀止水胶＋水泥基渗透

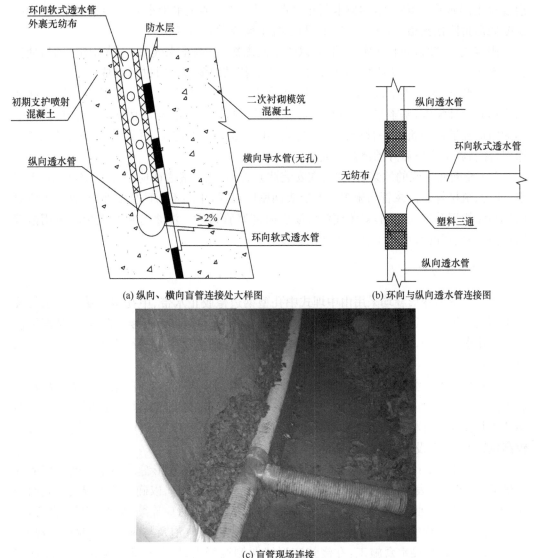

(a) 纵向、横向盲管连接处大样图   (b) 环向与纵向透水管连接图

(c) 盲管现场连接

图 7.21 盲管连接

结晶防水涂料止水。

(1) 纵向施工缝处理:施工缝继续灌注混凝土前应保证已灌混凝土强度不低于 1.2MPa,并将已硬化的混凝土表面浮浆、松动砂石清除干净,将表面凿毛,用水冲洗干净并保持湿润无积水。然后再铺一层 30mm 厚的水泥砂浆,水泥砂浆的水灰比与混凝土保持一致。

(2) 环向施工缝处理:与纵向施工缝处理基本一致,灌注前保证已灌混凝土强度不低于 2.5MPa。

(3) 中埋式钢边止水带安装:采用安设钢筋卡工艺施工。钢边止水带中间与施工缝重合,沿设计衬砌中轴线,每隔不大于 0.5m 钻一 ϕ12mm 的钢筋孔;将制成的钢筋卡由待灌混凝土侧向另一侧穿入，内侧卡紧止水带一半，另一半止水带平靠在挡头板上；待混凝土凝固后拆除挡头板，将止水带拉平，与混凝土面成垂直角度。

固定止水带时，防止止水带偏移，以免单侧缩短，影响止水效果；止水带定位时，使其在界面部位保持平展，不得使其翻滚、扭结，如有扭结现象应及时进行调整。

（4）水泥基渗透结晶防水涂料施工：在浇筑下一部分混凝土之前，已浇筑混凝土接触面应达到设计强度，基本平整，不得有浮浆、油污、疏松、空洞、碎石团等，否则应先剔除。本涂料应在准备浇筑下一部分混凝土时，在施工缝面开始施工，并保证每平方米 1.5kg 涂料，涂料施工完毕后开始浇筑混凝土。

（5）全断面出浆的注浆管安装：在安装注浆管前，施工缝表面应坚实、基本平整，无浮浆、油污、疏松等。注浆管与施工缝基层表面密贴设置，中间不出现悬空部分，且至少应有两处与结构钢筋绑扎牢固，避免灌注混凝土时注浆管移动。注浆管相互连接时采用搭接法连接，搭接宽度宜不小于有效出浆段长度。

2. 变形缝防水

本工程隧道变形缝均采用由中埋式中孔型钢边橡胶止水带、中孔型外贴式止水带及背水面嵌缝组成三道防线加强防水，同时背水面还将施作镀锌钢板接水盒，特殊情况下能及时引排水。其中，中埋式中孔型钢边橡胶止水带与施工缝中埋式钢边止水带施工技术要求一致。

（1）外贴式止水带安装：止水带安装时纵向中心线应与接缝对齐，采用不透水粘贴或焊接固定于已铺设防水板上。当外贴式止水带与防水板之间无法焊接时，可采用双面粘贴的丁基胶带进行粘贴。丁基粘贴带的厚度不大于 1.5mm。环向止水带接缝设在边墙较高位置上，不得设在结构转角处，接头采用专用焊。

（2）嵌缝施工：嵌缝前应按照设计要求的嵌缝深度，剔除变形缝内一定深度的变形缝衬垫板，并将缝内表面混凝土面用钢丝刷和高压空气清理干净，以确保缝内混凝土表面干净、干燥、坚实，无油污、灰尘、起皮、砂粒等杂物。嵌缝注胶时应连续、饱满、均匀、密实，与接缝两侧混凝土面密实粘贴。任何部位均不得出现空鼓、气泡及与两侧基层脱离的现象。

（3）镀锌钢板接水盒施工：在浇筑变形缝两侧混凝土时，背水面一侧沿变形缝预留300mm宽、50mm厚的凹槽。当嵌缝注胶固化后，以 1.0mm 厚不锈镀锌钢板预制成 U 形接水盒，嵌入混凝土凹槽内，外观一侧保证与混凝土面齐平，接水盒两侧采用与嵌缝施工一样的方式，注胶密封成型。

3. 引排水

本工程隧道全线设置引排水系统，由环向、纵向、横向排水管组成。环向采用 ϕ50mm 软式透水管（有孔），沿纵向设置间距为 5～8m；沿隧道两侧纵向采用 ϕ80mm 软式透水管（有孔）；横向排水管采用 ϕ110mm PVC 管（无孔），纵向间距每 10m 设置一处横向排水管，环向、纵向盲管采用三通连接，纵向与纵向盲管、横向与横向盲管采用直通连接。

施工中，环向和纵向透水管在三通连接处需在纵向接头处包裹无纺布。排水系统应自上而下铺设，透水管设置于防水层外侧，不得侵入二次衬砌，否则应凿槽埋设。所有隧道排水及道床水均汇集到车站或区间集水泵站,并通过车站排入市政排水管道。

7.5.4 防水板质量检查

1. 外观检查

防水板铺设应均匀连续,焊缝宽度不小于 10mm,搭接宽度不小于 100mm,焊缝应平顺、无褶皱、均匀连续,无假焊、漏焊、焊过、焊穿或夹层等现象。

2. 焊缝质量检查

将 5 号注射针头与打气筒相连,针头处设压力表,将打气筒加压至 0.25MPa 时,停止充气,10min 后下降不得大于 10%。若不满足要求,用肥皂水涂在焊接缝上,产生气泡的地方重新焊接,用热风焊枪和电烙铁等补焊,到不漏气为止。检查数量采取随机抽样的原则,每 10 条焊缝抽试一条。为保证质量,每天每台热合机焊接制取一个试样。

3. 特殊部位的防水板铺设

在结构阴阳角处的防水板施工中,需在阴角处用水泥砂浆形成一道 20mm×20mm 的钝角,阳角处做成 $R=20$mm 的圆弧形结构,以防止防水板在拐角处因受到衬砌混凝土的挤压而破坏。

7.5.5 防水层保护措施

(1) 铺设好的防水层应特别注意加以保护,注意钢筋运输、绑扎、焊接可能对防水板产生的损伤。对局部钢筋接头进行焊接时,要用石棉板隔挡进行保护。发现防水层有损坏时应及时进行修补。

(2) 铺设好的防水层严禁放置各种材料和工具。

(3) 混凝土振捣时,振捣棒不得直接接触防水层,以免破坏防水层。

第8章 山地城市轨道交通隧道大断面暗挖车站施工技术

8.1 概 述

随着社会经济的快速发展,我国城市轨道交通系统从 20 世纪开始进入大规模修建时期。在地铁工程建设过程中,除修建大量的区间隧道外,还需修建地下车站。由于地铁车站使用空间大、功能复杂,在结构设计和施工中需要面对大断面、大空间等问题,目前我国对大断面地铁车站的施工经验还在不断积累中,因此对城市轨道交通大断面暗挖车站施工技术的研究极其重要。

8.2 大断面轨道交通车站结构设计

8.2.1 设计系统构成

轨道交通系统的构成主要包括车辆、车辆段、轨道、车站建筑、结构工程、供电系统、通信系统、信号系统、给排水系统等设施。

8.2.2 设计基本原则

(1) 应以"结构为功能服务"为原则,满足城市规划、行车运营、环境保护、抗震、防水、防火、防护、防腐蚀及施工等要求,并应做到结构安全、耐久、技术先进、经济合理。

(2) 应减少施工中和建成后对环境造成的不利影响,以及由城市规划引起的周围环境改变对结构的影响;对分期建设的线路,应根据线网规划合理确定节点结构型式及是否同步实施或预留远期实施条件。

(3) 应根据工程建筑物的特点及其所在场地的具体情况,通过技术、经济、工期、环境影响等多方面综合评价,选择合理的施工方法和结构型式。

(4) 在含水地层中,应采取可靠的地下水处理和防治措施。

8.2.3 设计方法

(1) 综合考虑交通疏解条件、管线改移难度、工程地质条件,以确定车站施工方法;结合施工方法、建筑功能,确定结构型式,进行结构(梁、板、柱)布置。

(2) 明挖/盖挖法结构。①围护结构选型:地下连续墙、钻孔灌注桩、人工挖孔桩、型钢水泥土搅拌(桩)墙(soil mixed wall)、套管咬合桩、土钉墙等。对施工阶段围护结构采用增量法原理模拟施工全过程进行计算分析。②计算方法:一般明挖结构,车站主体采用全包防水层,围护结构与侧墙按重合墙结构进行计算,即侧水压力直接作用于主体结构侧墙上,侧土压力作用于围护结构上。

8.3　大断面轨道交通车站开挖支护施工

8.3.1　工程概况

城市轨道交通施工中,下穿密集地面建(构)筑物的超大超浅埋隧道[44]日益增多。中铁十一局集团第五工程有限公司在重庆轨道交通 6 号线一期的上新街站及区间隧道工程施工中,为解决隧道开挖断面大(366m²)、埋深浅(7.5m),隧道围岩软弱、自稳能力较差、隧道上部地表构筑物密集且陈旧等复杂地质条件施工难题,成立了科技攻关小组,通过试验研究、探索实践和不断创新,总结出 ϕ800mm 超大水平超前探孔(导洞)、洞内叠加管棚超前预支护、11 步双侧壁导坑静态爆破开挖三项施工技术。这三项施工技术较好地解决了城市超浅埋复杂地质条件下超大断面隧道开挖施工难题[45],经专家鉴定为"国内领先水平",同时申请一项发明专利,专利号 201410809183.1[46]。经总结形成的城市超浅埋地质条件下超大断面隧道开挖综合施工方法成功应用于重庆轨道交通环线凤天路站、天星桥站及区间隧道工程,在施工中有效保证了施工安全、质量、进度,取得了较大的经济效益和社会效益。

8.3.2　工法特点

(1) 一次成型 ϕ800mm 超大水平超前探孔(导洞),施工难度小、速度快、费用低,节约施工成本。

(2) 静态爆破施工,开挖过程无振动,初期支护部分采用机械破碎修整,施工扰动小、超欠少、可控性高。

(3) 全程机械施工,人工劳作量少,施工进度快。

(4) 大断面隧道分区分步形成循环施工,人力、物力有效利用率高。

8.3.3　适应范围

城市超浅埋地质条件下超大断面隧道开挖综合施工方法适用于埋深大于5m、开挖断面大于 200m² 的大断面浅埋隧道(破碎、断层带隧道酌情采用)。

8.3.4　工艺原理

1. ϕ800mm 超大水平超前探孔(导洞)

在双侧壁导坑分区的左右上导坑布设 ϕ800mm 探孔孔位(图 8.1),依次循环确定钻孔深度、孔位轴线控制、机械成孔、岩芯截断、岩芯外运、岩芯记录施工,为后期静态爆破施工提供足够临空面;通过出露岩芯详细记录岩层分布情况,为后续施工提供地质依据。

图 8.1　左右上导坑布设 φ800mm 探孔孔位及施工

2. 洞内叠加管棚超前预支护

以本工法依托应用项目工程为例,根据工程的施工周边环境条件、隧道设计开挖断面尺寸,通过迈达斯软件(MIDAS/GTS)建模,分别采用 3m、5m、6m 三种长度的叠加管棚对围岩进行受力位移分析,分析结果见表 8.1。

表 8.1　管棚不同叠加长度下的最大合位移

序号	洞内叠加管棚模拟搭接	最大合位移/mm
1	预支护 3m,搭接 5m	11.016
2	预支护 5m,搭接 3m	11.013
3	预支护 6m,搭接 2m	18.954

根据分析发现,叠加管棚最大合位移均满足拱顶下沉设计警戒值(30mm)。通过可操作性、实用性、经济性等各项因素对比,确定采用 5m 长叠加管棚。

3. 11 步双侧壁导坑静态爆破开挖

对于断面超过 200m² 的大断面隧道开挖,合理划分施工导坑是关键。以本工法依托应用项目工程为例,针对施工周边环境条件,通过 MIDAS/GTS 建模计算,合应力变化最大处为直墙段。在大断面隧道开挖施工时,将直墙段各个导坑台阶高度降低,采用 11 步双侧壁导坑法施工(图 8.2 和图 8.3),能有效保证施工安全。

4. 静态爆破开挖

静态爆破开挖分为静力破碎和机械破碎两部分。静力破碎采用无声破碎剂通过化学反应产生膨胀力,破坏岩体自稳抗拉力,使岩体产生多向裂隙,从而破坏岩石整体性;机械破碎采用液压破碎头将裂隙发育的岩体剥离,沿设计开挖轮廓线修整成型,能有效控制隧道超欠挖,对周边岩体、地表构筑物无扰动,使主体隧道安全顺利地完成施工。

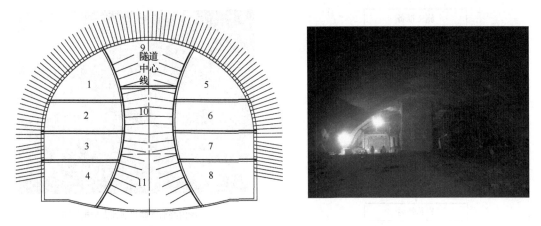

图 8.2　11 步双侧壁导坑法开挖步骤横断面图

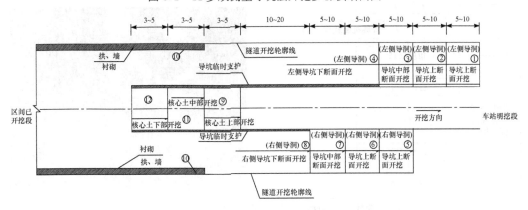

图 8.3　11 步双侧壁导坑法开挖步骤平面布置图(单位:m)

8.3.5　施工工艺流程及操作要点

大断面隧道施工工艺流程如图 8.4 所示,其操作要点如下。

1. φ800mm 超大水平超前探孔(导洞)

(1) 确定钻孔深度:隧道围岩等级小于Ⅳ级、整体性好,钻机一次定位钻孔深度大于 6m;隧道围岩等级大于Ⅳ级、整体性较差,钻机一次定位钻孔深度小于 6m。具体钻孔深度应根据隧道围岩破碎程度、试钻效果,经专项会议讨论确定,以保证施工安全为主。

(2) 孔位轴线控制:①孔口定位以方便施工为主,孔口中心一般位于导坑中心、导坑地面上 1.5m;②根据一次定位钻孔深度,1m 钻孔深度对应钻筒竖向上扬 0.1°,起钻时调整钻筒竖向上扬角度;③孔内每隔 3m 设置一个定位环,防止钻头大幅下坠,确保孔位平直,避免下坠过大破坏钻机。

(3) φ800mm 机械成孔:选用专业 φ800mm 水平成孔机械,每筒钻进取芯 2.2~2.4m,达到筒深后,将钻筒退出孔口,与钻机固定。

(4) 岩芯固定:用套杆将钢丝绳套索自岩芯自由端套入至少 0.5m,收缩套索固定。

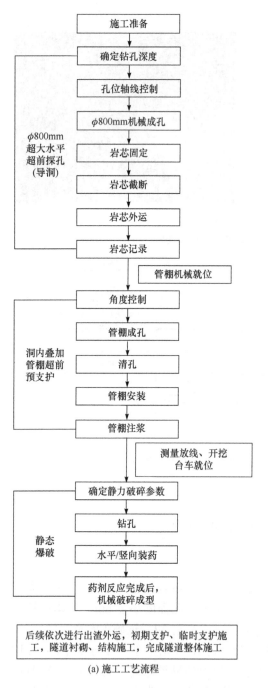

(b) 洞内叠加管棚超前预支护施工图

(a) 施工工艺流程

(c) 静态爆破装药

图 8.4　大断面隧道施工工艺流程

（5）岩芯截断：①在岩芯自由端与岩壁间采用薄型千斤顶加压，利用杠杆原理将岩芯固定端自岩体断离；②用套杆将千斤顶送入岩芯正上方与岩壁的间隙，方便岩芯断离后回收千斤顶。

（6）岩芯外运：①岩芯截断后，钢丝绳另一端与钻机牵引系统固定，通过钻机动力将岩芯拖拽出孔洞;②钻机以 0.1m/s 速度牵引拖拽,钢丝绳纵向周边 1.5m 范围不得有人。

(7) 岩芯记录:①以薄型千斤顶挤压痕迹确定岩芯方向,记录岩层方向;②记录岩芯成分名称、颜色、结构与构造、密实程度、节理与裂隙发育程度、风化程度、夹杂物及含量、潮湿程度等项目,为后期静态破碎参数设置提供依据。

2. 洞内叠加管棚超前预支护

(1) 角度控制:每个孔位都要仔细调整钻机方位,确保每孔钻杆外插角小于 6°。

(2) 管棚成孔:①钻机开钻时,先低速低压,待成孔达到 1m 后,根据地质情况逐渐调整钻速及风压;②钻孔速度保持匀速,钻头遇到夹泥夹砂层时,降低钻孔速度,避免发生夹钻现象;③发生卡钻时,每钻进 1m 要退钻,保持孔洞畅通,若卡钻太频繁,应先注浆后重钻,保证钻孔成孔质量,确保下管顺利。

(3) 清孔:①用钻杆配合钻头进行反复扫孔,清除浮渣,以确保孔径、孔深符合要求,防止堵孔;②用高压风从孔底向孔口清理钻渣。

(4) 管棚安装:①管棚按设计要求在场外加工制作,现场安装;②采用 ϕ108mm×5mm 热轧无缝钢管制作,导管周壁钻注浆孔,孔径 10~16mm,孔间距 150~200mm,呈梅花形布置;③钢管接长采用 95mm 内套管连接,安装时将同一截面接头在不同孔内错开;④管棚安装后,管口用麻丝和锚固剂封堵钢管与孔壁间空隙,连接压浆管及三通接头。

(5) 管棚注浆:①注浆压力为 0.5~1.0MPa,达到设计注浆量/注浆压力时,稳定 3~5min 后停止注浆;②为防止串浆,每钻完一个孔,即安设该孔的钢管并注浆,然后进行下一孔的施工。

(6) 管棚施工完成后,及时跟进初期支护等施工,将管棚端与初期支护拱架连接,形成稳定承压整体,以保证支护强度。

3. 11 步双侧壁导坑静态爆破开挖

1) 确定静力破碎参数

静力破碎钻孔布眼以 ϕ800mm 超前探孔(导洞)为临空面,钻孔方向与临空面平行;同一排钻孔保持在一个平面上;自由面越多,单位破石量就越大,经济效益也更高;破碎方案中的孔径、孔距、孔深和破碎设计,根据岩石性态、节理、被破碎物的大小等确定,根据施工经验提出钻孔参数参考数据(表 8.2)。

表 8.2　钻孔参数参考数据

被破碎体钻孔	参数				药剂使用量 /(kg/m³)
	孔径 D/mm	孔距 A/mm	排距 R/mm	孔深 L/m	
软质岩	35~40	300~500	$(6{\sim}9)D$	$H+5\%H$	8~10
中硬质岩	38~40	300~400	$(6{\sim}9)D$	$H+5\%H$	10~15
坚硬花岗岩石	38~40	250~400	300~800	$H+5\%H$	18~25
岩石切割	30~40	200~400	$(6{\sim}9)D$	H	5~15

注:H 为每循环开挖进尺,m。

2）小临空面上导坑施工（11 步双侧壁导坑 1、5）

在静态爆破施工中，首先进行左上导坑 1 开挖（右上导坑 5 开挖类似），将 $\phi800$mm 超前探孔（导洞）作为左上导坑静态爆破临空面使用，详细孔眼布置、装药步骤及实施效果如图 8.5 所示。

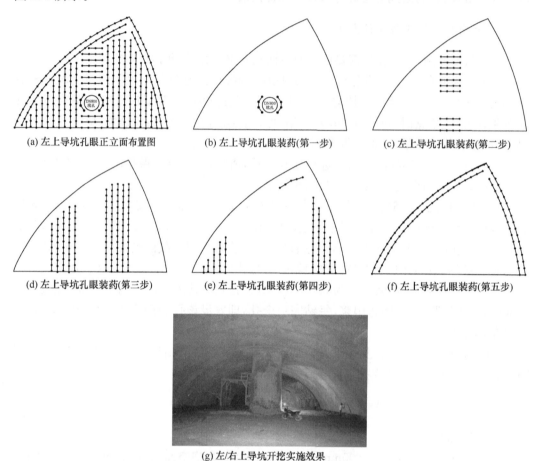

(a) 左上导坑孔眼正立面布置图   (b) 左上导坑孔眼装药(第一步)   (c) 左上导坑孔眼装药(第二步)

(d) 左上导坑孔眼装药(第三步)   (e) 左上导坑孔眼装药(第四步)   (f) 左上导坑孔眼装药(第五步)

(g) 左/右上导坑开挖实施效果

图 8.5　静态爆破开挖中孔眼布置、装药步骤及实施效果（单位：mm）

其中，孔眼参数设计为：孔径 40mm，孔距 350mm，排距 300mm，孔深 2000mm，采取分步分区域装药预裂形式施工，遵循由下向上、由临空面反向装药形式操作。第一步药剂反应时间调整为 15min，第二步、第四步、第五步药剂反应时间调整为 20min，第三步药剂反应时间以 30～40min 为宜，已装药孔口方向严禁站人。

3）大临空面上导坑施工（11 步双侧壁导坑 9）

按双侧壁导坑法施工，当左右导坑开挖支护完成时，核心上导坑左右侧悬空较高，因而在该部位施工时，开挖高度不宜过高。以 2m 高为例，核心上导坑静态爆破孔眼布置及装药步骤如图 8.6 所示。

其中，孔眼参数设计为：孔径 40mm，孔距 350mm，排距 300mm，孔深 1500mm，采取分步分区域装药预裂形式施工，遵循由下向上、由临空面反向装药形式操作，药剂反应时

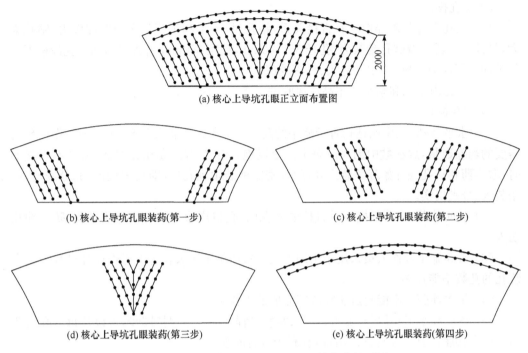

(a) 核心上导坑孔眼正立面布置图

(b) 核心上导坑孔眼装药(第一步)　　　　　　(c) 核心上导坑孔眼装药(第二步)

(d) 核心上导坑孔眼装药(第三步)　　　　　　(e) 核心上导坑孔眼装药(第四步)

图 8.6　核心上导坑静态爆破孔眼布置及装药步骤(单位:mm)

间均以 15~25min 为宜。

4) 中下导坑施工(11 步双侧壁导坑 2、3、4、6、7、8、10、11)

当上导坑施工完成,进行中下导坑施工时,为便于施工,采取竖向钻孔静态预裂形式开挖。与水平静态爆破相比,竖向布孔施工钻孔、装药速度更快,反应时间可相对缩短,药剂产生侧向压力大于竖向压力,有效利用率更高。以左下导坑为例,静态爆破详细孔眼布置如图 8.7 所示。

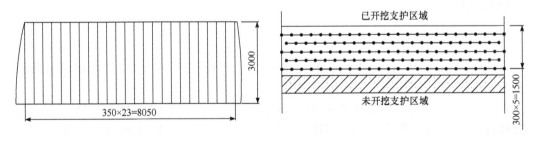

图 8.7　左下导坑孔眼布置图(单位:mm)

其中,孔眼参数设计为:孔径 40mm,孔距 350mm,排距 300mm,孔深 2500~3000mm不等,以设计分级高度划分。每次开挖进尺在确保支护安全的前提下可相应加大。采取每进尺分区域集中装药预裂形式施工,遵循由临空面反向装药形式操作,药剂反应时间根据孔数、装药人数等确定。

5）钻孔操作

（1）钻孔直径与破碎效果有直接关系，钻孔过小，不利于药剂充分发挥效力；钻孔太大，易冲孔。适合爆破孔参数为：孔径 35～40mm，孔距 350mm，排距 300mm，孔深根据部位不同进行相应调整，临空面越大，孔深越深。

（2）钻孔内余水和余灰渣用高压风吹洗干净，孔口旁干净、无土石渣。

6）装药操作

（1）水平装药：先用比钻孔直径略小的高强长纤维纸袋装入药剂，按一个操作循环所需要的药卷数量，放在盆中倒入洁净水完全浸泡，50s 左右药卷充分湿润、完全不冒气泡时，取出药卷从孔底开始逐条装入并捅紧，密实地装填到孔口，即集中浸泡，充分浸透，逐条装入，分别捣实。

（2）竖向装药：将药剂搅拌后直接灌入孔内，孔口周边不得有小石块堆积，防止冲孔伤人。

（3）破碎施工操作人员采用小组的方式。每组施工工人在每次操作循环过程中负责装孔的孔数不能过多。

（4）每次拌药量不能超过实际能够完成的工作量。

（5）各灌装小组在取药、加水、拌和、灌装过程中应基本保持同步，可以让每个孔内药剂的最大膨胀压基本保持同期出现，有利于岩石的破碎。

（6）灌装过程中，已经开始发生化学反应的药剂（表现开始冒气和温度烫手）不允许装入孔内。

（7）从药剂加入水到灌装结束，这个过程的时间不能超过 10min，否则容易冲孔。

（8）岩石刚开裂时，可向裂缝中加水，支持药剂持续反应，可获得更好的效果。

7）破碎操作

（1）选用适用断面要求且带液压破碎头的挖掘机，配备技术娴熟的操作手。

（2）确定药剂反应完全后，进行岩石破碎，施工时安排专人值守，严禁交叉作业，防止岩石崩落伤人。

4. 施工监测控制

（1）主要监测项目：地质及支护状况观察、水平收敛、拱顶下沉、地表建筑物倾斜监测。

（2）监测数据分析与处理：按照 JTG/T 3660—2020《公路隧道施工技术规范》设立预警机制，水平收敛预警值 30mm，拱顶下沉预警值 30mm，地表建筑物倾斜预警值 1.5‰。当监测数据异常、急剧变化或超过预警值时，应及时停止施工，并上报相关建设单位，调整、优化施工方案。

8.3.6　材料与设备

城市超浅埋地质条件下超大断面隧道开挖综合施工方法采用的试验测量设备和机械设备配备表分别见表 8.3 和表 8.4。

表 8.3　试验测量设备配备表

序号	设备名称	规格型号	单位	数量
1	全站仪	徕卡 TC02	台	1
2	水准仪	苏光 DSZ2	台	1
3	脚架	—	个	3
4	对讲机	MYT	台	5
5	收敛仪	GSS30A	台	1
6	砂浆试模	—	组	12

表 8.4　机械设备配备表

序号	设备名称	规格型号	单位	数量
1	挖掘机	CT320B	台	2
2	液压破碎锤		台	2
3	装载机	—	台	2
4	水平取芯机	ϕ800mm	台	1
5	管棚机	—	台	1
6	自卸汽车	6t	台	6
7	注浆机	JRD500B	台	1
8	浆液搅拌机	NJ-600	台	1
9	移动空压机	LUY208D-7	台	2
10	增压泵	—	台	1
11	电焊机	松下 505	台	4
12	箱式变压器	800kV・A	台	1
13	发电机	320GF1	台	1

8.3.7　质量控制

1. 质量控制标准

（1）执行国家相关法律法规，严格按照《隧道超前地质预报实施手册》、JTG/T 3660—2020《公路隧道施工技术规范》、JC 506—2008《无声破碎剂》[47]、GB/T 50299—2018《地下铁道工程施工质量验收标准》等规范、验收标准及设计规范施工。

（2）完善质量管理体系，建立考核机制。安排有资格、有经验的专职人员全程跟踪监控施工质量，严格落实检验制度，严肃追责。

2. 质量控制技术措施

（1）超前超大探孔（导洞）施工中应注意孔位偏移控制，以添加定位环的方式防止探孔下坠、偏位。

（2）洞内叠加管棚施工中出现串孔现象时，对串孔进行封闭，待浆液灌注完毕，不往外漏浆时，对注浆孔进行封闭，对串浆孔进行二次补强注浆，以保证注浆密实。

（3）静态爆破施工中，药剂反应时间的控制是本工法成败的关键，具体内容如下：

① 严格控制药剂反应时间，一般控制在 15～30min 较好。

② 药剂反应时间的控制方式一般采用温度控制和添加促发剂或抑制剂两种方式。

③ 夏天施工时一般采用添加抑制剂的方式，抑制剂放入浸泡药剂的拌和水中。加入量为拌和水的 0.5%～6%。温度越高，加入量越多；反之则越少。

④ 冬季气温较低，药剂反应时间会相应延长，给施工带来不便，一般解决办法是加入促发剂和提高拌和水温度。促发剂加入过多，会降低药剂膨胀力；拌和水温根据实际适当提高，最高不可超过 50℃。

⑤ 现场施工中，应根据施工现场条件和熟练操作程度，在安全的前提下，尽可能缩短反应时间，以利于施工。

8.3.8 安全措施

（1）施工过程中严格遵守《建设工程安全生产管理条例》（国务院令第 393 号）等国家法律法规，并严格执行 JGJ 59—2011《建筑施工安全检查标准》[48]、JGJ 46—2005《施工现场临时用电安全技术规范》[49]等相关安全规范。

（2）建立并完善安全管理体系，制定专项应急预案并开展演练（如地震灾害、高空坠落、防火触电等），施工区设置危险源识别牌，安排有资质的专职安全员监控作业，将安全教育培训、考核等制度落到实处，严格执行责任追究制度。

（3）安全技术措施。

① 超前钻孔时，密切关注孔口周边掌子面围岩情况，每次人员靠近前，必须进行敲帮问顶，以确保围岩稳定，保证施工安全。

② 探孔岩芯外运时，钻机牵引速度不得大于 0.1m/s，牵引钢丝绳纵向周边 1.5m 范围内不得有人，避免钢丝绳滑落后回弹伤人。

③ 管棚高压清孔时，操作人员必须佩戴护目镜，孔口轴线方向不得有人，避免孔内石渣被高压冲出伤人。

④ 双侧壁导坑开挖时，直墙段中下导坑高度不超过 3m，一次性围岩创伤面小，避免合应力突发性、大面积变化导致的安全隐患；减小每步台阶施工作业量，缩短围岩暴露时间，及时完成支护封闭，确保施工安全。

⑤ 静力破碎施工过程中容易发生冲孔现象，具有不可预见性和不可完全控制性。

冲孔产生的原因较多，大致有以下几种：A. 操作人员操作不当（包括药剂已经发热冒气仍在灌装等，装填不密实有空气隔层等）；B. 温度控制不当（气温高时，拌和水、药剂、钻孔孔壁温度控制不当、抑制剂药量不够，致使药剂反应过快等）；C. 钻头选用不当，钻孔直径过大等。

在有意识规避以上几点的同时，还应做到：A. 加强规范化施工教育，使每个操作工人都明白正确的施工方式以及冲孔伤害的危害性。B. 为防止伤人事故，必须严格要求操作人员佩戴符合国家安全标准生产的防尘防冲击型 PVC 护目镜进行操作。C. 施工现场专门备好清水和毛巾,当冲孔发生时,药剂温度较高且有腐蚀性,溅射到皮肤时应及时用清水清洗;若药剂进入眼内,应立即用清水冲洗,情况严重者立即送医院清洗治疗。

⑥ 静力破碎施工时,必须加强管理力度。

A. 使用破碎剂时必须佩戴防护眼镜(防尘防冲击型 PVC 护目镜)。施工人员未戴防护眼镜操作属安全违章,必须制止。

B. 在药剂灌入钻孔到岩石开裂前,不可将面部直接近距离面对已装药的钻孔。药剂灌装完成后,盖上麻袋或草席,远离灌装点。观察裂隙发展情况时应更加小心。

C. 在破碎工程施工中需要改变和控制反应时间,必须依照厂家规定加入特定的抑制剂和促发剂,并按要求配制使用,严禁擅自添加药剂。

D. 刚钻完孔和刚冲孔的钻孔,孔壁温度较高,应确定温度正常、符合要求并清洗干净后才能继续装药。

E. 严禁将破碎剂加水后装入小孔容器内(如直口玻璃杯、啤酒瓶等)。

F. 使用破碎剂前必须确认操作人员已仔细阅读破碎剂使用说明书并已理解,明确操作流程和方式。

8.3.9　环保措施

(1) 成立对应的施工环境卫生管理机构,在工程施工过程中严格遵守国家和地方政府下发的有关环境保护的法律、法规和规章;加强对施工燃油、工程材料、设备、废水、生产生活垃圾、弃渣的控制和治理,遵守有关防火及废弃物处理的规章制度;做好交通环境疏导,充分满足便民要求,认真接受城市交通管理,随时接受相关单位的监督检查。

(2) 将施工场地和作业限制在工程建设允许的范围内,合理布置、规范围挡,做到标牌清楚、齐全,各种标识醒目,施工场地整洁文明。

(3) 施工中的无声破碎剂、废燃料、废油及其他固体废弃物不得随意倾倒或排入水渠等水体,也不得堆放在水体旁,应及时清运至当地允许设置的地点。含有害物质的建材(如水泥等)不得堆放在水体附近,并设篷盖,必要时设围栏,防止被雨水冲刷入水体。

(4) 在施工期间始终保持工地排水系统良好,排水系统做到永临结合,设立专用排浆沟、集浆坑,对废浆、污水进行集中,认真做好无害化处理,从根本上防止施工废浆乱流。废水除按环境卫生指标进行处理达标外,还应按当地环保要求的指定地点排放。

(5) 定期清运沉淀泥沙,做好泥沙、弃渣及其他工程材料运输过程中的防散落与沿途污染措施,尽量避免城市人流高峰期,并用专业车辆运输,防止灰尘污染。出施工现场的车辆必须经过洗车池,清洗干净后方可上道,以减少对道路的污染和扬尘。

(6) 优先选用先进的环保机械。采取设立隔声墙、隔声罩等消声措施以降低施工噪声到允许值以下,同时尽可能避免夜间施工。

(7) 对施工场地道路进行硬化,并在晴天经常对施工通行道路进行洒水,防止尘土飞扬,污染周围环境。

(8) 本工法运用中,能显著减少柴油等不可再生资源的消耗,降低有毒有害气体排放量,符合节约型社会、绿色施工等要求。

8.3.10 效益分析

本工法通过对超浅埋条件下大断面隧道综合开挖技术研究运用,在 11 步双侧壁导坑法静态爆破施工中,以左上导坑为例,每循环纯机械开挖平均耗时约 17.5h,同部位静态爆破开挖平均耗时约 5.5h;核心土由于有临空面,纯机械开挖速度会有所加快,节约时间有所减少。经计算,采用 11 步双侧壁导坑法静态爆破开挖的大断面隧道,每延米节约机械台班:(17.5－5.5)×11×70％÷8＝11.55 台班,直接经济效益 11.55×1600＝18480 元。本工法实践运用中,上新街项目直接经济效益约 122 万元,凤天路项目直接经济效益约 386 万元,经济效益显著。同时,保证了施工安全、工程质量,提前工期 4 个月。

本工法经实践证明安全可行,施工运用简便,具有简单、可操作性强的优点;施工中未对周边围岩及地表建(构)筑物产生扰动,不影响周围居民正常工作生活;获得地方政府、业主、监理充分肯定,宁波市轨道交通工程建设指挥部、新加坡陆路交通管理局等多家单位前来观摩学习,取得了显著的社会效益,为以后类似城市及野外下穿文物、建筑等保护性浅埋大断面隧道的规划建设提供了可靠的决策依据和技术指标。可见,新颖的工法技术将促进地下工程施工技术进步,环境效益显著。

8.3.11 应用实例

1. 重庆轨道交通 6 号线一期工程(上新街—礼嘉段)上新街车站及区间隧道工程

重庆轨道交通 6 号线一期上新街车站及区间隧道工程,位于重庆市南岸区社会主义学院附近,其中车站暗挖主体隧道 B 型断面长 66.391m,断面宽 23.24m、高 18.54m,开挖面积 366.09m²。该段隧道围岩等级 V 级、岩石软弱、自稳能力较差,隧道上部有 3 栋多层民房,周边存在众多陈旧砖瓦房,其中一栋 8 层砖混结构房屋的条石基础距离拱顶最近约 7.5m。

该工程在 2011 年 8 月～2013 年 5 月施工期间运用本工法进行施工,施工中未出现任何安全事故,监控量测显示施工未对周边围岩及地表构筑物产生扰动,对工法实用性进行了有效验证。在各领导部门组织的历次安全质量检查评比中,各项指标评分均名列前茅,得到重庆市安全生产监督管理局、重庆市建设工程质量监督总站、业主、监理等一致认可,获得了优异的信誉评价。

2. 重庆轨道交通环线凤天路车站、天星桥车站及区间隧道工程

重庆轨道交通环线凤天路至天星桥工程,位于重庆市沙坪坝区凤天路附近,其中凤天路车站站台区为单洞双线标暗挖隧道,开挖断面 23.4m(宽)×19.7m(高),断面面积约393m²。该段隧道地表紧邻西南医院、重庆图书馆、沃尔玛超市、天骄年华社区、金阳易城社区及社区幼儿园等人员密集区,施工扰动控制要求高。

该工程于 2014 年 5 月运用本工法以来,隧道开挖成型效果良好,未对周边围岩、地表建筑产生扰动,确保了施工安全。

8.4　大断面轨道交通车站衬砌与防排水施工

8.4.1　工程概况

天星桥车站位于凤天大道与天马路交汇处,呈南北走向,南接凤天路站,北接沙坪坝站。车站西南侧为沙坪坝区政府、锦华源、喜悦饭店;东南侧为升伟精品装饰材料城;西北侧为大川建材市场、青田家私城和西南药业;东北侧为马家岩停车场。车站采用矿山法施工,车站设计起讫里程为 DK6+11.550~DK6+237.550,长 226.00m。其中,DK6+11.550~DK6+215.630 段(长 204.08m)为暗挖段,采用钻爆法施工。DK6+215.630~DK6+237.550 段(长 21.92m)采用明挖施工,为天星桥—沙坪坝 TBM 区间隧道始发竖井。车站站台区为地下双层标准岛式暗挖车站,采用 12m 宽的岛式站台,站台区车站主体为单洞双线标准暗挖隧道,断面开挖宽度为 23.680m,开挖高度为 20.000m。

8.4.2　支护结构设计参数

车站隧道二次衬砌断面为马蹄形,主要类型分为 A1、A2 型两种断面。车站隧道二次衬砌采用防水混凝土,混凝土强度为 C40,防水抗渗等级为 P12,主要参数见表 8.5。

表 8.5　隧道二次衬砌设计参数

部位	应用范围	二次衬砌		
		净空尺寸	主要参数	防水抗渗等级
A1 型断面	DK6 + 61.550 ~ DK6 + 153.130;DK6 + 183.130 ~ DK6+215.030	净高 17.41m×净宽 21.14m	拱墙 85cm、仰拱 85cm 厚 C40 防水钢筋混凝土	P12
A2 型断面	DK6 + 11.550 ~ DK6 + 61.550;DK6 + 153.130 ~ DK6+183.130	净高 17.41m×净宽 21.14m	拱墙 85cm、仰拱 85cm 厚 C40 防水钢筋混凝土	P12

8.4.3　施工总体部署及安排

本车站隧道二次复合式衬砌施工本着"仰拱先行,曲墙紧跟"的总体施工原则,隧道曲墙采用多功能衬砌台车加组合模板的方式进行衬砌施工,仰拱衬砌采用组合模板进行施工,首次衬砌施工时先施作 15m 长的仰拱,施工里程为 DK6+215.030~DK6+200.030。待仰拱施工完毕且混凝土强度达到设计强度后,再在已施作好的仰拱段进行多功能衬砌台车的组装,台车组装完毕后可随隧道衬砌半径和高度进行灵活调动。根据衬砌台车实际长度,曲墙每段衬砌长度为 6.0m,首段曲墙衬砌施工里程定为:DK6+215.030~DK6+209.030。仰拱和曲墙衬砌先由起始衬砌位置向小里程方向衬砌,然后根据小里程隧道开挖进尺情况,在安全距离之外紧跟隧道开挖进行衬砌施工。具体施工步序如图 8.8 所示。

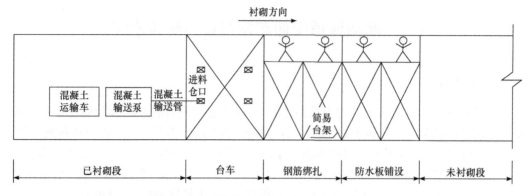

图 8.8　天星桥车站隧道复合式衬砌施工步序

8.4.4　施工方案

本工程隧道二次衬砌采用组合模板配合衬砌台车进行施工,施工按照先仰拱、后拱墙的顺序实施二次衬砌,拱墙衬砌一次成形,以减少施工缝,提高二次衬砌自防水能力。仰拱与拱墙纵向施工缝设于设计轨面标高上 200mm 处,二次衬砌采用纵向分段施工,仰拱分段长度 6m,拱墙分段长度依据各断面的长度按 6m 分段。

二次衬砌施工工艺流程如图 8.9 所示。关键工序介绍如下:

(1) 初期支护背后回填注浆、基面处理拟采取全断面一次性施作完成。拱墙初期支护背后回填注浆、基面处理、防水层铺设及钢筋绑扎拟采取搭设轮走移动式多功能简易钢构台架,按分组循环连续施作。

(2) 防水层铺设:先铺设仰拱部位防水板,并在环向、纵向按要求预留搭接长度,待曲墙衬砌前利用多功能简易台车一次性铺设好剩余环向曲墙防水板。

(3) 钢筋绑扎:每环分两次施作完成,先绑扎仰拱钢筋(由下向上),待仰拱混凝土浇筑完成拆模且混凝土强度满足要求后,利用多功能简易台架绑扎拱墙钢筋(由外向内)。

(4) 支模及混凝土浇筑。

① 每环分两次施作完成,先进行仰拱支模并浇筑混凝土,待仰拱混凝土浇筑完成拆模且混凝土强度满足要求后,进行拱墙支模及浇筑混凝土,如图 8.10 所示。

② 仰拱:车站隧道仰拱浇筑采取一次性成型或按实际情况循环成型两种浇筑方式,支模体系采取 I16 预弯工字钢作衬砌拱架＋200mm 宽钢模板＋I16 型钢作连接纵梁＋ϕ48mm 钢管扣接支架组成联合支模体系[50]。

③ 仰拱回填:待仰拱混凝土浇筑完成拆模且强度满足要求后,进行仰拱回填,回填采用 C20 素混凝土浇筑,浇筑到轨顶以下 560mm。

④ 拱墙:按设计断面定制专项衬砌台车,现场组装成形,经验收合格后投入施工。每组衬砌施工脱模后,衬砌台车面板必须清理干净,并涂刷专用脱模剂,以备下一循环使用。

⑤ 混凝土浇捣:采取输送泵泵送入模,附着式振捣器和插入式捣固棒结合施工,振捣密实,确保二次衬砌成形效果[51]。

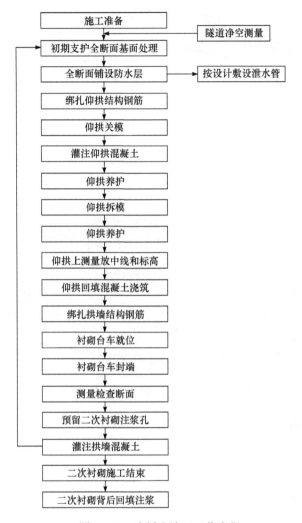

图 8.9　二次衬砌施工工艺流程

8.4.5　施工进度计划

1. 主要进度指标

（1）仰拱支模及混凝土浇筑（含防水板施工、钢筋绑扎）：每组 4 天。

（2）拱墙支模及混凝土浇筑（含防水板施工、钢筋绑扎）：每组 8 天。

2. 施工进度计划

车站隧道二次衬砌 5.85m 一模，共计 36 模。理论完成二次衬砌需 $4+8\times35=284d$，计划开工时间为 2015 年 4 月 15 日，完工时间为 2016 年 1 月 24 日，紧随洞身开挖施工。

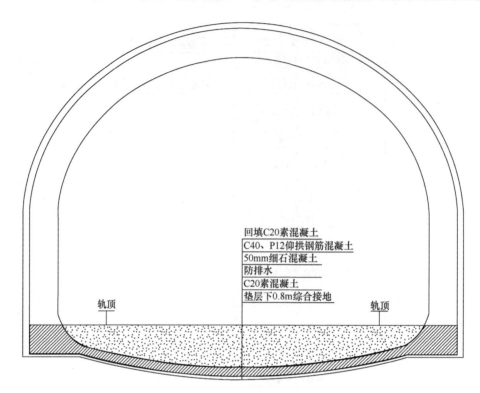

回填C20素混凝土
C40、P12仰拱钢筋混凝土
50mm细石混凝土
防排水
C20素混凝土
垫层下0.8m综合接地

轨顶　　　　　　　　　　　　　　　　　　　　轨顶

图 8.10　车站仰拱及回填施工构造图

8.4.6　施工资源配置

1. 劳动力安排

隧道衬砌施工,其劳动力安排如图 8.11 所示。

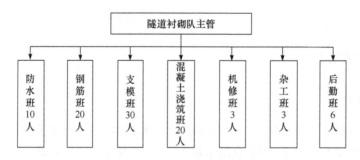

隧道衬砌队主管

防水班10人　钢筋班20人　支模班30人　混凝土浇筑班20人　机修班3人　杂工班3人　后勤班6人

图 8.11　劳动力安排图

2. 设备配备

隧道衬砌施工的施工设备配备见表8.6。

表 8.6　隧道衬砌施工的施工设备配备

机械设备名称	规格型号	额定功率或生产能力	数量/台
混凝土输送泵	PTF-60S	60m³/h	2(备用 1)
混凝土振动棒	ZN-35	1.1kW	6
钢筋切断机	GQ40A	$\phi4\sim\phi40$mm	1
钢筋调直机	GT4-10	$\phi4\sim\phi10$mm	1
钢筋弯曲机	GQW-32	$\phi4\sim\phi32$mm	1
钢筋冷镦机	GDCJ40	$\phi4\sim\phi32$mm	2
交流电焊机	BX3-500	60~655A	4
台式钻床	LT-16J	0.37kW	1
车床	C6246	460mm	1
木工圆盘锯	MJ116	2.2kW	1
木工刨床	MB104	7.5kW	1
冷弯机	MFV60P2-SC32	30kW	1
注浆机	KBY-50/70	0.1~7MPa,11kW	1
灰浆搅拌机	LJ-300	300L,1.5kW	1
电动空压机	LGFD-20/7-1	20m³/h	2
备用发电机组	BF358	250kV·A	1

8.4.7　施工台车准备及校核

本工程二次衬砌混凝土工程根据断面形式,采用厂家定制模板台车(图 8.12)、现场组装施工,经厂家强度校核合格、项目部和旁站监理共同验收合格后投入施工使用。同时,根据断面形式制作二次衬砌简易台车(图 8.13),主要用于二次衬砌中断面处理、防水板铺设及二次衬砌钢筋安装。

8.4.8　主要施工工艺及相关要求

1. 主要施工工艺

待车站初期支护封闭成环,经隧道变形监测稳定和测量隧道净空满足要求后,在防水板铺设前需进行基面处理,基面处理应达到坚实、平整、圆顺、无明显凹凸物;开展初期支护背后回填注浆密实、堵水→引水堵塞→超欠挖处理→补喷→基面突出尖锐物的割除或混凝土鼓包的凿平等工序,然后进行防水板及盲管铺设,最后进行二次衬砌的浇筑及养护,详细工艺与 7.4.5 节和 7.5.1 节类似,此处不再赘述。

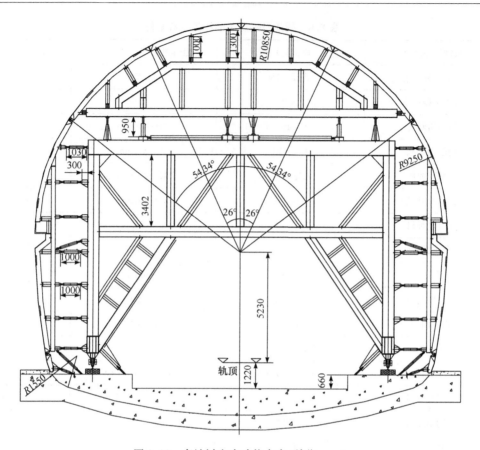

图 8.12　车站衬砌多功能台车(单位:mm)

2. 综合接地方案及要求

1) 综合接地方案

根据本站的地质资料,土壤电阻率按 135Ω·m 计取。在结构板以下 0.8m 设置水平接地,并设置垂直地极。水平接地体采用 50mm×5mm 紫铜排,垂直接地体采用 6m 铜质防腐离子接地体;水平及垂直接地体外均采用物理降阻剂包裹。经验证计算,接地电阻值 $R=0.48\Omega$,最大接触电位差 30.3V,最大跨步电位差 15.3V,满足要求。从综合接地网分别引 2 组强电接地引上线和 1 组弱电接地引上线,每组两用一备。

2) 注意事项

(1) 接地装置施工在车站结构底板施工前进行,必须严格检查接地装置各连接点,严防虚焊、脱焊、漏焊。

(2) 接地装置水平接地体应立放敷设,四周按工人接地体剖面图包裹降阻剂后用素土或黏土回填夯实,不得以建筑垃圾回填。回填土的密实度满足结构要求。降阻剂应满足环保要求,不得污染地下水。

(3) 为配合车站施工,接地装置敷设需分段进行。在阶段性施工结束后,应对完工部分的接地装置进行接地电阻测量,并以此推算整体接地装置的接地电阻值。如果推算结

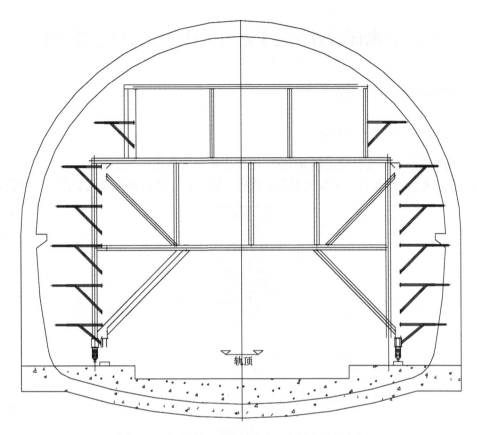

图 8.13　根据断面形式制作的二次衬砌简易台车

果不能满足设计要求则应及时和设计单位联系,在剩余部分接地装置敷设中采用相应的补救措施。

3. 细石混凝土保护层施工

仰拱施工中,为防止仰拱钢筋施工过程中对仰拱防水板的损伤,特在仰拱防水板上方铺设一层 50mm 厚细石混凝土,待细石混凝土达到设计强度后,再开始上部仰拱钢筋施工。

4. 特殊部位防水施工

特殊部位防水施工详见 7.5.3 节。

5. 防水板质量检查

防水板质量检查详见 7.5.4 节。

6. 防水层保护措施

防水层保护措施详见 7.5.5 节。

8.5　大断面轨道交通车站通风井及出入口通道施工

8.5.1　通风井施工通道明挖段施工

1. 通道明挖段围护结构施工

钻孔桩均采用回旋钻机正循环钻孔、连续成桩的方法施工,钢筋笼在地面加工好,利用钻机吊入孔内,清孔后水下灌筑混凝土成桩。钻孔桩工艺流程及成孔如图 8.14 所示。

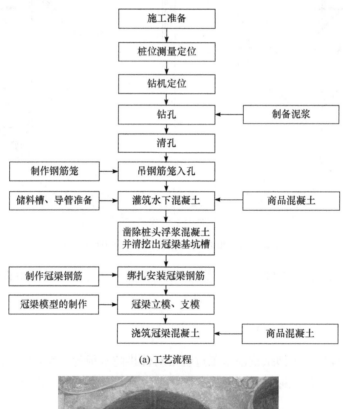

(a) 工艺流程

(b) 成孔图

图 8.14　钻孔桩工艺流程及成孔图

（1）测量放线定位：根据各出入口钻孔桩设计平面布置图，计算出每根桩的坐标，然后通过测量确定每孔钻孔桩的准确位置。

（2）挖探沟，查明地下管线的位置，定出管线改移或保护方案，对管线进行改移或悬吊支撑保护。

（3）施工定位导向墙：根据施工要求，桩位定位采用导向墙定位法，导向墙作为钻机走行轨道，并对钻孔桩进行导向及编号。

（4）钻孔：钻机钻孔，在孔口埋设钢护筒，以起到定位、保护孔口及维持水头的作用。开孔钻进速度应缓慢进行，并反复校正钻头，如有偏斜应及时纠正。因为此处地质为黏性土，所以在钻孔时不需要另外制备泥浆，仅向孔内加水，利用钻机钻孔时钻头搅拌泥浆，但需控制水的加入量，以达到钻孔时最佳泥浆黏度等性能指标。

（5）钢筋笼的制作和安装：钢筋的制作在就近的场地上进行，采用焊接制作，先用主筋与内加强箍点焊形成笼架，然后安装外箍筋，外箍筋也须与主筋焊牢。将制作好的钢筋笼用汽吊或钻机吊入孔内。

（6）灌注水下混凝土。

① 施工准备：A.用铁皮制作一个能容 0.8m³ 以上的储料槽（漏斗）；B.检查钢导管的强度，钢导管必须做水密和胀裂试验；C.检查球塞是否能顺利通过钢导管，球塞直径比钢导管内径小 1～2cm；D.钢导管和套管采用钻机提升。一切准备工作完成后，组织有关人员进行全面检查，水下混凝土的灌注工作一经开始必须连续不断地进行，中间不得中断。

② 开始灌注前的准备工作：A.仔细调整下料钢导管的高度，导管底与桩基底面的距离为导管内径加 10cm 左右，使球塞能顺利从管底排出；B.悬吊于储料槽（漏斗）颈口处的球塞必须用绳子或铁丝缚牢，开始灌注前在漏斗内装满混凝土，漏斗的最下面与球塞接触的第一盘拌和物应为水泥砂浆，水泥砂浆不可有石子混入，以防石子卡球造成事故；C.商品混凝土的准备量为能灌注整根桩的混凝土量。

③ 灌注混凝土：A.开始灌注混凝土时，用快刀将绳子砍断或用钳子将铁丝剪断，同时开启振动器。当储料槽（漏斗）内混凝土开始下降时，立即向储料槽（漏斗）源源不断地输送混凝土。当球塞顺利地通过导管并确认已排出导管时，可将导管下降 20cm，使导管下混凝土尽快扩散和升高，可靠地埋住导管底。B.灌注混凝土过程中应经常用测锤探测混凝土面的高度，推算钢导管埋入混凝土的高度，随灌随提升并拆除钢导管。灌注过程中要确保导管插入深度不小于 1m，但也不能过深。上提的原则是一次提升量小，勤提升。混凝土的灌注须高出设计高度 50cm，以保证桩顶混凝土质量。待混凝土灌筑完毕后，先拆除钢导管然后紧跟着拔出套管。

（7）冠梁的施工。

人工清除冠梁位置及其外缘 50cm 范围内泥土，清除深度为冠梁底以下 5cm；凿除桩头超出设计高度内的混凝土及浮浆，调直桩头预埋钢筋，并在桩两侧作 5cm 厚、10cm 宽的砂浆垫层。

冠梁钢筋在制作场地进行制作、配筋，然后运到施工现场进行安装、绑扎。冠梁混凝土模型采用 $\delta=2cm$ 厚的胶合板，外背小方条和方木，内拉外撑的加固方法。冠梁混凝土的浇筑采用商品混凝土直接放入槽中，插入式振捣器振捣。

2. 通道出入口明挖段土方开挖及结构施工方案

1) 通道出入口明挖段土方开挖

土方尽量采用机械开挖,剩余土方采用人工开挖,卷扬机提升架配提升斗起吊出土,手推车运至基坑旁临时囤土场,随开挖架设钢支撑,并注意开挖过程中对钢支撑的保护。机械开挖至基底 0.2～0.3m 时,采用人工捡底,避免扰动基底而影响其稳定性。基坑开挖过程中做好排水,由于未做专门降水,采用超前挖设集水深井进行基坑超前降水,将基坑内积水引排至集水井中,之后再用抽水机抽排至基坑外,经沉淀合格后排放到城市地下排水管道中。钢支撑采用基坑外拼装,汽车吊车起吊整根安装。

2) 通道出入口明挖段结构施工

通道出入口明挖段均为一层钢筋混凝土矩形框架结构,采用明挖顺作法施工。

结构竖向分两部分施工,即结构底板为一施工部分,结构侧墙及顶板为另一施工部分,通道结构施工顺序如图 8.15 所示。

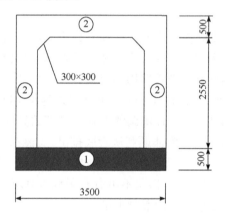

图 8.15 明挖段通道结构施工顺序(单位:mm)

通道结构施工工艺流程如图 8.16 所示。

通道结构采用 WDJ 多功能碗扣式支架满堂布置,大块组合模板,转角处采用特制加工的定型模板。通道结构模板施工均采用混凝土短撑支撑模板,不设穿墙拉杆,以确保防水质量和通道防渗能力。

通道结构采用输送泵泵送商品混凝土灌注,侧墙灌注采用开门洞加安装门板的措施,从灌注窗口捣固混凝土,顶板及底板外露面混凝土初凝后进行提浆、压实、抹面、抛光,以保证外露面质量。

3. 施工技术措施

底板垫层混凝土采用 150mm 厚 C15 商品混凝土。底板防水层施工要满足设计和规范要求,做防水层时要求垫层平顺、干燥、干净,并用 50mm 厚 C20 混凝土保护层对底板防水层进行保护。

结构钢筋在加工房内按设计加工成型,运至工地安装,钢筋的接长和搭接按有关规范

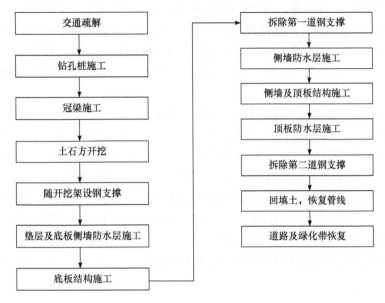

图 8.16　通道结构施工工艺流程

进行。

　　结构混凝土采用缓凝、早强型混凝土,泵送混凝土灌注入模。结构混凝土灌注时采取分层对称平行灌注,以利于整个支撑体系受力平衡。

　　板面混凝土初凝后,进行提浆、压实、抹光处理,终凝后用湿麻袋覆盖,定时洒水养护 14d 以上。

　　按设计要求施作外防水层,特别是侧墙外防水层与顶板防水层的收口。根据设计采取措施以保证其质量,防水层施作后,及时施作保护层。

　　通道结构顶板达到设计强度并施作防水层、防水保护层后即可进行回填土施工,土方回填需按相关要求进行,随后进行路面和绿化带恢复。

8.5.2　通道出入口暗挖段施工方法和技术措施

1. 总体施工原则

　　通道出入口暗挖段为直墙拱形复合衬砌结构。通道暗挖工法为弧形导坑法。开挖采用人工风镐配合架车装土方,洞内水平运输为无轨运输。二次衬砌混凝土采用运至工地的商品混凝土,输送泵泵送混凝土至台车模型内。二次衬砌仰拱、拱墙分别灌注。

　　通道出入口暗挖段总体施工原则是采取"管超前、严注浆、短开挖、强支护、勤量测、早封闭"的浅埋暗挖法施工原则。

　　(1) 管超前:通道穿越地层全为Ⅰ、Ⅱ类围岩,在掌子面未开挖前,沿通道拱部周边用风钻顶进 ϕ42mm、长 2.5m 或 3m 的超前小导管,高压风清孔后注浆,以加固掌子面前土体,防止开挖时掌子面坍塌。

　　(2) 严注浆:通道穿越的地层主要为素填土及砾质黏土层,拱顶覆土仅为 5m 左右,为改善和提高围岩的自稳能力,开挖前须施作超前小导管并注浆,以加固地层。

(3) 短开挖:通道每循环开挖进尺控制在 1.0m,缩短开挖和支护的间隔时间。

(4) 强支护:严格遵循设计和施工规范,采用格栅钢架、钢筋网、锁脚锚管、超前小导管及湿喷混凝土组成的联合支护方式及时进行初期支护,以控制围岩塑性变形量,防止塑性区增大。

(5) 勤量测:通过对施工过程中地表下沉、拱顶下沉、周边收敛、钢格栅内力等进行量测以分析判断通道的稳定性,确定支护参数,量测测点要尽早埋设,对开挖、支护及支护后一段时间的量测数据进行绘图分析,判断支护后围岩变形收敛情况,将信息及时反馈给设计、监理工程师等,发现有异常变化时应及时修改支护参数并采取特殊的施工方法。

(6) 早封闭:通道覆盖土薄,通道穿越地层是以砾质黏土层为主的岩层,岩层呈软塑至硬塑状,开挖后若不及时封闭,可能会引起开挖面坍塌。因此,开挖后及时喷 4～5cm 厚混凝土封闭开挖面,缩短分部开挖的循环时间,尽快设置格栅钢架并喷射混凝土封闭成环,有效改善支护及围岩受力状态,防止初期支护变形过大或底部隆起,引起严重塌方。

2. 施工流程

通道出入口暗挖段施工流程如图 8.17 所示。

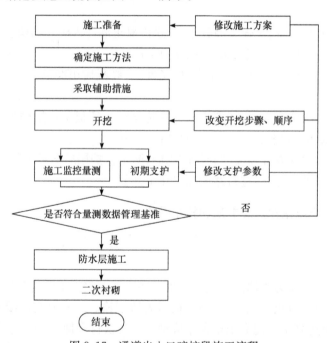

图 8.17　通道出入口暗挖段施工流程

3. 开挖及初期支护

1) 上部开挖及支护

(1) 施工工艺流程。

暗挖通道开挖工艺流程及现场施工图如图 8.18 所示。

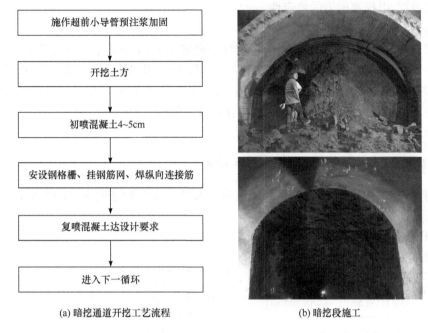

（a）暗挖通道开挖工艺流程　　　　（b）暗挖段施工

图 8.18　暗挖通道开挖工艺流程及现场施工图

（2）上部开挖。

超前小导管预注浆对地层进行加固后，采用人工开挖并预留核心土，人工翻渣至下台阶，每一循环进尺 0.5m，由测量人员控制中线水平。施工中须做到不欠挖，控制超挖，且开挖轮廓线要圆顺，以减小应力集中。

① 初喷：在开挖后立即进行，以便尽早封闭拱部暴露面，喷射混凝土厚 4～5cm。

② 格栅钢架：格栅钢架按要求制作，安设时清除浮土，拱脚夯实或垫木板，格栅钢架纵向间距设计为 0.5m，纵向设 ϕ22mm 连接筋，其环向间距为 1m，交错布置。在喷射混凝土后，沿格栅钢架拱脚各打入 2 根 ϕ42mm、长 2.5m 的锁脚锚管。

③ 挂网：采用 ϕ8mm 钢筋，网格 15cm×15cm，做成 1.5m×1m 的网片，铺设在格栅钢架背后位置，密贴围岩并与格栅钢架牢固连接。

④ 喷射混凝土：采用 PZ-5-1 型潮喷机喷护，第一次喷射厚度 4～5cm，架立好格栅钢架后，从钢架腹部打入下一循环的超前管棚，封好管口，复喷混凝土至设计厚度（0.3m）。

⑤ 拱脚锚管：在拱脚处设 2 根锁脚锚管，采用风钻直接顶入，用高压风清孔后再压浆。

（3）超前小导管作业。

① 钻孔：小导管采用风钻钻孔打入，超前小导管选用 ϕ42mm×4m 钢管加工而成，管身按梅花形布置，钻有直径 2.5mm 小孔，顶部切削成尖靴，尾部焊接垫圈，长度为 3.5m。超前小导管在起拱线以上沿拱部周边轮廓线设置，超前小导管从钢架腹部空间穿过，外插角为 7°～12°，尾部与钢架焊接成一体。

② 注浆：为保证注浆质量，注浆前孔口要严密封堵，采用双液注浆泵压注水泥-水玻璃双浆液，压力控制在 0.3～0.5MPa，浆液配合比视地质情况及现场试验确定，保证浆液

扩散互相咬接,以提高围岩的稳定性。

2）下部开挖及支护

下部开挖每一循环进尺视围岩的稳定性情况定为1～1.5m,下部落后于上部3～5m,仰拱随下部一起开挖。开挖时,沿通道下坡做一排水沟,作为通道施工临时排水设施。初期支护仰拱同下部边墙的初期支护同时施作,使支护尽早成环,尽早承担通道周边围岩应力。基底若是淤泥应打径向3.5m的小导管并注浆加固。

下部施工工艺流程如图8.19所示。

4. 暗挖通道初期支护施工方法及技术措施

初期支护质量的好坏直接关系到通道施工人员的安全和通道本身的安全,做好初期支护是极其重要的。

1）工艺流程

湿喷混凝土工艺流程如图8.20所示。

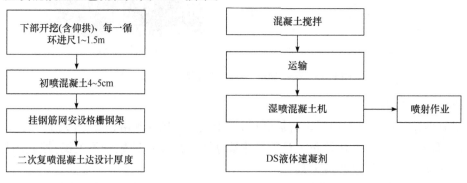

图8.19　下部施工工艺流程　　　　图8.20　湿喷混凝土工艺流程

2）湿喷混凝土的施工方法

（1）喷射机械安装好后,先注水、通风、清除管道内杂物,同时用高压风吹扫岩面,清除岩面尘埃。

（2）保证连续上料,严格按施工配合比配料,严格控制水灰比及坍落度,保证料流运送顺畅。

（3）操作顺序:喷射时先开液态速凝剂泵,再开风,后送料,以凝结效果好、回弹量小、表面湿润光泽为准。

（4）喷射机的工作风压严格控制在0.5～0.75MPa内,从拱脚到边墙脚风压由高到低,拱部的风压为0.4～0.65MPa,边墙的风压为0.3～0.5MPa。

（5）严格控制喷嘴与岩面的距离和角度。喷嘴与岩面垂直,有钢筋时角度适当放偏,喷嘴与岩面距离控制在0.6～1.2m内。

（6）喷射时自下而上,即先墙脚后墙顶,先拱脚后拱顶,避免死角,料束呈螺旋旋转轨迹运动,一圈压半圈,纵向按蛇形喷射,每次蛇形喷射长度为3～4m。

3）湿喷混凝土特殊技术要求

喷射混凝土采用湿喷工艺,喷射设备采用TK961型湿喷机,人工掌握喷头直接喷射混凝土。

喷射混凝土作业在满足《锚杆喷射混凝土支护规范》有关规定的基础上,增加以下技术要求:

(1) 喷射混凝土紧跟掌子面,复喷前先按设计要求完成超前小导管、钢筋网、格栅拱的安装。

(2) 渗漏水地段的处理:当围岩渗水无成线涌水时,在喷射混凝土前用高压风吹扫,开始喷射混凝土时,喷射混凝土由远而近,临时加大速凝剂掺量,缩短初凝时间、终凝时间,逐渐合拢喷射混凝土;有成线涌水时,先斜向审打深孔将涌水集中,然后设置软式橡胶管将水引排,再喷射混凝土,最后从橡胶管中注浆加以封闭,止住后采用正常配合比喷射混凝土封闭。

(3) 实验室负责优选喷射混凝土的配合比与现场控制,在喷射混凝土中掺入一定量的液体速凝剂,以减少回弹粉尘,按配合比拌制,采用电动流量计控制外加剂的掺量,以保证喷射混凝土的强度满足要求。

(4) 每隔 5m,由测量人员对喷射混凝土的断面检查一次,以保证初期支护厚度及通道净空。

(5) 喷射混凝土由专人喷水养护,以减少因水化热引起的开裂。如发现裂纹,应用红油漆做标记,进行观察和监测,确定其是否继续发展,若继续发展,找出原因并进行处理,对可能掉下的喷射混凝土块撬下,然后重新喷射。

(6) 坚决实行“四不”制度:喷射混凝土工序不完整,掌子面不前进;喷射混凝土厚度不够,不前进;混凝土喷射后发现问题未解决,不前进;监测结果表明不安全,不前进。以上制度由现场领工员负责执行,责任到人,并在工程施工日志中做好记录以备检查,项目经理负责监督。

5. 格栅钢架的施工工艺及技术

1) 格栅钢架的制作

格栅钢架在钢筋加工棚设置的 1∶1 制作样台上采用冷弯制作,格栅钢架分段制作,按单元拼焊后运至现场安装。

加工做到尺寸准确,弧形圆顺;钢筋焊接(或搭接)长度满足设计要求,沿钢架两侧对称焊接成型时,确保钢架主筋中心与轴线重合,接头处相邻两节圆心重合,连接孔位准确。

格栅钢架加工后先试拼,检查有无扭曲现象,接头连接每榀可以互换,沿通道周边轮廓误差小于 3cm。

格栅钢架各单元主筋、加强筋、连接角钢焊接成型,单元间用螺栓连接。

2) 格栅钢架的安装

安装工作内容包括定位测量、安装前的准备工作和钢架安装。

(1) 定位测量:首先测定出线路中线,确定高程,然后再测定其横向位置,格栅钢架安设于曲线时,安设方向为该点的法线方向,安设于直线上时,安设方向垂直于线路中线。

(2) 安装前的准备工作:运至现场的单元钢架分单元堆码,安设前进行断面尺寸检查,及时处理欠挖部分,保证钢架正确安设,安设拱脚或墙脚前清除垫板下的松渣,将钢架置于原状围岩上。在软弱地段,采用拱脚下垫木板的方法。

(3) 钢架安装:钢架与封闭混凝土之间紧贴,在安设过程中,当钢架与围岩间有较大间隙时安设混凝土垫块,或用水泥砂浆找平,两榀钢架间沿周边设 ϕ22mm 纵向连接筋,环形间距为 100cm,交错布置,形成纵向连接体系,并及时打入锁脚锚管,安设水平临时支撑,喷射混凝土,形成封闭环。

6. 小导管注浆工艺及技术

导管注浆机具设备采用 KBY-50/70 双液调速注浆泵,输浆胶管 ϕ25mm,储浆桶自制。

小导管注浆作业包括布管、清孔、封面、注浆四道工序。

(1) 布管:采用凿岩风钻直接将小导管顶入设计位置。小导管顶部成尖锥状,尾部焊箍,管壁按梅花形布置小孔,间隔为 20cm,尾部与钢架焊接,增加共同支护能力。

(2) 清孔:由于小导管采用风钻直接顶入,压浆前需用高压风清理小导管,以确保其畅通。

(3) 封面:注浆前,喷射混凝土至设计厚度,封闭工作面,以防漏浆。

(4) 注浆:采用水泥-水玻璃浆液注浆,注浆压力为 0.3～0.5MPa,在孔口设置止浆塞,浆液配合比由现场试验确定,注浆时先注无水孔,后注有水孔,从拱顶向下注,如遇窜浆或跑浆,则间隔一孔或几孔注浆。

7. 通道支护关键技术及措施

暗挖通道穿越砾质黏土,均为可塑、硬塑～坚硬土质,岩性软,开挖暴露后遇水软化,易坍塌。同时通道结构为单线直墙拱形复合衬砌断面,围岩压力大易产生塌方,因此超前小导管注浆加固地层和初期支护及时成环,确保围岩稳定,防止坍塌,控制地表下沉是浅埋暗挖通道关键技术。

通道拱部穿越砾质黏土,设计采用 ϕ42mm、长 3.5m 普通小钢管,超前注浆加固地层,施工时要进行超前地质预测或预报,对于岩层松散、地下水丰富的地段,要适当增加超前小导管数量,由单排掌子面全断面注浆,增大注浆压力,当压力上不去时,少量多次注浆,防止浆液扩散出设计范围。水泥与水玻璃浆液配合比经试验确定,须达到固结岩体,提高围岩的稳定能力。

通道采用弧形导坑法分部开挖,因此分部开挖初期支护应及时成环,确保通道稳定成为施工中的关键,在施工中拟采用如下技术措施:

(1) 确定合理的开挖支护长度、循环进尺。根据地质条件及进度安排确定,结合本工程地质条件、设计要求及施工方法确定循环进尺为 1.0m 以内。

(2) 加强各工序间的衔接,加快各分部开挖和初期支护施工进度。

(3) 处理好各接点,如拱脚防下沉、内移。

(4) 勤量测各部开挖初期支护后围岩的变形情况,及时修正初期支护中超前小导管、格栅钢架的间距,严格控制围岩变形收敛。

(5) 压浆、喷护的各种机具应处于良好运转状态,以保证不间断地组织施工。

（6）组织熟练的操作施工人员施工，保证施工有序进行。

8. 通道二次衬砌施工

暗挖通道结构断面繁多，按分部分段浇筑混凝土的施工方案，先施工仰拱二次衬砌，然后搭支架立模施工边墙和拱部二次衬砌，混凝土采用商品混凝土，运至进料孔，从进料孔进料至输送泵内，泵送入二次衬砌模型内。断面变化处二次衬砌采用端头模板突变施作。

采用简易支架配小钢模浇筑，每次浇筑根据该断面的通道长度分段浇筑，根据开挖初期支护后监控量测的结果判定施作二次衬砌的时间。仰拱二次衬砌浇筑采用 16cm×14cm 方木作为背衬，100cm×30cm 钢模作模板。为避免仰拱浇筑时发生浮模，采用竖向加固措施进行处理。

二次衬砌钢筋在 1:1 的制作样台上，分单元分片制作成形，各单元间预留足够的搭接长度。钢筋运至施工现场安装时，将每片钢筋用纵向钢筋连接成一个整体，采用绑扎焊接进行连接，纵向钢筋应预留一定长度以便与下组衬砌钢筋连接，并设加强连接筋，以方便搭设作业台架。

通道二次衬砌混凝土全部采用商品混凝土。输送泵泵送混凝土灌注，插入捣固器捣固。

为防止二次衬砌与外防水层之间形成空隙，采用在二次衬砌背后注浆的施工措施进行处理。

（1）压浆孔设在拱顶，每 4m 预留 1 个注浆孔，如图 8.21 所示。

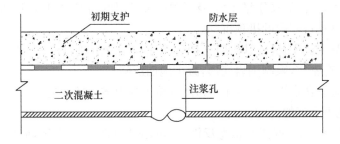

图 8.21　预留注浆孔措施图

（2）压浆孔底部孔口紧贴外防水层，为确保压浆孔不被堵塞以及不刺破防水层，采用措施如图 8.21 所示。

（3）二次衬砌混凝土灌注 28d 后，从注浆管逐孔压入 1:1 水泥浆液，注浆压力为 0.5～1.0MPa，充填二次衬砌与外防水层之间的间隙。

（4）通道位于地下水位以下的地层中，结构的防渗漏至关重要。除施工防水层防渗漏外，对二次衬砌混凝土的质量特别是混凝土的密实度提出了更高的要求。因此，如何提高二次衬砌混凝土的密实度是本工程的关键技术之一，为提高二次衬砌混凝土的密实度特采用以下措施。

① 严格选料：结构混凝土为 C30、S8 防水混凝土，选用商品混凝土时选用具有密实度高、收缩率小、强度高、可灌性好等多种性能的商品混凝土。

② 加强捣固：捣固时采用"快插慢拔"工艺，在捣固过程中，将振动棒上下略为抽动，

以使上下捣固均匀。混凝土分层灌注时,每层混凝土厚度小于振动棒长度的 1.25 倍;在振捣上一层时插入下层中 5cm 左右,以消除两层间的接缝,捣固上层混凝土在下层混凝土初凝之前进行;插点均匀排列,依次插捣,注意捣固范围,以避免漏捣;掌握好捣固时间,捣固时间过短混凝土不密实,捣固时间过长混凝土出现离析现象。

③ 二次衬砌背后注浆:混凝土受重力作用在拱顶易形成平面,与外防水层不密贴,故在二次衬砌灌注 56d 后,从拱顶预留注浆管逐孔压入 1∶1 的水泥浆液,压力为 0.5~0.8MPa,以补偿混凝土因收缩或未灌满而造成的拱顶空隙。

④ 注意各种接缝及变断面接头处理:除规定的施工缝外,拱墙一次连续灌注,施工缝处理详见防水工程部分。

(5) 保证施工时结构尺寸准确是通道施工的关键技术,为达到设计要求特采用以下措施。

① 加强测量工作:施工过程中严格测量工作的复核制,加强中线、水平以及断面的测量,做到开挖尺寸、格栅钢架安装以及模筑钢筋混凝土位置准确,符合设计要求。

② 勤检查:在各道工序施作过程中,由现场领班人员认真指导操作人员,发现问题及时纠正,最后由技术人员检查结构尺寸是否符合设计要求,并做好详细检查记录。符合设计要求方可进入下一道工序,不符合设计要求则返工重做。

(6) 严格控制地表沉降,保证市政管线和周围构筑物的使用安全,是暗挖构筑法施工地铁的关键技术之一,为此特采取以下技术措施:

① 采用超前小导管预注浆加固地层,减少开挖的初始沉降。

② 控制循环进尺,采取分部开挖,及时封闭成环,加强初期支护的刚度和增加锁脚锚杆的方法,减少开挖过程中的拱顶沉降。

③ 拱顶预埋注浆管,及时对初期支护和二次衬砌背后进行注浆,使结构与围岩密贴以及结构物间填充密实,限制围岩变形,减少地面沉降。

④ 二次衬砌采取分部、分段衬砌的方法,减少受力体系转换过程中的沉降,以达到控制施工过程中地表下沉的目的。

⑤ 加强监控量测,及时进行信息反馈、分析,适当调整施工方案,减少沉降。

9. 通道运输组织

出土方法:白天将渣存于临时弃土坑,夜间用汽车外运到弃土场。洞内出渣:上导坑用人工挖装土方,直接用架车运输至下导坑;下导坑采用人工直接装土至翻斗车上,外运至临时弃土坑内。

第9章　复杂多变地质条件下轨道交通隧道掘进机施工技术

9.1　概　　述

山地城市地貌造型各异，以山地、丘陵为主，地势起伏大，且地层岩性多变。受地形条件影响，可用土地资源紧缺，加上人口众多，地表修建有大量的建(构)筑物，尤其在繁华市区，地表建(构)筑物密集。为了解决城区交通拥堵和人们出行问题，需兴建大量的地铁工程，而在地铁工程修建过程中出现了众多长隧道。针对城市轨道交通长隧道修建时需严格控制地表沉降、减轻施工过程中对人们居住环境的扰动和影响等问题，全断面隧道掘进机(tunnel boring machine, TBM)法逐渐应用于山地城市轨道交通长隧道开挖。但是目前国内城市隧道建设采用复合式 TBM 较少，尤其是在下穿复杂多变的地质情况的工程案例更是稀少。因此，对重庆市复杂多变地质条件下 TBM 掘进城市隧道工程进行数据收集和经验总结，为后期工程建设提供有利的参考依据。

9.2　复杂多变地质条件下 TBM 选型及组装技术

9.2.1　TBM 选型

1. TBM 选型原则

(1) 适用性原则：根据工程水文地质要求和环境接口要求，选择适合本工程施工的 TBM 设备。

(2) 可靠性原则：根据工程施工要求，如地表沉降、施工防水要求，管片衬砌要求和环境保护要求等，选择可靠的 TBM 设备。

(3) 先进性原则：根据 TBM 的发展情况，综合比较选择先进的 TBM 设备，以利于施工企业的集中管理和工人的人性化操作。

(4) 经济性原则：结合工程特点，根据市场比较，选择综合性价比较高的 TBM 设备，以满足工程造价的需求。

2. TBM 选型依据

依托工程选用 TBM 掘进，从天星桥站始发，掘进线路方向为：天星桥站—沙坪坝站区间→过沙坪坝站→沙坪坝站—沙正街站区间→过沙正街站→沙正街站—高家花园南桥头站区间。天星桥站—沙坪坝站区间长 1368.99m，空推过沙坪坝站长 177.6m，沙坪坝站—沙正街站区间长 1278.5m，空推过沙正街站长 290.4m，沙正街站—高家花园南桥头站区间长 568.094m,全线总长 3683.584m,TBM 区间总长 3215.584m。

根据依托工程的地质勘查资料可知,天星桥站—沙坪坝站区间、沙坪坝站—沙正街站区间和沙正街站—高家花园南桥头站区间的岩层特性见表 9.1。

表 9.1 天星桥站—沙坪坝站—沙正街站—高家花园南桥头站区间岩层特性

区间	穿越岩层	岩层特性	结论
天星桥站—沙坪坝站区间	砂质泥岩	表层强风化带一般厚度为 0.5~1.5m,强风化岩芯呈碎块状,风化裂隙发育;中风化岩芯呈柱状,岩体较完整,岩体基本质量等级为 V 级,岩石单轴饱和抗压强度 6.9MPa,属较软岩	根据三个区间的岩层特性,区间地质既可以采用复合式 TBM 施工,也可以采用护盾 TBM 施工。考虑城市隧道对地层复合式 TBM 可通过喷泡沫解决刀盘结泥饼问题,本标段拟采用复合式 TBM 施工
沙坪坝站—沙正街站区间	砂质泥岩	表层强风化带一般厚度为 1.2~2.0m,强风化岩芯呈碎块状,风化裂隙发育;中风化岩芯呈柱状,长柱状,裂隙不发育,完整性较好,为沿线主要岩层,与岩层互层状分布,岩体基本质量等级为 V 级,岩石单轴饱和抗压强度 9.2~13.4MPa,属较软岩	
沙正街站—高家花园南桥头站区间	砂岩	表层强风化带厚度为 0.5~1.0m,强风化岩芯多呈碎块状、短柱状;中风化岩芯呈柱状,长柱状,裂隙不发育~较发育,完整性较好,为沿线主要岩层,与岩层互层状分布,岩体基本质量等级为 III 级,岩石单轴饱和抗压强度 36.6~48.5MPa,属较硬岩	

由表 9.1 可知,依托工程地质条件以砂岩、砂质泥岩为主,TBM 在施工过程中遇到砂岩的情况下,其破岩效率大大降低,刀具和螺旋输送机磨损比较严重。而根据硬岩 TBM 施工原理,其在强度不高的岩石中破岩效率高,刀具磨损小,但通常其刀盘开口率较小,泥岩地层及土层中掘进时,可能会存在出渣孔堵塞,出土效率低等情况,因此 TBM 的选型在重庆市轨道交通机械化施工中极其重要。

经过国内外相似工程调研及专家论证,纯粹采用硬岩类的 TBM 在工程施工中都不能完全满足工程要求,部分地段会遭遇很大的挑战,故选型采用复合式 TBM,其既能适应绝大部分岩石地段,又能适应局部风化地段。综上所述,本工程 TBM 采用中国铁建重工集团股份有限公司(铁建重工)生产的复合式 TBM[52]。铁建重工复合式 TBM 特点如下:

(1) 根据我国国情量身定制,结合国内不同地层 TBM 施工特点,从刀盘、主机结构、操作界面、设备布置等方面进行有针对性的设计。

(2) 具备敞开式、半敞开式和封闭式掘进模式,能够实现各种掘进模式之间的灵活转换,适应软土、硬岩及复合地层等多种工程地质的隧道掘进。

(3) 先进可靠的刀盘设计及渣土改良系统。

(4) 安全快速的管片运输与拼装系统。

(5) 采用大扭矩液压马达或变频电机驱动。

（6）原装进口高可靠性主轴承并配套大负载、长寿命齿轮传动系统。

（7）采用快速可靠的可编程逻辑控制器（programmable logic controller，PLC）与现场总线控制系统，具备实时监测和数据采集功能。

（8）自动高效的关键部件润滑系统和壁后注浆系统。

（9）设备所有系统符合欧洲和中国国内相关安全标准和规范。

针对重庆山地城市工程特点，本复合式 TBM 设计特点如下：

（1）复合式刀盘结构设计，保证了刀盘的强度、刚度和抗冲击性。

（2）采用进口庞万力滚刀，刀间距小，破岩能力强，在不减少刀具配置的情况下刀盘开口率大（约 34%）。

（3）滚刀和齿刀可进行互换，以满足不同地层条件下刀具的配置要求。

（4）采用单管单泵的多路泡沫系统设计，减小了泡沫管路堵塞的概率。

（5）刀盘中心部位开口大，设置了独特的冲洗结构，有效地减小了刀盘中心"结泥饼"的风险。

（6）设备可配置二次注浆系统，必要时进行二次补充注浆，以确保地层稳定。

（7）TBM 有较大的推力储备和可靠的导向系统，实时监测 TBM 姿态。

（8）配置高效的渣土改良系统及聚合物注入管路，螺旋机上预留了保压泵渣的接口，在发生喷涌时可以采用多种方式处理。

（9）刀盘、刀具和螺旋输送机采用高耐磨性设计。

（10）配置超前地质加固和空气保压措施，有效降低隧道施工处理大粒径孤石或异物的风险。

本工程 TBM 的设计和施工与工程地质紧密结合，与工程特点相匹配，充分发挥了复合式 TBM 的优势，保证 TBM 法施工的工程质量和安全。同时，通过 TBM 的刀具配置方式，获得了良好的切削效果和掘进速度。

9.2.2　复合式 TBM 组装技术

1. 复合式 TBM 组装程序

复合式 TBM 组装施工步骤及施工工艺流程如图 9.1 所示。

(a) 步进小车定位　　　　　　　　　　　　(b) 底护盾安装

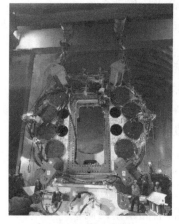 

(c) 主驱动安装　　　　　　　　　　　　　(d) 主梁与主驱动拼接

(e) 锚杆钻机发电机安装一　　　　　　　　(f) 锚杆钻机发电机安装二

(g) 刀盘拼接　　　　　　　　　　　　　　(h) TBM整体拼装完成

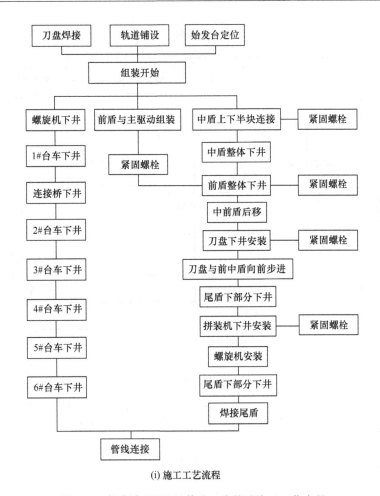

(i) 施工工艺流程

图 9.1　复合式 TBM 组装施工步骤及施工工艺流程

2. 复合式 TBM 操作控制程序

复合式 TBM 操作控制流程如图 9.2 所示。

3. 复合式 TBM 管片安装程序

复合式 TBM 管片安装程序如图 9.3 所示。

4. 复合式 TBM 作业工序流程

复合式 TBM 作业工序流程如图 9.4 所示。

5. 复合式 TBM 详细参数

根据山地城市地层特征及岩体力学性质,复合式 TBM 的详细参数设定见表 9.2。

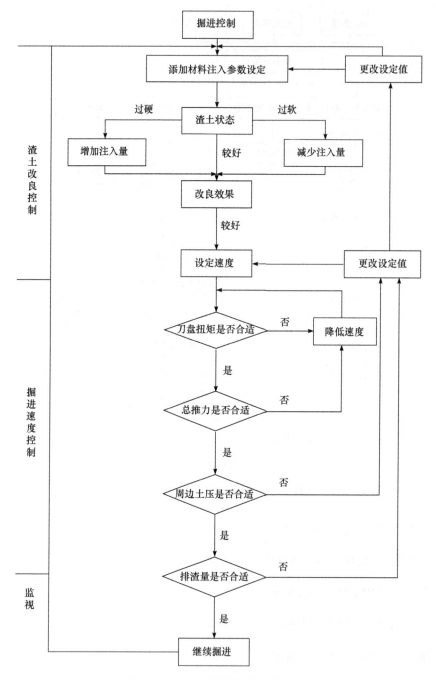

图 9.2　复合式 TBM 操作控制流程

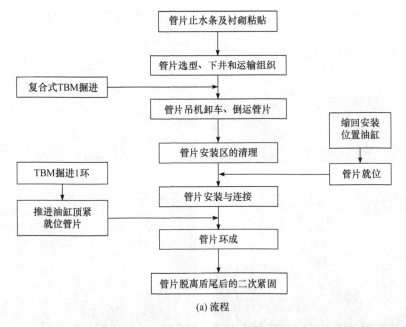

(a) 流程

(b) 防水材料粘贴

(c) 管片下井

(d) 管片运输

(e) 管片行走吊机吊运

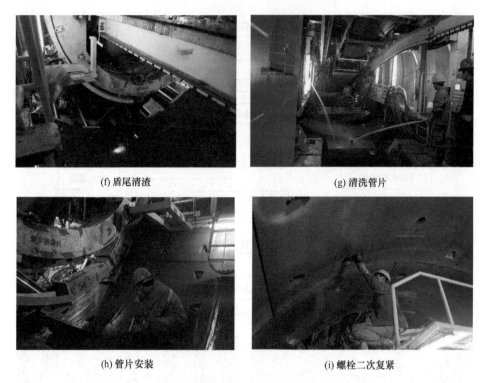

(f) 盾尾清渣　　　　　　　　　　(g) 清洗管片

(h) 管片安装　　　　　　　　　(i) 螺栓二次复紧

图 9.3　复合式 TBM 管片安装程序

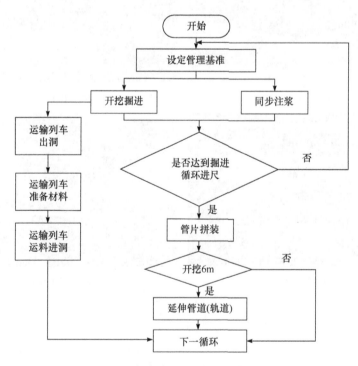

图 9.4　复合式 TBM 作业工序流程

表 9.2　复合式 TBM 的详细参数

主部件名称	细目部件名称	参数	备注
整机主要部件	类型	复合式 TBM	—
	型号	ZTE6830	—
	管片外径	6600mm	—
	管片内径	5900mm	—
	管片宽度	1500mm/1200mm	—
	螺栓孔分布	3+2+1	—
	管片纵向连接螺栓数量	10	—
	整机主要部件设计寿命	不小于 10km	—
	开挖直径	初装刀时 6880mm	—
	前盾直径	6830mm	—
	盾体长度	6.2m	—
	整机长度	约 85m	—
	整机总重	530t	—
	最小平曲线半径	300m	—
	最小竖曲线半径	1000m	—
	最大线路坡度(爬坡能力)	35‰	—
刀盘	刀盘结构及刀具	复合式	—
	最大开挖直径	6880mm	—
	开口率	约 34%	—
	中心滚刀	12 把	滚刀与尺刀可互换
	正面滚刀	20 把	
	刀间距	90mm	—
	边缘滚刀	12 把	—
	周边刮刀	12 对	左右各 6 对
	切刀	60 把	—
	各种刀具高差设置	滚刀高出面板 175mm，切刀 140mm	—
	回转接头	8 路泡沫+液压+电气	—
刀盘驱动	驱动型式	变频电机驱动	—
	减速机厂家	德国卓仑	—
	驱动马达数量	7 个	—
	转速	0~5.34r/min	双向旋转、连续可调
	标准扭矩	5510kN·m	—
	脱困扭矩	6060kN·m	—

续表

主部件名称	细目部件名称	参数	备注
刀盘驱动	主驱动功率	7×220kW	—
	主轴承形式	3排圆柱滚子轴承	—
	主轴承直径	3600mm	—
	主轴承设计使用寿命	不小于10000h	—
	主驱动密封允许工作压力	3bar	1bar＝1×10⁵Pa,下同
	主驱动密封设计承压能力	4.5bar	—
	主轴承密封形式	外3道唇型密封＋ 内2道唇型密封	—
	主轴承密封润滑方式	外密封自动集中润滑	—
盾体	型式	被动铰接式	—
	前盾直径、钢板厚度	6830mm、50mm	Q345B,分块
	中盾直径、钢板厚度	6820mm、40mm	Q345B,分块
	盾尾直径、钢板厚度	6810mm、40mm	Q345B,分块
	中盾与前盾连接方式	螺栓连接	—
	铰接密封	手动定期润滑	—
	允许承压能力	3bar	—
	钢丝刷密封数量	3道钢丝刷＋1道止浆板	—
	盾尾密封允许承压能力	3bar	—
	盾尾间隙	30mm	—
	土压传感器数量	7个	5个位于隔板上, 2个位于螺栓输送机上
	前盾重量	约100t(含设备)	—
	中盾重量	约105t(含设备)	—
	盾尾重量	约35t(含设备)	—
推进系统	额定推力	37373kN	—
	最大总推力	43602kN	—
	油缸数量	30个	油缸规格230/180-2200mm
	油缸行程	2200mm	—
	最大推进速度	80mm/min	—
	管片安装模式下最大外伸速度	1500mm/min	一对油缸
	管片安装模式下最大回缩速度	5000mm/min	
	位移传感器数量	4只	油缸内置式
	推进油缸分区数量	4区(上、下、左、右)	—

续表

主部件名称	细目部件名称		参数	备注
铰接系统	类型		被动式铰接	—
	铰接系统额定推力		1200kN	—
	油缸数量		14 个	油缸规格 200/100-150mm
	油缸行程		150mm	—
	位移传感器数量		4 个	—
	铰接转向角度(垂直/水平)		1.2°	—
铰接密封	密封形式		1 道橡胶密封＋1 道紧急气囊密封	—
	润滑方式		手动定期润滑	—
人舱	舱室数量		2 个	—
	容量		3 人(主舱)＋2 人(紧急舱室)	—
	直径		1600mm	—
	舱门数量		3	—
	工作压力		3bar	—
盾尾密封油脂系统	泵站形式		气动式	—
	管路数量		2×6 线路(每个注脂腔 6 个)	—
	压力传感器数量		2×6 个	—
	注入点分布		6 处	—
油脂集中润滑系统	泵站形式		气动补油＋电动注入	—
	供脂距离		约 45m	—
	油脂泵	供脂流量	110mL/次	—
		供脂压力	260bar	—
HBW 油脂密封系统	泵站形式		气动	—

6. 复合式 TBM 刀具管理

刀具管理在 TBM 施工中极其重要,制定合理的刀具管理计划和方案对保证施工进度、控制成本和施工安全均起着重要作用。针对工程的特点,选择在 TBM 过站时检查更换刀具。刀具管理流程如图 9.5 所示。

根据拟选刀具工作参数、地质条件及地面环境条件,做好整个工程施工过程的换刀计划。计划换刀位置根据现场实际施工情况确定,确定时以经济合理使用刀具、保证掘进效率和保证开仓换刀作业安全可靠为原则,主要考虑的因素有以下几个方面:

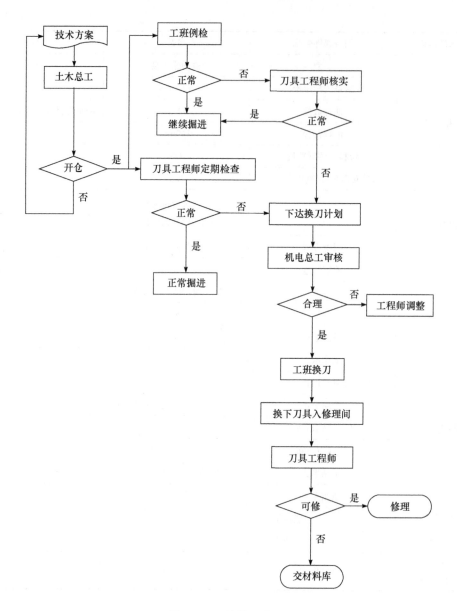

图 9.5　刀具管理流程

（1）复合式 TBM 掘进过程中，一般情况下每 50～150m 选择合适的位置开仓检查刀盘刀具，对磨损较大的刀具进行更换。

（2）复合式 TBM 掘进过程中，要密切关注推力、扭矩、推进速度等施工参数的变化，对于推力过大、扭矩过大、掘进速度过慢等情况要及时做出判断，必要时进仓检查刀具情况。

（3）换刀位置应避开岩性变化产生的夹层地段，避开强、中透水性地段。

在施工过程中加强刀具管理，避免刀具非正常损坏，并结合先期换刀检查情况，统计刀具磨损数据,总结规律,及时对后续换刀计划进行调整,以保证刀具使用的计划性和经济性。

9.3　复杂多变地质条件下 TBM 快速掘进与支护技术

9.3.1　TBM 始发准备工作

以重庆某地铁工程为例,TBM 始发主要内容包括:始发端头的土体加固、TBM 始发基座的安装、TBM 下井安装及调试、洞口防水密封的安装、反力设施的安装、负环管片的安装、TBM 试运转、洞门破除。始发准备工作的好坏对 TBM 后续施工起决定作用。TBM 始发工艺流程如图 9.6 所示。

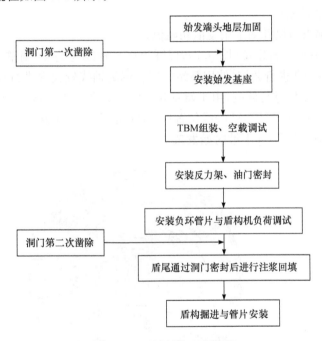

图 9.6　TBM 始发工艺流程

TBM 始发时,由于撑靴已经可以贴紧到洞壁,依靠撑靴支撑洞壁就能实现顺利掘进,但此时刀盘距掌子面还有一段距离,还需要一段空推距离,利用掘进程序慢慢接近掌子面,为防止刀具在刀盘最外缘的切向速度过大而产生较大撞击,始发时必须采用低推进速度和较慢刀盘转速柔和地掘进,直到整个刀盘均匀贴紧掌子面。始发工作准备如下。

(1)土建施工进度应满足 TBM 始发要求。

(2)始发洞按照设计施工完毕且在始发前应彻底检查 TBM 步进洞室洞壁尺寸,确保不与 TBM 发生干涉。

(3)始发端加固完毕,保证岩体稳固,强度符合设计要求。

(4)配套设施及场地布置应满足始发要求(满足施工生产和现场管理为主、减少干扰、方便施工组织、经济合理、安全防火)。

（5）测量定位已完成，TBM始发测量定位工作主要包括以下几个方面。

① TBM始发洞内测量基准平面控制点和水准点的引测布设。

② 控制点布设：始发洞测量控制点包括平面控制点和水准控制点，各控制点布置在区间隧道底板上。

③ 控制点制作：控制点采取 ϕ20mm 圆钢制作，长约30cm，钢筋一头磨平后在端面上镶1mm铜丝芯，铜丝芯作为控制点，钢筋冲击钻进洞底板约15cm，露出底板面部分用混凝土覆盖，钢筋头只露出约1cm即可。

④ 控制点的引测：平面控制点和水准控制点须从地面业主移交的GPS控制点和水准高程点进行测量。

⑤ TBM始发洞内隧道轴线的放测和隧道起始里程线的定测：TBM始发隧道轴线根据底板上平面控制点在底板上每30m设一测点来控制，布点采用在隧道中心线上用混凝土浇筑埋设的钢筋控制点。

（6）地面监测点布设并测定始发前初始值。

（7）TBM始发前主机定位（图9.7），以隧道中心轴线为基准，调整TBM轴线偏差，在0.5mm以内为标准进行调校（使用泵站放置在偏离轴线较大端进行顶推调校）。标高偏差使用油缸顶升主机进行调校，由于始发井始发标高在主机步进至始发井之前调校完毕，所以只需顶推主机控制TBM轴线位置使TBM姿态达到可始发状态且标高误差控制在+5～+10mm，以免TBM下坡时始发栽头。

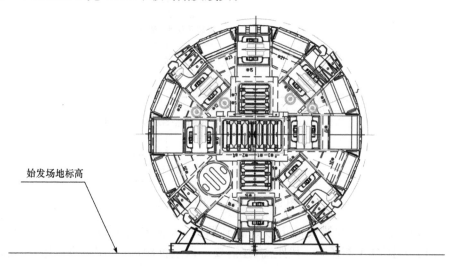

始发场地标高

图9.7 TBM始发前主机定位

（8）TBM始发前反力架定位完成（图9.8），靠近掌子面端距离始发台末端300mm，距离反力台200mm，底部焊接在 800mm×2000mm 的预埋钢板上，使用 200mm×300mm×20mm 的三角铁块满布反力架支腿底部，顶管满焊在反力柱上及预埋钢板上。反力架顶部使用 ϕ100mm 钢管顶撑，防止反力架向上浮动。

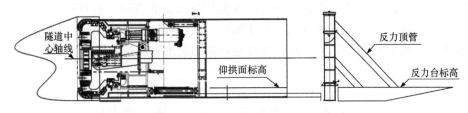

图 9.8　TBM 始发前反力架定位

9.3.2　TBM 始发要素及始发过程控制

TBM 始发技术要求高、步骤复杂,为了确保始发成功,其始发技术措施和始发过程必须严格把控。

(1) TBM 主机步进到开挖掌子面后,安装反力架,主机两侧安装 TBM 支撑架、底部垫楔形方木用来支撑负环片,间隔一块铺垫铁三角块。

(2) 考虑到反力架的变形,在使用前对反力架进行修理矫正,确保负环管片与反力架贴合密实,未贴合处以钢板垫实。

(3) 在测量组精确定位后进行加固与支撑(根据始发特殊性,测量人员给出具体定位标高及措施)。

(4) 反力架立柱焊接于主体结构的预埋钢板上,两根支柱底部加设钢板进行垫实。

(5) TBM 拖车在进入反力架时,预先将反力架底部平铺钢板达到与负环管片底部仰拱块相同的高度,从而使拖车顺利通过反力架进入负环管片。

(6) 负环管片采用标准环,采取错缝拼装的方式进行,负环管片封顶块位置定位在 11 点钟方向(封顶块向左偏移 18°)。

(7) 负 7 环第一块管片的定位。在拼装负 7 环管片的第一块管片时,首先定位负 7 环管片底部的仰拱块 ZB2,仰拱块的中心应当与隧道中线重合,装好后在盾体内沿管片环向两侧焊接 4 块固定块(100mm×100mm×20mm 钢板)固定管片,以防止管片纵向滑动;接着 ZB1 块管片向左旋转 43°安装在 ZB2 仰拱块的左边,装好后横向使用管片螺栓与 ZB2 块管片连接紧固,纵向采用 4 块固定块(100mm×100mm×20mm)焊接在盾体内稳固管片,防止纵向移动。ZB1 块管片安装好以后安装 ZB3 块,向右旋转 62°安装在 ZB2 仰拱块的右边。ZB3 块管片安装好以后安装 ZB4 块,向右旋转 117°安装在 ZB3 块管片右边,在安装 ZB4 管片时其横向、纵向连接与 ZB3 块管片一样,靠近顶部端使用固定块夹紧焊接在盾体内,顶部靠下 30cm 处采用固定块焊接筋板拉紧管片并采用 1.5t 倒链连接固定块上的拉紧孔,防止向下坠落。

(8) 邻接块 ZL1 和 ZL2 管片的安装。ZL1 块管片应安装在 ZB1 块管片左边,向左旋转 100.5°。ZL1 块管片应安装在 ZB4 块管片右边,向右旋转 172.5°。邻接块 ZL1 和 ZL2 管片安装时,在盾尾和盾壳上焊接吊耳,并用倒链进行固定,以支撑管片并保证施工的安全,待封顶块纵向推插到位后,拆去倒链,割除吊耳,紧固封顶块与邻接块的螺栓。

(9) 负 7 环管片的后推。负 7 环管片整环拼装完成后,借助推进油缸将负 7 环管片缓慢地推出盾尾抵靠在反力架上。为保证负 7 环管片的成圆度,在管片推顶在反力架上后,在反力架内弧面焊接两个挂钩分别托住顶部管片以防止变形。负环管片的螺栓与防水材料:负7环管片～负1环管片只粘贴丁腈软木橡胶板(纵缝)和软木衬垫(环缝),不粘贴止水条和自黏性橡胶薄片,管片连接螺栓也不需加遇水膨胀橡胶圈,0、1环必须正常使用防水材料。

(10) 负环管片外侧支撑。在每环管片推出盾尾后,在管片外的支撑三脚架、纵向工字钢及始发台上采用木制和铁制的三角楔子及时进行支垫,将管片压力均匀地传递给三脚架。每环管片加设两个三角楔子,每间隔两个木楔子加设一个铁楔子。

(11) 管片防旋转。负7环管片安装完成并顶推至反力架接触面(图9.9)后,从管片注浆孔引出钢丝绳或管片螺栓延长与三角支撑连接,与底部始发台成一整体。预埋钢板满焊连接,确保负环管片不旋转。

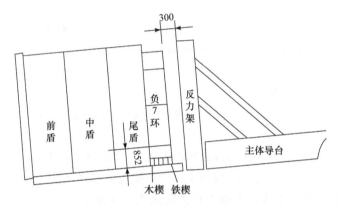

图9.9　始发台与管片外壁接触面(单位:cm)

负7环各管片左上、右上与顶部固定块如图9.10所示。

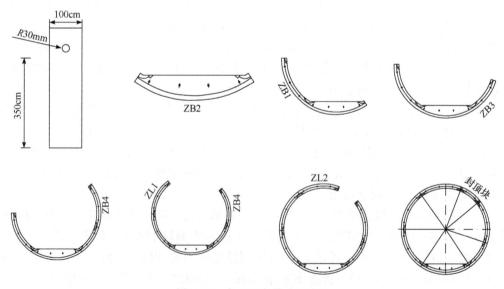

图9.10　负7环各管片示意图

（12）负 7 环安装完成并顶推至反力架后，开始拼装负 6 环，当负 6 环管片拼装完成后，推进主机向前移动，当刀盘进入始发洞门钢环内（刀盘距离钢环 300mm）达到掌子面时停止推进，安装延伸导轨（图 9.11）。延伸导轨与钢环接触面使用 100mm×100mm×20mm 钢板两面夹紧并与钢环焊接，悬空的 300mm 间距使用工字钢支撑，与始发台接触面使用筋板焊接牢固，延伸导轨安装完成后表面涂抹黄油，之后开始旋转刀盘进行始发掘进。

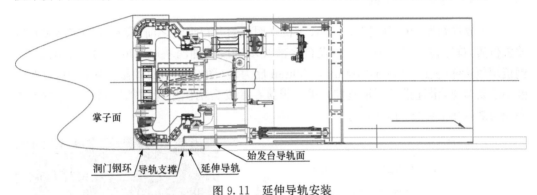

图 9.11　延伸导轨安装

9.3.3　TBM 快速掘进

1. TBM 步进方案

当 TBM 刀盘接触到掌子面开始旋转时，此时确定为掘进开始时间。考虑到隧道为 5°的下坡，为防止 TBM 刀盘自重的影响，TBM 以高于设计轴线 10mm 进洞，但 TBM 主机在始发时尽量不要进行姿态调整，盾尾拖出始发台后每环姿态调整量控制在 6mm 以内。为防止 TBM 产生旋转，在 TBM 主机底部与始发台接触面焊接防扭块。但必须注意，TBM 向前推进至洞门钢环位置时应及时割除防扭块，避免损坏洞门[53]。

TBM 主机明挖步进方案设计如下：考虑到明挖的设计要求，采用 TBM 主机单独向前步进方案，TBM 主机与桥拖车分体式步进，TBM 主机放在始发台上（图 9.12）。

图 9.12　TBM 主机和始发台

在始发台下铺设两块厚20mm、宽2m的钢板,钢板两侧边缘焊接150mm×100mm×50mm反力块,对油缸提供反力,以此来顶推始发台TBM主机向前移动,在TBM主机和始发台一起到达掌子面以后,经过精确测量,将其定位在隧道设计轴线的位置,保证洞门底部与TBM主机的水平标高一致。

2. TBM主机步进实施

(1) 放置始发台反力钢板。TBM主机在明挖斜井口组装之前,应首先确定始发台的放置位置,确定位置以后预先在始发台底部及步进段满铺两块厚20mm、宽2m的钢板,钢板两侧边缘焊接150mm×100mm×50mm反力块(图9.13),对油缸提供反力,以此来推动主机步进,沿途进行测量监控。采用焊接在始发台两侧边缘的挡块来调节始发台中心线与隧道中心线之间的偏差。

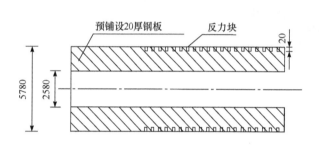

图9.13　反力块(单位:mm)

(2) 放置始发台。始发台两侧设计油缸顶推座(图9.14),与预先铺设在钢板上的反力块处于同一个水平方向上。待钢板放置好之后,把始发台放置在钢板上压住钢板,通过液压泵站和油缸来顶推在始发台和焊接在钢板上的反力块,从而实施步进。

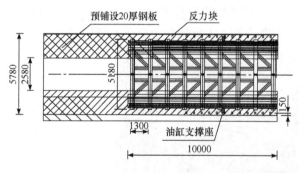

图9.14　始发台(单位:mm)

钢与钢的最大滑动摩擦系数 $\mu=0.15$,始发台与钢板间的摩擦力 $F=\mu Ng$,N 表示TBM主机的质量,约 567.5t,则在水平方向摩擦力 $F\approx834$kN,根据公式计算液压泵站工作压力 $P\approx17.7$MPa 时液压油缸推力,该推力将克服始发台与钢板间的摩擦力使TBM向前步进,选用2个100t/600mm行程的步进油缸,经计算,5°下坡始发台与钢板的摩擦

力 $F \approx 834$kN,足够推动始发台和 TBM 主机在钢板上滑动。若阻力太大,还可以在钢板上涂抹润滑油来减少摩擦力。

(3) 放置 TBM 主机。待钢板与始发台放置完成以后接着组装 TBM 主机。TBM 主机在始发台上组装完成以后,将 TBM 主机与始发台焊接在一起,共同步进。从始发台到始发井两侧铺设钢板,钢板边缘焊接 150mm×100mm×50mm 的反力块,用 2 个 100t 的液压油缸推动始发台步进。

(4) 放置液压泵站。将液压泵站放置在 TBM 主机盾壳内,跟随主机一起平移。TBM 主机步进主要通过液压泵站和液压油缸来推动始发台,由钢板上的反力块来提供反力。TBM 主机步进示意图如图 9.15 所示。待 TBM 主机前进至油缸行程外后,可以继续在反力块和油缸之间增加接力块,继续顶升油缸使 TBM 主机向前移动。

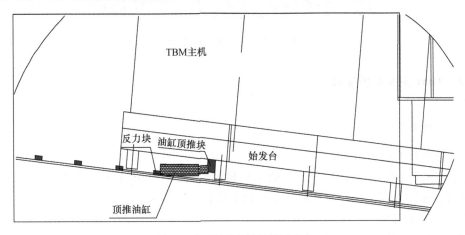

图 9.15　TBM 主机步进示意图

(5) 测量组重新定位始发台及 TBM 刀盘中心位置,固定始发台与 TBM 主机,并安装导轨。

(6) 待 TBM 主机与始发台定位之后,割除 TBM 主机与始发台的连接块,使主机与始发台分离。

(7) 安装始发台两侧的三角支撑,三角支撑与始发台用 M24 螺栓连接。始发台三角支撑如图 9.16 所示。

在主机步进过程中,应注意以下问题:

(1) TBM 主机与始发台步进期间,如摩擦阻力过大,可以在 20mm 厚钢板面上涂抹润滑油,以减少始发台与钢板接触面的摩擦力。

(2) 始发台应放置在两块钢板中间,压在钢板上反力块的内侧,防止其在步进过程中跑偏,当主机与步进钢板偏离距离大于 50mm 时开始进行纠偏,具体措施为在主机两侧步进钢板上焊接横向反力块来进行横向纠偏。

(3) 在 TBM 主机步进过程中,应同时推进油缸,以最大限度地保证 TBM 主机沿直线方向向前步进。如果步进中出现跑偏,可在始发台前部跑偏一侧钢板上焊接横向反力块,通过油缸进行纠偏。

图 9.16　始发台三角支撑

9.3.4　TBM 快速支护技术

1. 隧道管片搬运与制作

1）原材料的控制

选用洁净度符合要求的河沙,一般不用机制砂,更不能用海沙。原材料中氯离子含量、碱含量按相关规范执行。堆场的原材料要防止二次污染。

2）高精度钢模

钢模精度须符合要求,有足够的刚度、不易变形、操作方便、耐久性好、能满足循环次数要求。

3）钢筋笼的制作

钢筋笼精度须符合要求,严格控制钢筋保护层厚度(厚 50mm),预埋件及预留孔洞定位准确。

4）高强度混凝土的配置与浇筑

配合比设计中尤其注意原材料含水率的变化。同时,过多的惰性材料加入,虽能满足混凝土强度、抗渗透性要求,但对混凝土收缩等控制不利。管片生产均是现场浇筑混凝土,建议混凝土坍落度在满足要求的条件下取低值。控制混凝土入模温度,冬季、夏季施工要采取针对性措施。

5）管片制作、运输与存储

管片从预制工厂用汽车运送到施工场地后进行吊卸、存储(图 9.17)。管片吊卸必须小心轻放,防止管片被撞坏,影响管片的质量。管片堆放时,管片与管片之间必须放置枕木,防止管片受力不均,使管片产生裂缝。管片的堆放高度不得高于 3 块管片的高度。

6）管片堆放受力架与防雨设施

管片堆放时,底下放置管片托架。在其旁边放置遮雨油布或可移动遮雨棚以防止橡胶止水带遇水膨胀。管片架子上粘贴 4 块橡胶皮以保护管片,防止管片因受力不均而影

(a) 管片运输　　　　　　　　　　　　　　　　(b) 管片存储

图 9.17　管片运输与存储

响管片质量。

2. 管片的安装

1) 管片拼装形式

管片拼装形式一般分为三种:通缝拼装;错缝拼装;通用楔形管片拼装。

2) 管片拼装特点

(1) 通缝拼装:各环管片纵缝对齐的拼装方法。这种拼装方法在拼装时定位容易,纵向螺栓容易穿进,拼装施工应力小,但容易产生环面不平,并有较大累计误差,导致环向螺栓很难穿进,环缝压密不够。

(2) 错缝拼装:前后环管片的纵缝错开拼装,一般错开 1/3～1/2 块管片弧长。用此法建造的隧道整体性好,环面较平整,环向螺栓比较容易穿过。但拼装施工应力大,纵向穿螺栓困难,纵缝压密差。

(3) 通用楔形管片拼装:利用左右环宽不等的特点,管片任意旋转角度均可进行拼装。这种拼装方法工艺要求高,在管片拼装前需要对隧道轴线进行计算预测,及时调整管片旋转的角度。

3) 管片拼装顺序

管片拼装顺序一般为先下后上的拼装顺序。第一步:拼装落底块 D;第二步:拼装标准块 B1、B2,左右交叉;第三步:拼装邻接块 L1、L2,左右交叉;第四步:拼装封顶块 F,纵向插入。管片拼装现场如图 9.18 所示。

3. 管片空隙充填

1) TBM 壁后充填流程

TBM 壁后充填流程如图 9.19 所示。

2) 细石混凝土、豆砾石运输、泵送系统

管片衬砌后需要及时浇筑细石混凝土、回填豆砾石以保证结构的稳定性。混凝土、豆砾石等均由胶轮车装载的罐车运进斜井,其中在 4 号拖车处用豆砾石吊机卸载,挡边皮带输送机将豆砾石从豆砾石存储罐卸入豆砾石泵的进料口。

(a) 管片拼装   (b) 拼装效果

图 9.18 管片拼装现场及效果

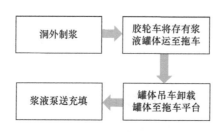

图 9.19 TBM 壁后充填流程

后配套 3 号拖车上布置 2 台风动豆砾石泵,通过压缩空气将豆砾石吹入管片与开挖断面的间隙。

3) 粉料卸载、存储、搅拌、泵送系统

单护盾 TBM 设备壁厚填充材料均采用洞外制浆,运至洞内灌注。其中后配套 1 号拖车配置水泥浆注浆系统;2 号拖车配置细石混凝土灌注系统;3 号拖车配置豆砾石充填系统,并且每节拖车各配置 1 台 20t 的罐体吊机,专门装卸起吊制浆罐,将搅拌好的浆液泵送至双液浆水泥浆罐或者二次补浆罐。

4. 支护质量控制

隧道的支护质量与施工工艺、管片空隙回填等有密切关系,管片固定后,其后空隙灌注回填开始时间为 TBM 主机全部进入土体 3 环后。

1) 管片防扭措施

(1) 综合考虑 TBM 掘进、施工运输、管片安装、壁后填充、施工排水等因素以及运营期结构安全,管片仰拱块可采用整体式设计。

(2) 优化 TBM 设备的防扭和纠滚设计,减小管片扭转作用力。

(3) 管片设计采用左、右直线环,仰拱块环缝间设置凹凸榫槽,有利于防止管片扭转及错台。

(4) TBM 施工时应采用有效的壁后填充工艺以增强管片自稳性,管片发生轻微扭转时,须及时通过反向消除管片安装间隙等措施纠正。

(5) 管片发生扭转趋势时,施工砂浆锚杆,锚固管片与围岩。

（6）TBM 刀盘正反转刮刀装配齐全。掘进过程中若主机、管片发生旋转现象，则需控制刀盘反转掘进，调整 TBM 姿态到正常位置后，再控制刀盘正转掘进。

2）管片固定措施

（1）管片拼装时，通过掘进时每环吹填豆砾石进行壁后回填。吹填豆砾石是管片脱出盾尾后进行的壁后填充方式，防止管片在脱出盾尾后出现下垂、错台等质量问题，起到固定管片的作用。

（2）螺栓固定。在仰拱块底部预留 4 个螺栓孔，在螺栓孔中安装支撑螺栓，螺栓孔直径为 80mm，具体螺栓孔尺寸如图 9.20 所示。

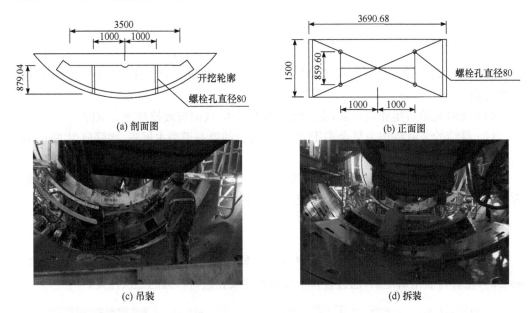

(a) 剖面图　　　　　　　　　　　　　　　(b) 正面图

(c) 吊装　　　　　　　　　　　　　　　(d) 拆装

图 9.20　仰拱块安装（单位：mm）

（3）始发段管片稳固

在第 3 环安装完成后，紧固好管片连接螺栓，灌注细石混凝土同时加注双液浆，灌注时必须密切关注洞门情况及管片变形情况，若出现管片变形应及时停止灌注细石混凝土，根据具体情况及时采取相应措施进行处理。

9.4　复杂多变地质条件下 TBM 掘进盾尾注浆技术

9.4.1　工程概况

结合区间隧道的技术条件，为了便于施工，管片型式采用双面楔形管片，每环管片由 6 块管片组成，分别为封顶块管片（FB）、标准块管片 3 块（B1B、B2B、B3B）、邻接块管片左右各 1 块（L1B、L2B）。管片之间采用弯螺栓连接，环向每个接缝设 2 根螺栓，共 12 根；纵向共设 10 根螺栓。

管片钢筋混凝土采用 C50 高性能混凝土，混凝土抗渗等级根据埋深确定，但不应小于 P10,隧道埋深≥30m,抗渗等级取 P12。管片的厚度为 350mm,隧道内径为 5900mm,外径为 6600mm,管片环宽为 1500mm,分标准环、左转弯环、右转弯环三种型式,左转弯环、右转弯环采用双面楔形管片,楔形量为 38mm。

9.4.2　多变地质情况下管片衬砌背后注浆技术

复合式 TBM 施工引起的地层损失、隧洞周围受扰动或受剪切破坏的重塑土的再固结以及地下水的渗透,是地表沉降的重要原因。为了减少和防止沉降,在复合式 TBM 掘进过程中,要尽快在脱出盾尾的管片背后同步注入足量的浆液材料以充填盾尾环形建筑空隙。

1. 注浆目的

管片衬砌背后注浆是复合式 TBM 施工中一项十分重要的工序,其目的主要有以下三个方面:

(1) 及时充填盾尾建筑空隙,支撑管片周围岩体,从而有效控制地表沉降。

(2) 凝结的浆液将作为复合式 TBM 施工隧道的第一道防水屏障,增强隧道的防水能力。

(3) 为管片提供早期的稳定性并使管片与周围岩体一体化,有利于复合式 TBM 掘进方向的控制,并能确保复合式 TBM 隧道的最终稳定。

2. 注浆方式

在复合式 TBM 掘进过程中,通过盾尾注浆管在掘进的同时进行同步注浆(图 9.21)。必要时,在管片脱出盾尾后,通过管片上预留的注浆孔进行补强的二次注浆。

图 9.21　同步注浆示意图及注浆效果

1) 同步注浆

(1) 注浆材料。

采用水泥砂浆作为同步注浆材料,该浆材具有结石率高、结石体强度高、耐久性好和能防止地下水浸析的特点。水泥采用 P.O42.5,以提高注浆结石体的耐腐蚀性,使管片处在耐腐蚀注浆结石体的包裹内,从而减弱地下水对管片混凝土的腐蚀。

(2) 浆液配合比及主要物理力学指标。

根据以往经验,同步注浆拟采用表 9.3 所示的配合比。在施工中,根据地层条件、地下水情况及周边条件等,通过现场试验优化确定最合理的配合比,见表9.3。

表 9.3　同步注浆配合比

水泥/kg	粉煤灰/kg	膨润土/kg	砂/kg	水/kg	外加剂
180	321	54	715	450	需要根据试验加入

同步注浆材料要求具有以下性质:

① 胶凝时间一般为3~10h,根据地层条件和掘进速度,通过现场试验变更配合比来调整胶凝时间。

② 固结体强度一天不小于0.2MPa。

③ 浆液结石率>95%,即固结收缩率<5%,浆液稠度为8~12cm。

④ 浆液稳定性,倾析率(静置沉淀后上浮水体积与总体积之比)小于5%。

(3) 注浆方法和工艺。

同步注浆通过同步注浆系统及盾尾的内置注浆管,在复合式 TBM 向前推进盾尾空隙形成的同时进行,采用双泵四管路(四注入点)对称同步注浆。

(4) 设备配置。

搅拌站:自行建造的砂浆搅拌站一座,采用 JS750 搅拌机。

同步注浆系统:配备液压注浆泵 3 台,注浆能力 $3×12m^3/h$,12 个盾尾注入管口(其中 6 个备用)及其配套管路。

运输系统:$8m^3$ 砂浆罐车,带有自搅拌功能和砂浆输送泵。

2) 二次补强注浆

(1) 注浆条件。

二次补强注浆一般在管片与围岩间的空隙充填,其密实性差,致使隧洞变形得不到有效控制或管片衬砌出现渗漏的情况下才实施。同时,地表出现过大沉陷时可通过二次注浆进行抬升和补强。施工时采用隧洞监测信息反馈,结合洞内超声波探测管片衬砌背后有无空洞的方法,综合判断是否需要进行二次注浆。

(2) 注浆设备。

补强注浆采用自备的 KBY-50/70 双液注浆泵。

二次补强阀。注浆管及孔口管自制,其加工应具有与管片吊装孔的配套能力,能够实现快速接卸以及密封不漏浆的功能,并配备泄浆阀。

3. 注浆主要技术参数

(1) 注浆压力。

为保证达到对环向空隙的有效充填,同时又能确保管片结构不因注浆产生变形和损坏,根据计算和经验,注浆压力取值为0.2~0.5MPa。

(2) 注浆量。

同步注浆:压力为1.1~1.2倍的静止土压,注浆量为理论注浆量的1.3~1.8倍。一般每环的注浆量控制在小于等于 $8m^3$。

按照

$$Q = V\lambda \tag{9.1}$$

式中，λ 为注浆率，取 $1.3 \sim 1.8$，曲线地段地层段取较大值，其他地段根据实际情况选定；V 为填充空隙体积，m^3，有

$$V = [(6.885 \div 2)^2 - (6.6 \div 2)^2] \times 3.14 \times 1.5 = 4.52(m^3)$$

则 $Q = 5.9 \sim 8.1 m^3$。

二次补强注浆量根据地质情况及注浆记录情况，分析注浆效果，结合监测情况，由注浆压力控制。

（3）注浆速度。

同步注浆速度应与掘进速度相匹配，按复合式 TBM 完成一环 1.5m 掘进的时间内完成当环注浆量来确定其平均注浆速度。

（4）注浆顺序。

同步注浆通过盾尾注浆孔在 TBM 推进的同时压注，在每个注浆孔出口设置压力传感器，以便对各注浆孔的注浆压力和注浆量进行检测与控制，从而实现对管片背后的对称均匀压注。注浆会使管片受力不均而产生偏压，进一步会导致管片错位，从而造成错台及破损，为避免这种情况，同步注浆时需对称均匀地注入，这点十分重要。

补强注浆先在可能存在较大空隙的一侧压浆。

（5）注浆结束标准。

采用注浆压力和注浆量双指标控制标准，即当注浆压力达到设定值或注浆量达到理论注浆量的 85% 以上时，即可认为达到了质量要求。

（6）注浆效果检查。

结合掘进速度及衬砌、地表与周围建筑物变形量测结果对注浆效果进行综合分析判断，必要时采用无损探测法进行效果检查。

（7）同步注浆质量保证措施。

开工前制定注浆作业指导书、施工组织和工艺流程及注浆质量控制程序，严格按要求实施注浆、检查、记录、分析，评价注浆效果，反馈指导下次注浆。

根据洞内管片衬砌变形、地面及周围建筑物变形监测结果，及时进行信息反馈，以修正注浆参数和施工工艺，如发现情况应及时解决。

做好注浆设备的维修保养和注浆材料供应，定时对注浆管路及设备进行清洗，保证注浆作业顺利连续不中断地进行。

9.4.3 富水地层条件下复合式 TBM 盾尾注浆技术

天星桥站—沙坪坝站区间位于构造剥蚀丘陵地貌上，受人类活动改造前，第四系覆盖层厚度差异较大，基岩局部露出，为砂岩泥岩互层的陆相碎屑岩，含水微弱。地下水富水性受地形地貌、岩性及裂隙发育程度控制，由大气降水和给排水管道渗漏补给。根据沿线地下水的赋存条件、水理性质及水力特征，沿线地下水可划分为第四系松散层孔隙水和基岩裂隙水。

（1）松散层孔隙水：不连续分布在抛填片石土层中，多为局部性上层滞水，水量小，动态幅度大，无统一地下水位，水质成分由含水介质的性质决定，主要由大气降水、城市管网

渗漏补给,具有就近补给、就近排泄的特点。

(2) 基岩裂隙水:基岩裂隙水包括风化裂隙水和构造裂隙水。风化裂隙水分布在浅层基岩强风化带中,为局部上层滞水或小区域潜水,水量小,受季节性影响大,各含水层自成补给、径流、排泄系统;构造裂隙水分布于中下部的中厚～厚层块状基岩裂隙中,以层间裂隙水或脉状裂隙水形式存储,水量大小与裂隙发育程度和裂隙贯通性密切相关,水量一般较小,多为滴状或脉状,动态不稳定,由于岩层倾斜,局部基岩中裂隙水具有承压性。根据地区经验,场地内地下水结晶分解复合类、结晶类、分解类均为微腐蚀性,对钢筋、混凝土和居于混凝土中的钢结构有微腐蚀性。根据重庆市勘测院提供的《天星桥至沙坪坝区间岩土工程详细勘察报告》,本区间设计涌水量预测为 724m³/d,见表 9.4。

表 9.4　暗挖隧道涌水量预测结果

预测部位	渗透系数 k/(m/d)	隧道长度 B/m	静止水位至隧道底深度 H_1/m	降深 S/m	影响半径 R/m	隧道半径 r/m	α	涌水量 Q/(m³/d)
区间隧道	0.024	10	28.5	28.5	47.14	3	2.18	724

1. 双液注浆的必要性

1) 隧道涌水量大,导致同步注浆效果不理想

在曲线段掘进时,TBM 的刀盘超挖土体,管片壁厚进行注浆回填,由于壁厚回填采用砂浆,注进管片壁厚的砂浆,在充满水的环境中,砂浆注入后水泥浆立刻被冲走,与砂分离,无法凝固而使注浆效果不理想,达不到盾体后方止水作用,同时管片无法固定,导致管片上浮严重或偏移、错台、崩裂,从而导致漏水、渗水等现象发生。

2) 隧道涌水量大,严重影响施工进度

在砂岩地层中掘进过程中地下水异常丰富,与前期地质勘探结果存在差异,实测每小时涌水达 45m³ 之多(涌水量约为 1080m³/d)。大量地下水快速补给土仓,加上开挖下的渣土,很快形成很高的水土压力。根据施工实践,水土压力上升,螺旋机出土含水较多,皮带很难带上渣土,严重影响掘进速度。

3) 隧道排水量大,含泥量高,处理困难

全区间 TBM 下坡掘进,隧道的水全部汇集盾尾,若盾尾抽水不及时,将影响管片拼装。水体长时间停滞,容易沉淀泥浆,停留时间越长,盾尾清理量越大,因此要求快速排出隧道积水。但污水含泥量较高,如抽至地面直排市政管道会容易造成堵塞,导致政府罚款或停工整顿,要求必须对污水处理达标后排放。工地处于重庆市中心地带,文明施工尤为重要。

4) 影响全站仪测量

天星桥站—沙坪坝站区间需通过一段隧道 $R=350$m,因转弯半径小,固定在管片上的全站仪与盾尾距离仅 8～20m,注浆未能立刻填充固定管片,受转弯掘进侧向力影响,管片容易水平偏移。导致测量全站仪位置偏移和气泡不稳,测量系统显示姿态频繁跳动、不稳定,容易导致隧道测量偏差。

5) 盾尾清理工作量增加

要在盾尾清理上采取措施,尽量减少人工清理量。盾尾清理工作量加大,每次用很多编织袋清渣既增加了施工成本,又使作业人员积极性下降,会产生影响工程进度、文明施工等一系列的负面影响。

因此,本工程掘进过程将在特定地段双液注浆形成止水环,截断盾构后方地下水的通道,提高隧道的止水性能,使管片所受外力能均匀分布,确保管片衬砌的早期稳定性,减少管片漏水、渗水的不良现象,以保证掘进速度和工程质量。

2. 双液注浆的原理

将水玻璃与氯化钙溶液交替注入土壤中,两种溶液迅速反应生成硅胶和硅酸钙凝胶,起到胶结和填充孔隙的止水作用,使土壤的强度和承载能力提高。形成止水环,降低水土压力,使压力均匀地分布在管片周围,有效地控制了管片上浮或偏移、错台、破损,渗水漏水现象。

3. 施工工艺及质量控制

1) 注浆施工工艺

由于地下水较大,同步注浆部分流失,通过管片中部的注浆孔进行二次补强注浆,补充一次注浆未填充部分和体积减少部分(即地下水冲走的部分),从而减少 TBM 通过后土体的后期沉降,减轻隧道的防水压力,提高止水效果。注浆施工工艺流程如图 9.22 所示。

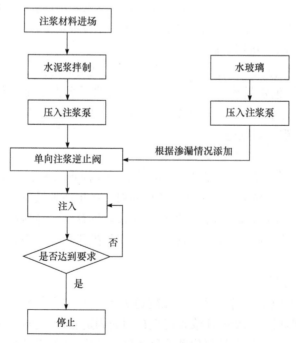

图 9.22 注浆施工工艺流程

2）注浆方式

注浆分两步完成。

第一步：先注止水环，即每隔 8 环取 3 环采用双液注浆进行完全封闭注浆，达到阻隔地下水前流，确保水泥浆灌浆质量的效果，在一定程度上有益于分段止水，降低水量与水压。

第二步：封闭环之间的 8 环管片，先开孔放水，然后填充水泥浆将管片壁后填充密实。

3）注浆浆液的配合比

注浆采用水泥浆以及水玻璃双液浆，注浆总的配合比为：水泥浆水灰比 0.8，水泥浆和水玻璃比例为 1∶1（体积比）。

4）注浆量

水泥浆注浆压力为 0.2～0.4MPa，使浆液能沿管片外壁较均匀地渗流，而不致劈裂土体，形成团状加固区。注浆一般每隔 20 环注一次，形成有一定范围的环箍，从而限制隧道的变形和沉降。注浆孔位为标准块和邻接块的中心孔，长区间如遇邻接块注浆孔封住时，在下一环注浆。

每环双液注浆量 10m³ 左右（连续 3 环封闭环），并根据实际隧道涌水量进行调整，以保证隧道线形在规范要求范围内。

5）注浆控制

（1）注浆根据压力进行控制，注浆终孔压力应控制在 0.4MPa 以内。如果压力未达到 0.4MPa，或管片出现变形，应及时停止注浆。

（2）浆液注入时，顶部浆液注入量最大，其次为中部、底部。

（3）注浆过程要指定专人观察管片变化情况，如有异常立即停止注浆。

在施工过程中，注浆参数要根据现场具体情况来确定，值班工程师一般以通知单的形式向施工人员公布注浆参数，并且值班工程师对注浆全程进行监督检查。

6）注浆泵操作相关规定

（1）开机前准备的注意事项。

双液注浆时，尽可能地加长此处管路，混合器之后的管路尽可能短，防止混合后的浆液在管路中凝固而堵塞管路。进浆口至浆液的垂直距离应小于 1m。水源在搅浆筒及清水筒旁应可以随时打开和关闭。

混合器后的管路与注浆口处应加装三通和两个球阀。一个球阀负责注浆口浆液不外流，一个球阀作卸压用（有压力的管路不易拆卸，喷出的浆液会伤人，应卸压后再拆卸）。

（2）注浆中的操作。

注浆过程中不能中途停顿，特别是在双液注浆时更要注意，以防浆液沉积、凝固、堵塞泵内通道。

（3）停泵后的维护。

注浆完毕后，要将吸浆管放进清水内，开泵冲洗泵内残留浆液。若长期不用，各运动部件、阀座等应涂机油，以防止生锈。

7) 施工注意事项

(1) 做好施工过程记录,记录应包括注浆环的序号、注浆位置、注浆量等参数。

(2) 注浆前,要先对注浆位置管片螺栓进行检查并复紧,注浆过程要安排专人观察注浆位置的管片变化,如有异常要立即停止注浆。

(3) 每段注浆结束后测量室要及时进行管片姿态实测,检查注浆效果,并及时将结果报技术安全室。

(4) 注浆期间,测量室要对地面建筑物沉降情况进行监测,并及时反馈监测信息。

(5) 每天注浆结束后都应检查注浆泵、搅拌机等机械设备是否存在异常,以保证注浆顺利进行。

8) 质量控制

(1) 工程质量保证制度。

① 成立工程项目经理负责人质量管理小组,完善质量保证体系的质量管理责任制,严格按照质量体系中规定的责权要求运行。

② 定期召开质量分析会议,组织质量教育,严格执行"三检"制度,加强技术交底工作,强化工序控制,由责任心强、经验丰富的工程师提任质量控制人员,配合监理工程师实施监督检查,保证工程质量。

③ 加强现场施工材料管理,严格执行进料检验程序,保证施工材料满足设计和规范要求,不合格材料不得进场使用,确保工程质量。

④ 配备好施工机具和计量工具以满足施工要求,建立健全各种资料、原始记录,使之成为评价工程质量的重要依据。

⑤ 加强与甲方、监理的配合,认真接受指导和监督。

(2) 工程质量保证措施。

① 配料:采用计量准确的计量工具,严格按照设计配方配料施工。

② 注浆:注浆一定要按程序施工,每段进浆要准确,注浆压力一定要严格控制,专人操作。当压力突然上升或从孔壁、地面溢浆时,应立即停止注浆,每段注浆量应严格设计,跑浆时应采取措施以确保注浆量满足设计要求。

③ 注浆完成后应采用措施保证注浆水不溢浆跑浆。

④ 每道工序均要安排专人负责每道工序的操作记录。

⑤ 整个注浆施工应密切注意和防止地面出水溢浆、隆起等情况,加强对施工地段的沉降观测。

⑥ 注浆前必须做好充分的注浆准备,注浆一经开始应连续进行,避免中断。

⑦ 每根浆管施工结束后,要及时清洗,避免堵管,对于沉积凝固严重的注浆管要及时更换。

9) 安全措施及文明施工

(1) 安全措施。

① 建立健全各种岗位责任制,严格执行现场交接制度。

② 注浆泵及高压管路必须试验运转,确认力学性能和各种阀门管路、压力表完好后,方准施工。

③ 每次注浆前,要认真检查安全阀、压力表的灵敏度,并调整到规定注浆压力位置。

④ 安装高压管路和泵头各部件时,各丝扣的连接必须拧紧,确保连接完好。

⑤ 注浆过程中,禁止现场人员在注浆孔附近停留,防止密封胶冲式阀门破裂伤人。

⑥ 注浆时不得随意停水停电,必要时要事先通知,待注浆完成并冲洗后才可停水停电。

⑦ 注浆施工期间,必须有专门机电修理工,以便出现机械和电器故障时能及时处理。

⑧ 注浆现场操作人员必须佩戴安全帽、防护眼镜、口罩和手套等劳保用品,方可进行注浆施工。

(2) 文明施工。

① 施工现场内整洁,无杂物。

② 施工现场要有排污池,及时清理沉淀物,保持现场清洁。

9.5　TBM 快速掘进信息化监控技术

TBM 施工是在岩土体内部进行的,无论其埋深大小,TBM 施工将不可避免地会扰动土体,破坏原有的平衡状态,向新的平衡状态转化。无论 TBM 隧道施工技术如何改进,由于施工技术工艺质量及周围的环境和岩土介质的特点,其施工引起的地层移动是不可能完全消除的。TBM 施工线路一般都会穿过人口密集、交通繁忙、地面建筑物林立、地下管线密集的繁华地段,这对施工引起的地表沉降和变形控制要求很高,施工的方法稍有失误,将会造成不可估量的损失。因此,TBM 施工推进要与保护城市环境及经济效益和社会效益协调起来,施工变形监测是一种非常重要和必要的手段。实施施工变形监测具有如下意义:

(1) 监测工作在施工过程中起到"眼睛"的作用,可以准确预测预报变形影响,将监测数据与预测值进行相比,判断前期施工工艺和施工参数是否符合预期要求,确定和优化下一步施工参数,实行信息化施工。

(2) 对变形分析研究后的结果,应用信息化反馈来优化设计,研究地层特性、地下水条件等与 TBM 施工的关系,以此作为改进设计的依据,使设计达到优质安全、经济合理、施工快捷的目的。通过设计计算和工程实践的对比分析,在工程问题研究方面可望取得突破性进展。

(3) 可以了解地层与隧道结构间的相互作用力并为建立和调整 TBM 平衡的施工参数提供依据,控制地层扰动,减小变形,确保施工期间结构本身及周边环境的安全,同时为以后类似工程积累经验并提供指导。

(4) 对确定 TBM 施工保护区范围提供技术支持,为区内工程建设施工提供保障,并获得良好的社会效益。

9.5.1　监测目的

为了保障隧道结构工程施工安全,降低对周边环境的影响,应进行监测以达到以下目的:

（1）运用现代化的信息技术来指导施工,提供可靠连续的监测资料,以科学的数据、严谨的分析来判定隧道结构工程在施工期间的安全性及施工对周边环境的影响,从而指导施工,预防工程破坏事故和环境事故的发生,保障工程施工和周边建(构)筑物的安全。

（2）及时整理监测信息,通过数据处理确定信息反馈资料,将现场测量结果与预测值相比较,以判别前一步施工工艺和施工参数是否符合预期要求,以便优化和确定下一步施工参数,从而指导现场施工,做到信息化施工,为改进设计和施工提供指导。

（3）对可能发生的安全隐患建立预警机制,以便及时采取有效措施,避免事故发生,节约工程建设成本。

（4）对周边建筑现状及因工程施工产生的变化进行监测,评估工程施工对周边建(构)筑物、地貌的影响程度,从而指导工程施工,为不可抗力造成的工程事故或其他意外,以及由此产生的纠纷、诉讼、索赔、反索赔等提供可靠依据。

（5）积累开挖施工经验,提供可靠施工工艺,为以后类似的施工提供技术储备。检验工程勘查数据的可靠性,验证设计理论和设计参数。

9.5.2 监测内容

（1）地表沉降:采用电子水准仪与铟钢尺进行监测。
（2）建筑物沉降、倾斜:采用电子水准仪与铟钢尺进行监测。
（3）土体分层沉降:在钻孔中安装磁环与测管,采用沉降仪进行监测。
（4）土体水平位移:在钻孔中安装 PVC 测斜管,采用测斜仪进行监测。
（5）隧道纵向沉降:采用电子水准仪与铟钢尺进行监测。
（6）隧道收敛变形:粘贴反射片,采用全站仪进行监测。
（7）管片结构内力:设置应力、应变传感器,使用频率仪进行监测。

9.5.3 监测点布设与埋置

1）地表与管线隆沉

沿隧道中心纵方向每 30m 一个全断面,每个断面设置 13 个监测点,靠近管线的监测点移至管线上方布设,沿隧道中心纵方向每 10m 布设一个测点,断面测点布置示意图如图 9.23 所示。

由于现场条件情况复杂,在实际布设中断面间隔距离、测点的间隔、测点的数量会根据现场实际情况进行相应的调整。

监测点布设在地表上,在地面钻孔打入 7cm 长的螺栓,螺栓帽突出地面。若有需挖开保护的重要管线,在管线挖出后,在管线正上方可立尺位置使用油漆标记以作为监测点。

2）建筑物沉降与倾斜

在建筑物的两个面上布设监测点,面向隧道一侧其上方布设两处测点。根据布设时现场的实际情况、通视条件布设点位可以进行适当的增加或减少。

使用强力胶将预制好的监测点粘贴在建筑物上。

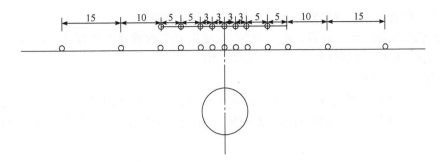

图9.23　断面测点布置示意图(单位:m)

3) 土体分层沉降

土体分层沉降监测点布设:沿隧道纵向每90m布设一个断面,每个断面布设2个测孔,每个测孔布设6个磁环,由隧道底部至地面平均分布(图9.24),所布测管的位置将依据现场实际布设条件进行相应的调整。

在测点位置进行准确测量放样后即可进行钻孔,孔径ϕ108mm。深度为隧道底部下方1m左右,钻孔深度比预钻深度深200~500mm,以防落渣堵塞后减小孔深。将磁环套在PVC测管外侧,每节PVC管使用套管与螺栓连接,放入钻好的孔内,并使用沙子对测管与孔之间的缝隙进行填充。

4) 土体位移

土体分层位移监测点布设:沿隧道纵向每90m布设一个断面,每个断面布设2个测孔(图9.25),所布测管的位置将依据现场实际布设条件进行相应的调整。

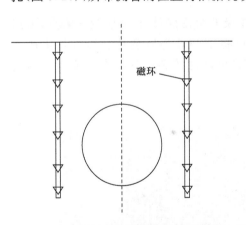
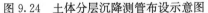

磁环

图9.24　土体分层沉降测管布设示意图

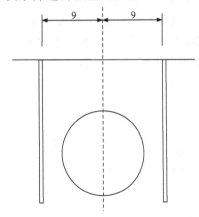

图9.25　土体水平位移测管布设示意图(单位:m)

在测点位置进行准确测量放样后即可进行钻孔,孔径ϕ108mm。深度为隧道底部下方1m左右,钻孔深度比预钻深度深200~500mm,以防落渣堵塞后减少孔深。将每节PVC测斜管使用套管与螺栓连接,放入钻好的孔内,并使用沙子对测管与孔之间的缝隙进行填充。

5) 隧道纵向沉降

隧道纵向沉降监测点布设:沿隧道纵向每10m布设一断面,每个断面布设1个测点。

所布测点的位置将依据现场实际布设条件进行相应的调整。

隧道纵向沉降监测点埋置在隧道底部,在隧道底部的管片上钻深 5～10cm 的孔,打入螺栓,有些管片连接螺栓也可当作监测点使用。

6) 隧道收敛变形

隧道收敛变形监测点布设:沿隧道纵向每 30m 布设一断面,每个断面布设 3 组测点,每组布设 2 个测点,如图 9.26 所示。所布测点的位置将依据现场实际布设条件进行相应的调整。

图 9.26 隧道收敛变形测点布设示意图

收敛变形监测点使用徕卡反射片,把管片上预设点位置上的尘土擦净,然后将徕卡反射片粘贴到管片上。

7) 管片结构内力

沿隧道纵方向每 90m 布设一断面,每断面布设 6 个钢筋计、9 个应变片测点,测点布设如图 9.27 所示。在管片生产时由监测人员将钢筋计与应变片交给管片生产人员,将钢筋计与应变片传感器固定在管片结构内(钢筋计传感器焊接在钢筋上),露出传感器电缆。

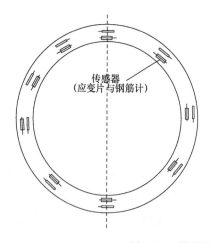

图 9.27 管片结构内力测点布设示意图

8）环缝、纵缝变化

沿隧道纵向每 20 环布设一断面，每断面选择 2 处环缝与 2 处纵缝进行监测。在环缝、纵缝测点位置使用喷漆做标记。

9.5.4　监测方法

1）地表与管线隆沉、建筑物沉降与倾斜、隧底纵向沉降

地表与管线隆沉、建筑物沉降与倾斜、隧底纵向沉降采用 DNA03 电子水准仪进行监测。

从监测段落附近的基准点开始，根据当段的现场实际条件以单程闭合或符合水准线路进行监测，每次监测尽量保持同一路线，这样可减小测量误差。

2）土体分层沉降

测量时，拧松分层沉降仪的绕线盘后面的止紧螺栓，让绕线盘转动自由后，按下电源按钮（电源指示灯亮），把测头放入导管内，手拿钢尺电缆，使测头缓慢地向下移动。当测头接触到土层中的磁环时，接收系统的音响器会发出连续不断的蜂鸣叫声，此时读写出钢尺电缆在管口处的深度尺寸。这样一点一点地测量到孔底，当在该导管内收回测量电缆时，也能通过土层中的磁环，接收到仪器音箱发出的声响，此时也需读写出测量电缆在管口处的深度尺寸，依此类推，测量到孔口。

当测头进入土层中磁环时，音响器会立即发出声音或电压表有指示，此时应缓慢地收、放测量电缆，以便仔细地寻找到发声或指示瞬间的确切位置后，读出该点距管口的深度。沉降测头进入每一只磁环时都有两次响声，但必须以第一次响声为标准。

3）土体水平位移

为提高工作效率，采用智能数显水平滑动式测斜仪。电缆线连接测斜探头，向下放测斜探头至测斜管底，待显示屏数据稳定后，按存储保存数据，探头上提 0.5m，等待数据稳定后记录。如此至探头上移至地表，将探头旋转 180°，再次慢慢下放至孔底。等待稳定后，重复上步操作。

4）隧道收敛变形

隧道收敛变形采用 TCRA1201＋全站仪进行测量。全站仪在隧道内自由设站，观测前方 50m 范围内的隧道收敛基线。根据现场实际情况，全站仪尽量设定同一观测地点。

5）管片结构内力

在管片下井拼装前，对相应钢筋计进行首期观测，观测值作为钢筋计振弦频率初始值。使用手持频率仪连接钢筋计与应变片的电缆，可读取钢筋计每次振弦频率。

9.5.5　监测频率

监测频率见表 9.5。

表 9.5　监测频率

监测项目	监测频率
地表与管线隆沉	掘进面前＜30m,掘进面后＜50m 时,1 次/d 超过此范围根据监测数据变化的稳定情况,适当减少监测频率或停止监测
建筑物沉降与倾斜	
土体分层沉降	
土体水平位移	
隧道纵向沉降	掘进面后＜50m 时,1 次/d 超过此范围根据监测数据变化的稳定情况,适当减少监测频率或停止监测
隧道收敛变形	
管片结构内力	
环缝、纵缝变化	

9.5.6　监测控制值及预警报警

隧道施工期间环境安全的变形控制标准是按环境允许的最小变形值为原则确定的,即取道路以及地下管线允许沉降值中数值最小的作为控制基准值,按预警值、报警值和控制值(极限值)进行三级控制,预警值为控制值的 60%,报警值为控制值的 80%。当监测数据达到预警值和报警值时,先以电话形式通知相关负责人与项目领导,然后以书面文字报表形式和电子版报送当日全部监测数据。

监测仪器设备与主要监测项目见表 9.6。

表 9.6　监测仪器设备与主要监测项目

序号	仪器设备名称	数量	监测项目
1	徕卡 TCRA1201＋全站仪	1 套	隧道收敛变形
2	徕卡 DNA03 电子水准仪	1 套	隧道纵向沉降、地表与管线隆沉、建筑物沉降
3	RQBF-698A 斜侧仪	1 套	土体水平位移
4	H8251 沉降仪	1 套	土体分层沉降
5	H8251 水位仪	1 套	地下水位
6	钢筋计传感器	198 套	管片结构内力
7	应变计传感器	198 套	管片结构内力
8	计算机	1 台	数据处理

9.5.7　监测质量保证措施

根据工程要求的质量特性实施全过程的质量控制,保证在功能性、安全性、可实施性、经济性上不出现偏离,提供高精度的优质合格产品,做到质量过硬、技术先进、经济合理、服务到位。

监测过程中由高级工程师在技术和质量上进行指导。对监测设备及人员予以充分保证,同时对监测项目的责任进行严格分工,以确保工程监测的质量和进度。

实行全面质量管理,强化质量保证体系,严格执行规范和各种技术要求,确保各项数据真实可靠。

加强安全生产教育,严格执行工程安全规章制度,确保人员和仪器设备的安全。

积极与 TBM 司机配合工作,及时提供施工中的相关参数。

在监测前,对使用的各种仪器设备进行检查,保证每种仪器设备在有效的使用期内及足够的仪器精度,监测工作完成后,对仪器设备和监测数据进行彻底检查,保证监测数据万无一失。

监测数据出现大的突变时,及时通知 TBM 掘进作业人员、项目部领导和监理,并增加观测次数,以预防事故发生。

做好监测数据的分析工作,保证真实性、连续性,为 TBM 掘进提供指导。

9.6　地表建(构)筑物变形控制施工措施

重庆地区地下工程一般位于地层的浅层,TBM 在掘进过程中对地层的扰动相对较大,对其周边建(构)筑物的影响是客观存在的,尤其是大直径 TBM 掘进时,影响更为明显。为避免过量变形对建(构)筑物的结构产生破坏,通常会采取合理措施对建(构)筑物进行保护。

一般来说,保护措施分为地面措施和洞内措施两大类,地面措施包括直接针对建(构)筑物进行结构加固的措施、针对建(构)筑物基础的加固措施以及隔离防护措施等;洞内措施包括合理控制 TBM 掘进参数、合理实施同步注浆、及时进行二次(多次)注浆以及深孔二次注浆等。实际施工中,必须根据建(构)筑物与隧道的位置关系、建(构)筑物的结构型式、允许变形值以及土体性质、土体变形状况等方面的情况,并综合考虑环境条件,选用合适的加固方式。

在 TBM 到达前进行地面预注浆加固,TBM 通过时调整控制施工参数,并进行合理的同步注浆和二次注浆,TBM 通过后及时进行地面跟踪补偿注浆和洞内深孔注浆,对邻近建(构)筑物进行全过程保护,上述措施效果良好。

9.6.1　保护措施确定原则

保护措施是根据预测结果、沉降原因、各阶段沉降量来制定的。

通常,建(构)筑物的保护措施会优先考虑洞内措施,但洞内措施是带有滞后性特点的。由于山地城市地质条件的特殊性,地面变形过于敏感,同时基于对沉降原因的分析、对沉降趋势的预测和对沉降阶段的统计,单纯的洞内措施满足不了对建(构)筑物保护的要求。山地城市大直径 TBM 施工对建(构)筑物的保护必须采取地面措施。地面措施主要有两种作用效果:第一,完全抵抗地层变形对建(构)筑物的影响,即不允许建(构)筑物产生丝毫变形,TBM 施工不能对建(构)筑物产生影响。第二,在可承受范围内,接受地层变形对建(构)筑物影响,然后进行控制和补偿,即允许建(构)筑物产生一定量的变形,然后再采取简单易行的综合措施,控制住变形的进一步发展,使变形不再威胁建(构)筑物的安全。相比而言,第二种措施操作较为灵活,受环境制约较小,且成本较低,但风险较大。

对于建(构)筑物保护的总体思路是:通过采取地面措施,减缓地面及建(构)筑物的变形,并确保控制变形在可承受范围之内,直至 TBM 通过并具备采取洞内措施的条件;通过及时实施洞内措施对地层损失进行补偿,从而控制地面及建(构)筑物的进一步变形,或对变形较大的部位实施有针对性的恢复措施。

9.6.2 地面加固保护措施

传统的地面措施一般包括对已有建(构)筑物进行加固、对两者中间地基采取隔断、地基改良等三个方面。主要做法有直接加固已有建(构)筑物来提高刚度、支撑已有建(构)筑物通过托换将支持层转移到下部以及地基强化、改良防护以及隔断地基变形等。无论在何种情况下,地面措施的选取都必须考虑相邻建(构)筑物的密集程度、现场制约条件、既有建(构)筑物的重要程度以及地质条件等[54],综合评价施工性、安全性、经济性,以及对工期和环境的影响等。采取的措施必须经济合理,行之有效。

受环境条件限制,最为可行的保护措施就是隔断地基变形。采用隔断法有多种形式,如钻孔隔离桩、地下连续墙、冷冻法、注浆等,经过充分比选,最终采用目前国内外公认最可靠的注浆工法——袖阀管地面注浆法。主要做法为在需要保护的建(构)筑物与 TBM 隧道之间打设 3~5 排注浆孔,排距 0.5m,孔距 0.75m,孔位呈梅花形布置,开孔直径为 110mm,孔内预置 ϕ50mm PVC 袖阀管。根据条件,注浆孔可直打,也可以设置一定角度斜打。袖阀管长度为至破裂面以下至少 3m。在 TBM 到达前,预先压注水泥浆液。在 TBM 通过期间,根据地表和建(构)筑物沉降的情况,实施跟踪补充注浆。建(构)筑物注浆加固保护措施示意图如图 9.28 所示。

在注浆材料选择上,对于普通水泥,因其颗粒较大,渗透能力有限,一般只能深入大于 0.1mm 的裂隙。经注浆试验取芯结果证明,在土质地层条件下,采用普通水泥注浆,浆液扩散很难控制,基本形成不了均匀的固结体。对于超细水泥,其化学成分与性质和水泥类似,其粒径小于 $10\mu m$ 的颗粒占到 90% 以上,平均粒径仅为 $4\mu m$ 左右,比表面积在 $600\sim800m^2/kg$ 以上,这一性质使超细水泥浆液具有良好的可注性。用超细水泥制备的浆液经过充分搅拌,具有良好的物理力学特性。浆液黏度在相同水灰比的情况下比普通水泥浆液黏度低。浆液稳定性好,3d 龄期的结石体强度可达 25MPa 以上,91d 龄期时达 62MPa,其注入能力与脲醛树脂和木质素化学浆液相似,其强度却远高于这些化学材料。因此,在注浆材料的选择上,考虑到渗透固结效果,超细水泥是最为理想的,而普通水泥注浆形成的压密、劈裂效果可对渗透间接产生的隔离效果予以加强,并在一定程度上降低了成本。因此,采用将两种浆液相结合的方式,即靠近隧道一侧的 1~2 排压注超细水泥,靠近建(构)筑物一侧的 1~2 排压注普通水泥。

9.6.3 洞内加固措施

经过地面预注浆加固的建(构)筑物,比一般建(构)筑物对变形的反应要滞后,且变形值大大减小,因此地面注浆加固可在一定时间内保护建(构)筑物的变形不会超出限值,从而保证建(构)筑物的安全。根据本单位施工的项目,这一安全期间一般可达到 8d 以上,

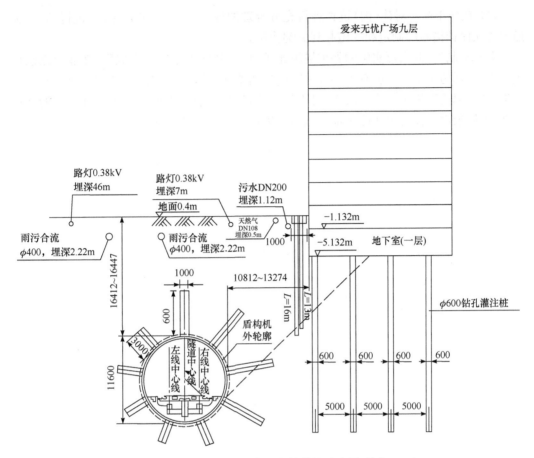

图 9.28 建(构)筑物注浆加固保护措施示意图(单位:mm)

为进一步采取后续保护措施提供了可能(如果变形过快,后续措施就跟不上了)。但是,一旦后续措施长时间不能跟上,则后期徐变仍然会造成建(构)筑物变形超限,洞内措施作为控制后期徐变的主要措施及时跟进是非常必要的。洞内措施一般有控制 TBM 掘进参数、同步注浆、二次注浆、深孔加强注浆等,均为成熟技术[55],在此不做详述。需指出的是,同步注浆是补偿地层损失最及时、最有效的措施,应充分重视同步注浆的浆液配合比的设计,有效发挥其填充作用。

9.6.4 保护措施制定的建议

(1) TBM 施工对建(构)筑物的影响因素复杂,且很难准确预测,采用单一的保护措施很难达到理想的效果,比较可靠的方法是采用多种措施相结合进行全过程防护。

(2) 大直径 TBM 施工中对邻近建(构)筑物的安全风险主要来自因土体扰动而导致的地层沉降,因此在保护措施的制定中沉降控制是关键。

(3) 在进行保护措施设计时,应充分考虑沉降的时空效应,建(构)筑物的变形到某一个限值一般会有一个过程。通过采取措施将这一过程合理延长,可降低保护施工难度,节约工程成本。

（4）在施工前应对建（构）筑物进行充分合理的评估，并充分分析原因、进行预测，为指导各项保护措施的制定和实施起到关键作用。

受条件制约，洞内可实施的保护措施比较单一，其技术已经趋于成熟，在业内也已形成共识，实际施工中只需将有关参数进行适当调整，即可有效实施。地面措施则有较大的实施空间，但受环境条件影响较大，对于每一处建（构）筑物，都可以产生多种有效的保护措施，如何根据具体情况实施更加合理的保护，还需要长期的探索。

参 考 文 献

[1] 秦元帅. 浅谈地层空洞影响下城市隧道施工引起的地层变形规律及控制方法[J]. 科技创新与应用，2014,(2):197.

[2] 中华人民共和国交通运输部. JTG 3370.1—2018 公路隧道设计规范 第一册 土建工程[S]. 北京：人民交通出版社,2019.

[3] 王元清. 基于模型试验的浅埋暗挖隧道施工过程中地表建筑物变形规律研究[J]. 隧道建设,2019,39(6):934-939.

[4] 中华人民共和国住房和城乡建设部. CJJ 221—2015 城市地下道路工程设计规范[S]. 北京：中国建筑工业出版社,2015.

[5] 中华人民共和国住房和城乡建设部. GB 50016—2014 建筑设计防火规范[S]. 北京：中国计划出版社,2018.

[6] 中华人民共和国住房和城乡建设部. GB 50086—2015 岩土锚杆与喷射混凝土支护工程技术规范[S]. 北京：中国计划出版社,2016.

[7] 中铁十一局集团第五工程有限公司. 浅埋大跨度黄土隧道采用偏心 CD 环形开挖施工工法[P]:中国,国家级工法,GJEJGF284-2012,2012.

[8] 郭凯敏. 工程测量过程中精度的影响因素及控制策略[J]. 建筑工程技术与设计,2019,(2):101-106.

[9] 吴祖松，梁波，王元清，等. 水下圆形隧道注浆加固区渗流特征理论研究[J]. 岩土力学,2015,36(S2):89-94.

[10] 刘华荣. CS 浆液配制比例及注浆堵水效果[J]. 地下空间,2004,(4):489-491,565.

[11] 杨明槐. 锁脚小导管注浆在隧道Ⅳ、Ⅴ级围岩施工中的运用[J]. 石家庄铁路工程职业技术学院学报,2004,3(z1):106-108.

[12] 中华人民共和国交通运输部. JTG/T 3660—2020 公路隧道施工技术规范[S]. 北京：人民交通出版社,2020.

[13] 中华人民共和国住房和城乡建设部. JGJ 100-2015 车库建筑设计规范[S]. 北京：中国建筑工业出版社,2015.

[14] 王元清. 复合地层综合管廊浅埋暗挖施工力学效应研究[J]. 施工技术,2018,47(S4):1311-1315.

[15] 中华人民共和国国家质量监督检验检疫总局，中国国家标准化管理委员会. GB 6722—2014 爆破安全规程[S]. 北京：中国标准出版社,2015.

[16] 中铁十一局集团第五工程有限公司. 隧道二衬钢筋绑扎台架[P]:中国,CN201220490197.8,2013.

[17] 中铁十一局集团第五工程有限公司. 隧道宽幅防水板、二衬钢筋综合台车法施工工法[P]:中国,CN201910912267.0,2016.

[18] 重庆市城乡建设委员会. DBJ 50-107-2010 城市隧道工程施工质量验收规范[S]. 北京：中国建筑工业出版社,2010.

[19] 中华人民共和国住房和城乡建设部. GB 50108—2008 地下工程防水技术规范[S]. 北京：中国计划出版社,2008.

[20] 中华人民共和国交通运输部. JTG F90—2015 公路工程施工安全技术规范[S]. 北京：人民交通出版社,2015.

[21] 中铁十一局集团第五工程有限公司. 防隧道二衬背后积水串流的排水系统[P]: 中国, CN201420783142.5, 2014.

[22] 中铁十一局集团第五工程有限公司. 防隧道仰拱施工缝渗水的排水系统[P]: 中国, CN201420780079.X, 2014.

[23] 中铁十一局集团第五工程有限公司. 防隧道侧水沟底部渗漏的排水系统[P]: 中国, CN201420786529.6, 2014.

[24] 王元清. 富水隧道分区减压防排水技术研究[J]. 施工技术, 2015, 44(10): 122-126.

[25] 中铁十一局集团第五工程有限公司. 富水隧道综合防排水系统施工工法[P]: 中国, 铁路工程建设部级工法, TJBJGF-15·16-102, 2014.

[26] 国家铁路局. TB 10753—2018 高速铁路隧道工程施工质量验收标准[S]. 北京: 中国铁道出版社, 2019.

[27] 张旭东, 汪海滨, 封明君, 等. 释能降压工法在高压富水岩溶隧道风险规避中的应用研究[J]. 岩石力学与工程学报, 2010, 29(S1): 2782-2791.

[28] 陈中华. 隧道溶腔帷幕注浆管棚施工技术研究——以宜万铁路马鹿箐隧道为例[J]. 建筑, 2009, (5): 45-46.

[29] 中铁十一局集团第五工程有限公司. 一种注浆列车[P]: 中国, CN201120197964.1, 2011.

[30] 陈永亮. 外源型瓦斯隧道灾害工程地质模式分析[J]. 国防交通工程与技术, 2014, 12(S1): 62-64.

[31] 周军红. 穿越煤层隧道瓦斯防治技术探讨[J]. 交通世界(建养·机械), 2011, (9): 206-207.

[32] 胡家玲. 公路隧道过煤系地层力学演化规律数值分析[J]. 施工技术, 2018, 47(16): 61-65.

[33] 中铁十一局集团第五工程有限公司. 复杂地质条件下高瓦斯隧道施工工法[P]: 中国, 中国铁建股份有限公司工法, GGG(中企) D1122-2011, 2011.

[34] 张旭东. 小煤窑采空区冲击钻桩局部封堵施工技术[J]. 地下空间, 2000, (3): 192-194, 238.

[35] 孔恒, 宋克志. 城市地下工程邻近施工关键技术与应用[M]. 北京: 人民交通出版社, 2013

[36] 国家安全生产监督管理总局. 煤矿安全规程[M]. 北京: 中国法制出版社, 2022.

[37] 中铁十一局集团第五工程有限公司, 国家煤矿安全监察局. 竖直方向超近距离立体交叉隧道综合施工工法[P]: 中国, 中国铁道建筑总公司工法, YXGF-2012-38, 2017.

[38] 国家铁路局. TB 10003—2016 铁路隧道设计规范[S]. 北京: 中国铁道出版社, 2017.

[39] 中国铁路总公司. Q/CR 9218—2015 铁路隧道监控量测技术规程[S]. 北京: 中国铁道出版社, 2015.

[40] 国家铁路局. TB 10304—2020 铁路隧道工程施工安全技术规程[S]. 北京: 中国铁道出版社, 2020.

[41] 关晓武. 论述铁路隧道施工技术常见问题及改进措施[J]. 城市建设理论研究(电子版), 2015, (19): 236-237.

[42] 中华人民共和国住房和城乡建设部. GB/T 50299—2018 地下铁道工程施工质量验收标准[S]. 北京: 中国建筑工业出版社, 2018.

[43] 铁路工程技术标准所. 铁路工程施工安全技术规范(下册)[M]. 北京: 中国铁道出版社, 2012.

[44] 中铁十一局集团第五工程有限公司. 穿越超高层建筑群回填区隧道施工方法[P]: 中国, CN201710463306.4, 2017.

[45] 中铁十一局集团第五工程有限公司. 城市超浅埋条件下超大断面隧道开挖施工工法[P]: 中国, 重庆市市级工法, CQSJCF24-2014, 2014.

[46] 中铁十一局集团第五工程有限公司. 城市超浅埋条件下超大断面隧道开挖综合施工方法[P]: 中国, CN201410809183.1, 2014.

［47］中华人民共和国国家发展和改革委员会. JC 506—2008　无声破碎剂［S］. 北京:建材工业出版社,2008.

［48］中华人民共和国住房和城乡建设部. JGJ 59—2011　建筑施工安全检查标准［S］. 北京:中国建筑工业出版社,2012.

［49］中华人民共和国建设部. JGJ 46—2005　施工现场临时用电安全技术规范［S］. 北京:中国建筑工业出版社,2005.

［50］中铁十一局集团第五工程有限公司. 钢便桥支撑结构［P］:中国,CN201020155405. X,2010.

［51］中华人民共和国住房与城乡建设部. GB 50204—2015　混凝土结构工程施工质量验收规范［S］. 北京:中国建筑工业出版社,2015.

［52］中铁十一局集团第五工程有限公司. 隧道盾构全站仪简易托架［P］:中国,CN201320676634. X,2014.

［53］中铁十一局集团第五工程有限公司. 城市地铁双井模式复合式 TBM 小曲线半径始发快速施工工法［P］:中国,重庆市市级工法,CQSJGF681-2018,2018.

［54］中铁十一局集团第五工程有限公司. 临近既有病害隧道新建左右隧道的安全施工方法［P］:中国,CN201710594591. 3,2017.

［55］张旭东. 土压平衡盾构穿越富水砂层施工技术探讨［J］. 岩土工程学报,2009,31(9):1445-1449.